南海子庄园图

（郭万鸿根据1946年大兴县地图绘制）

1 任家庄	19 恒德堂	37 忠恕堂	55 裕德庄	73 怡乐村
2 北天律庄	20 天津庄	38 寿保庄	56 小德懋	74 小德懋
3 富源庄	21 嘉则庄	39 慎修堂	57 太和庄	75 富有庄
4 杨家庄	22 万元庄	40 北同顺	58 姜家场	76 东五号
5 安乐庄	23 王善庄	41 南同顺	59 钱庄子	77 海宴庄
6 龙河村	24 三顺庄	42 程新庄	60 圃萄园	78 南宫
7 石顺庄	25 福音村	43 义盛庄	43 乐耕庄	79 拂林庄
8 天罗庄	26 天白庄	44 五福堂	61 马庄子	80 东潭庄
9 嘉乐庄	27 宏恩庄	45 广德庄	63 三间房	81 郭家场
10 小红门	28 大德庄	46 福海庄	64 傅庄子	82 千顷堂
11 王庄	29 横家庄	47 宁家庄	65 李家庄	83 枣林庄
12 边庄子	30 采圃堂	48 积善庄	66 义和庄	84 北辛庄
13 公德庄	31 四合庄	49 西域顺庄	67 雪堂	85 西合盛
14 胡庄	32 大粮台	50 四合庄	68 二合庄	86 大铺头
15 小白楼	33 天恩庄	51 德懋庄	69 三槐堂	87 回城
16 恒立庄	34 惠顺德	52 增泰庄	70 小三槐堂	88 小回城

南海子庄园

张友才 编著

NAN HAI ZI
ZHUANG YUAN

中国文史出版社

图书在版编目（CIP）数据

南海子庄园 / 张友才编著 .—北京：中国文史出版社，2020.12

ISBN 978-7-5205-2663-0

Ⅰ . ①南… Ⅱ . ①张… Ⅲ . ①大兴区—地方史—史料
Ⅳ . ① K291.3

中国版本图书馆 CIP 数据核字（2020）第 245100 号

责任编辑：蔡丹诺

出版发行：**中国文史出版社**
社　　址：北京市海淀区西八里庄路 69 号　邮编：100142
电　　话：010-81136606　81136602　81136603（发行部）
传　　真：010-81136655
印　　装：廊坊市海涛印刷有限公司
经　　销：全国新华书店
开　　本：787×1092　1/16
印　　张：18.75
字　　数：247 千字
版　　次：2021 年 2 月北京第 1 版
印　　次：2021 年 3 月第 2 次印刷
定　　价：56.00 元

目 录 *Contents*

序

胡天培

《南海子庄园》文稿一口气看完，掩卷静思，深为作者友才老弟高兴，他又为“南海子”做了一件好事。

友才，别看他比我小十岁，我俩同在南郊农场（红星公社）文化站工作时，他曾是我的领导，但我更愿把他视为好朋友。那时，他虽是支部书记、站长，可不论比他年纪大的还是年纪小的，都一律称他友才。他为人处事讲原则，平易近人的好品格，赢得了大家的信赖和尊重。一晃，都过去四十多年了，但我们之间的友谊常在，还经常相聚一起畅谈，成为志同道合的文化挚友。

十年前，友才刚退休，即被筹建中的南海子公园聘为文化顾问。他积极地到处搜集整理相关南海子的文史资料，在为布景造园设计中提供文化内涵的同时，又相继撰写、编辑出版了《南海子宸迹》《南海子春秋》《南海子探幽》《南海子故事》和《南海子古诗选》等南海子系列丛书，书写了南海子从辽、金肇始，元代奠基，明代建囿，清中鼎盛，清末衰落的历史兴衰，收得了良好的成效，博得了各界的好评。为此，友才还被大兴区政府评为“贡献突出的文化名家”。

长期以来，北京南郊的文史少有人关注。其实，北京南郊也有深厚的文化底蕴，尤其是辽、金、元三代帝王狩猎场，明、清两代皇家苑囿，曾被誉为“南囿秋风”京师十景之一的南海子。历史上，这里曾经百泉交汇，五海相连；行宫相座，庙宇丹垩，是各代帝王行围狩猎、演武阅兵、驻跸临憩、别苑理政的重要场所，曾与紫禁城和三山五园并称北京三大皇权中心。

然而，随着大清帝国的衰败，南海子也相应败落。1902 年，清政府不得不对南海子实施“招佃垦荒”新政，终结了南海子近五百年的皇家苑囿历史。从此，南海子从一座皇家苑囿，变成一处处私家庄园，随着时代的变迁，又演变成一个个的自然村落。如今，仅剩几处行宫庙宇遗迹，几块残碑碣石，还残留在遗址上，见证着历史的沧桑。曾经周环一百二十里，比老北京城还大三倍的南海子古苑囿，几乎都被人们遗忘了。

友才的“南海子系列丛书”弥补了这一缺憾，功不可没。

友才不但能写，还能讲，多年来，他通过电台、电视台、报刊、微博、文化讲坛等宣传平台和到中、小学讲故事等方式，传播南海子文化，很受欢迎。

友才生在海子里，长在海子里，在海子里工作了五十多年，从来就没离开过这片热土。近些年来他又发现，随着北京经济开发区的拓展和京郊城镇一体化、旧村改造进程的快速发展，南海子内一百多年前建起的上百个庄园、村落，都因被拆迁而消逝。而这些庄园、村落，当初建庄园的主人，不是达官显贵，就是上层太监，要不就是顺直绅商和民初大大小小的军阀等社会名流。实际上，南海子庄园里发生的故事，就是当时中国现状的缩影。南海子庄园文化，也是南海子文化的重要组成部分。为了挖掘南海子的庄园文化，留住乡愁，趁着有一些庄园知情老人还健在，友才又迫不及待地投入《南海子庄园》的走访和写作中。

友才虽是南海子人，但上百个村庄分布在200多平方公里的广阔范围内，要写作《南海子庄园》，先要走遍这上百个村落，去寻访知情老人。要知道，友才也已年逾古稀，更何况，自己又不会开车，只能骑着自行车去走访。好在一些村庄已集中搬迁到一起，省了很多路程。他本着先近后远，先易后难的走访计划，先从离家近、较熟悉的亦庄地区开始。他通过熟人找熟人登门拜访或约到饭馆边吃边聊的方法进行走访。受访者大都是耄耋老人，他们都很热情，争先恐后地讲述从祖辈那里听来的庄园里的故事。友才边问边听边记录，回家后怕忘了，当天就得把刚走访所作的记录进行分析、选择，及时整理成文。在两年多的走访和写作中，友才的艰辛付出可想而知。

通过走访发现，有的村庄历史与史料记载有明显差异。如瀛海镇的屈庄村，《大兴县地名志》记载：“满族苑户屈姓于此种瓜果以献皇宫，渐成村落，因此得名屈家庄。”经走访屈氏后人却不认同此说，认为屈家先人是皇家果园头不假，但是实实在在的汉族，还例举屈氏家族妇女过去是缠足的，而满族女人是不缠足的为证。对此，在《南海子庄园》中，友才给以了修正。

南海子曾有一座羊坊角门，因东海墙外有一羊坊村而得名。关于羊坊村的来历，

《大兴县地名》记载："明代建村，时村民以牧羊为业，故名羊坊。"友才经过查阅史料，发现后人为南宋叶隆礼著《契丹国志》校勘记中有"延芳淀在燕京南，今北京南海子侧有延芳村"的记载。因羊坊村正好位于古延芳淀的西北隅，又在南海子东侧，且"延芳"与"羊坊"发音又非常接近，因此，经友才考证，"羊坊村"应该是从"延芳村"的谐音演变而来。

我虽然也在南海子工作了三十多年，仅在亦庄奶牛场一处就干了十年之久，我的长篇小说《山村新人》书稿，就是在亦庄完成的，可是我对亦庄的历史却一无所知。现在的亦庄因兴建起了北京经济开发区早已举世闻名。但是，"亦庄"名称的由来却鲜为人知。友才经过调查，弄清了原来亦庄是由"奕字营"—"奕字庄"—"亦庄"逐渐演化而来的。

在亦庄奶牛场东侧，有个仅住有两户牛姓人家的小庄子牛家场，除了那里长有一棵古槐树外，几乎没人在意它。这里住的牛庆和、牛庆生、牛桂芬都曾经是我的同事，可谁能想到他们竟是名门之后。从友才书稿中得知，牛家本是山西太谷上安村人，他们的先人牛天畀是清乾隆时期的名将，在平定大、小金川战役中战死沙场。乾隆皇帝非常痛惜，按旗员一品大臣给予抚恤，赐以"毅节"，入祀昭忠祠，并下诏将其图像悬挂紫光阁。乾隆皇帝不仅亲笔为其撰写祭文和碑文，赐其后人世袭骑都尉和云骑尉，还在南海子东北隅给其后人封地二十四顷，赐名"南胜庄"，这就是后来的牛家场。友才通过牛家场的后人，了解到牛家许多鲜为人知的故事。其中有从牛家场走出来一位革命艺术家牛君彦；牛家与全聚德杨家、普庄子旗人普家怎么结成勾连姻亲；牛家又是如何家道中衰，成为普通平民的。

大白楼，大家再熟悉不过了。20 世纪 70 年代中，因这里出了位王国福而闻名全国，家喻户晓。著名作家浩然就曾长期住在大白楼村一间旧电井房里，创作完成了以王国福为原型的长篇小说《金光大道》，后来该作品还被搬上银幕。其间，我也曾多次到大白楼探望浩然。当时，正是宣扬"阶级斗争""路线斗争"盛行之时，因此，王国福也就被贴上了那个时代的特色标签。这次，友才又到大白楼，走访了当时和王国福一起搭班子的曾庆余等老村民和最初报道王国福事迹的，时任金星大队通讯报道员的于洪波，还原了王国福原本就是一位"当村干部十几年，从未占过集体一点便宜，从没乱花过集体一分钱，就是一心地带着社员往好日子奔”的好党员，好干部。令人感动的是，王国福都已经逝世近半个世纪了，受访的村民仍深切地称呼他“咱们的老队长”。

在友才走访的庄园中，还有一个“建新庄”，该庄当初是清廷内务府一官员置办的庄子，始称“万义庄”，民国初年被军阀张奎斌占有。1920 年，经中间人王鸿生撮合，又转手给了刚成立不久的燕京大学。因燕京大学建校费用是首任校长司徒雷登从美国筹集的善款，所以又将庄名改称“华美庄”。新中国成立后，因觉得“华美庄”有殖民色彩，才以“建设新中国”之意，改称“建新庄”。在这次走访中，友才竟然听村里老人们说，当初，司徒雷登曾选定在这里建设燕京大学，并已打好教学楼地基，还打好了一眼水井。至今村南还留有当时建楼的地基遗迹，被村民称为“五道坡”。后来，终因北侧“玉成庄”当时的庄园主，汉奸军阀张敬尧作梗不准许修路，司徒雷登只好放弃在此修建燕京大学校园，把这里用作了燕京大学的“农业实验场”，中间人王鸿生被聘为该实验场的主管。这些，就是王家后人王连祥等口述给友才的。

类似屈庄、亦庄、牛家场、大白楼、建新庄等事例，书中不胜枚举：如大太监李三顺置办的俊德庄；卖水商段发科置办的寿宝庄；张、陶、顾、李四姓人家置办的四合庄及海子墙外与南海子紧密相关的马驹桥、海户屯、海子角等村落，都被友才写入书中，感叹他为此付出了多少心血啊！

在全书写作过程中，友才始终忠于历史，忠于事实，既写出了皇族、官僚、富商、军阀对佃户欺压的一面，也写出了一些绅商富豪出于积德行善，对弱者做出的一些济贫善举。如雍阳庄庄园主李笃庆，临终就将庄园地亩全部分给了六家佃户，为了感恩，佃户们才把庄名改称“笃庆堂”。此外，还有小红门粮市开市时的善举及鹿圈村办义学堂的义举，都令人信服。在这方面可以看出友才实事求是的写作态度。

友才经过十几年的艰辛劳动，克服了种种困难，笔耕不辍，挖掘整理出南海子不同历史时期的政治、经济、文化变迁的七部专著，为传承南海子文化作出了杰出贡献，为后人研究南海子提供了宝贵的史料文献，他是当之无愧的研究南海子文化的专家。

看了《南海子庄园》，既觉得古老，又感到新鲜。全书写了近百个村庄，村村都有来历，庄庄都有故事，可读性很强。本人虽然也算是个南海子人，可一开卷就被这本书吸引了。

（注：胡天培，作家。北京作家协会会员，著有长篇小说《山村新人》《重逢》，传记文学《国共密使张子华》等）

第一章 Chapter 1 概述

南海子，又称南苑，在北京城南约 10 公里，面积达 210 平方公里，相当于三个北京城。历史上南海子曾是辽、金、元三代帝王狩猎场；明、清两代皇家苑囿。这里三河交汇，五海相连，四宫相座，庙宇丹垩。自辽、金肇始，元代奠基，明代建囿，清代鼎盛。是各代帝王行围狩猎、演武阅兵、别苑理政、驻跸临憩的重要场所。曾与“紫禁城”和“三山五园”并称北京三大皇权中心，有着深厚的文化底蕴。明代即被誉为“南囿秋风”，跻身于“京师十景”之列。

然而，南海子皇家苑囿的命运，始终与国家的命运紧密相连，国兴亦兴，国衰亦衰。到清晚期，随着大清王朝走入衰落而败落。终于在光绪二十八年（1902 年），内外交困的清朝政府，不得不对南海子实行“招佃垦荒”的新政。从此，南海子结束了长达近 500 年的皇家苑囿功能。很快，这里就建起了一百多座私家庄园。

南海子到清中期以后，虽然在康、乾盛世时期被推上了鼎盛，但却在嘉、道时期走入衰落。为承祖制，清仁宗嘉庆、宣宗道光还能勉强来南海子举行围猎活动，到文宗咸丰时期，已根本看不到咸丰皇帝来南海子的记载了。而以后的清穆宗同治、德宗光绪在位期间虽也到过南海子，那也只不过是“到此一游”罢了。正如清末诗人宜泉在《南苑即景》诗中所写：“三宫冷落宸游少，惟见长扬引路频。”

那么，这样一座历经五百年，兴盛几代的皇家苑囿，怎么说败落就败落了呢？究其原因，主要还是受大清帝国由盛转衰的大趋势影响。世人都说，“康乾盛世，嘉道中衰”，其实，大清帝国的衰落从乾隆朝后期就已经开始了，只不过在“盛世”的光环下还没有充分显露而已。

南海子明显走入衰败于嘉庆年间。随着大清帝国由盛转衰，南海子宸游减少。再加上永定河连年泛洪直接殃及南海子，使其遭到惨重毁坏。当时国库空虚，帑银拮据，已无力出资对南海子进行修葺，使南海子的官员不得不以“私自放垦、收押租银”的方式，弥补资金的不足。这样一来，也就为一些管理官员乘机中饱私囊打开了缺口。

本来，清廷对南海子皇家苑囿的整体规划有着较为合理的布局。在一张藏于中国第一历史档案馆的《南苑总绘全图》上，就清晰地绘制了苑囿内用地的分布范围，基本被划分为猎场用地、养牲用地和耕种用地三类。其中，猎场和养牲用地所

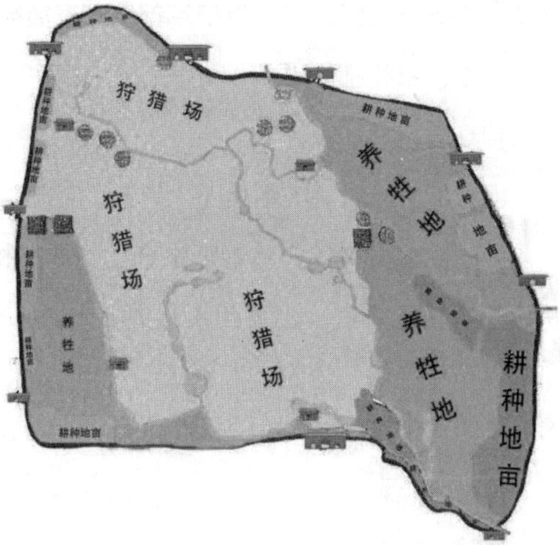

南海子用地分布图
（根据《南苑总绘全图》改绘）

占比重最大，约占百分之八十五；耕种用地仅约占百分之十。这一划分比例是根据南海子的主要用于行围狩猎和演武阅兵的功能需要所决定的。其中，猎场和养牲用地被划定在海子中部广阔的区域内。而包括海户用地、苑户用地和皇庄（包括瓜果园、菜园、苕帚地）的耕种用地，被划定在靠近海子墙里的边缘地带。苑囿的这一用地布局，既保证了用于行围狩猎、演武阅兵的场地空间，又满足了动物的牧放和圈养场地。同时也解决了海户和苑户的养赡用地，还为宫廷提供了必要的副食品生产供应基地。虽然耕种地亩随着实际需求而陆续有所增加，但朝廷规定必须按实际需求奏明朝廷，待准奏后方可垦荒。

然而，到乾隆晚年，社会贪腐之风盛行。南海子也成为一些贪官垂涎欲滴的肥肉，他们首先盯上了南海子内周边的广袤荒地。

据清军机处《录副奏折》记载：嘉庆元年（1796 年），丰绅殷德任内未经奏明擅自招佃租出地十九顷四亩；嘉庆八年，英和任内未奏明招佃租出沙地一百七顷五十二亩；嘉庆九年，英和任内招佃时未奏归入年终报销折内租出地七顷二十亩五分；嘉庆十年，那彦宝任内开垦备差地二十二顷；嘉庆十一年，那彦宝任内租出地三顷四十七亩六分三厘、沙地租出地十五亩；嘉庆十二年，文任内招佃时未奏归入年终报销折内租出地十一顷四十七亩，又租出沙地二十七亩三分五厘等。以上嘉庆朝 12 年内，四位主管奉宸苑的朝廷命官共私自放垦南海子地亩约一百七十顷，着实是个不小的数字。

我们再看看上述四位朝廷命官都是何许人：丰绅殷德，其父为乾隆宠臣和珅，其妻为乾隆爱女固伦和孝公主，就连他的名字都是乾隆皇帝钦赐的。曾历任正黄旗统领、内务府大臣、正白旗汉军都统和奉宸苑卿等职。

英和，系礼部尚书德保之子，历任军机大臣、户部尚书、协办大学士、加太子太保和奉宸苑卿等职。

那彦宝，历任嘉庆朝兵部、户部、工部、刑部、吏部右侍郎和奉宸苑卿等职。

另一位官员文翰，笔者暂未查找到他的相关史料，肯定也是一位兼管奉宸苑官职不小的朝廷命官。上述四人从史料上看，都曾有过任职奉宸苑管理大臣的经历。而奉宸苑是南海子皇家苑囿的上级主管部门，因此，这些朝廷命官近水楼台，在任职内进行“私垦招佃”，中饱私囊也就不足为奇了。

直到道光十八年（1838 年），道光皇帝来南海子围猎时，发现苑内的牲畜过于稀少，才引起了他的注意，即令彻查。据《清宣宗实录》记载，三月二十七日，谕内阁：“京师南苑，为我朝肄武之地，皇子皇孙，亦于此讲武习勤，操练弓马，家法相承，垂诸久远，断不可废之典。乃近年来围场牲畜，甚属寥寥，此皆管理不善之故。试思牲畜以草木为渊薮，若丛林丰草，翦伐过甚，既无藏匿养育之所，又有盗贼偷窃之虞。必至围猎之时，一无牲畜，尚复成何事体？”显然，道光皇帝将南海子苑囿内牲畜稀少的原因归结为“翦伐过甚”“盗贼偷窃”和“管理不善之故”。还没有发现主要是由于私垦地亩，使养牲地大量减少所致。更没有认识到是其内部管理行政官员的贪腐滥权，中饱私囊而造成的。

道光皇帝像

道光皇帝即派御前大臣辅国公载铨对南海子苑内牲畜稀少的原因进行彻查，南海子内的私垦地亩问题才得以暴露。载铨经过调查奉旨上奏，在奏明苑内牲畜大量减少的原因时，除指出除确有“翦伐过甚”“盗贼偷窃”的原因外，重点提出了苑内存在有严重的浮垦地亩现象，指出浮开地亩多达“五百一十余顷”，并建议“查拏究治”。

道光皇帝这才恍然大悟，认识到浮开地亩

才是造成南海子牲畜减少的真正原因。于是下令将浮开出的地亩“予以抛荒”，实行退耕还草。同时决定，对负有管理责任的奉宸苑进行整顿，对时任奉宸苑卿的禧恩，以“漫不经心，废弛疏懈，咎实难辞”而被革职。郡王载铨和内务府大臣裕诚接管了奉宸苑。道光皇帝谕旨：“旨饬令载铨、裕诚，将南苑新旧开垦地亩，何人任内开垦若干等情，分析详查，据实具奏。”

经载铨、裕诚查明：丰绅殷德、英和、那彦宝、文翰、苏楞额和禧恩历任奉宸苑管理大臣，在任内浮开地亩共计“六百五十九顷二十三亩九分六厘六毫”。从调查报告中可以看出，历任奉宸苑的管理大臣，在任期内都存在严重的浮垦地亩的现象。

按说，道光皇帝根据载铨所奏清单，不难按照各奉宸苑管理大臣任职年份概行治罪。但他心知肚明，这一弊端已存在多年，积重难返。结果，便以“惟历年废弛已久，该管大臣等或经身故，或经解任”为由下令：“自奉旨之日为始，予限二年，其曾经管理各员及已故各员子孙，饬令将各该任内租垦各户口，陆续给予赡养资本，谕令迁移。务使所开各地亩，尽行抛荒，亦不准稍有通勤，至令失所。至此二年内地租银两，著加恩豁免”。

最终，道光皇帝的限期抛荒旨令，因导致四十九户佃农被“拆毁房屋”，“一时失业，无以资生”，受到强烈的抵触而不了了之。抛荒令后，南海子内的私垦地亩现象依然存在。据清军机处《录副奏折》记载，道光二十二年（1842 年）十月，南苑郎中经文图向管理奉宸苑事务大臣载铨禀报称：“访闻南苑现种各项地亩内有私行开种之事。”载铨即亲赴南苑，与郎中经文图率同旧宫、南宫苑丞前往履勘。“查得正白旗所管大屯角门北有私开地约十余亩，世泰庄私开地约七十余亩，三合庄私开地约七十余亩；镶黄旗所管毕家湾私开夹空地约八十余亩，牛家场东私开地约三十余亩，三合子东私开地约十余亩”。得到奏报后的道光皇帝叹道：“稍为履查，即有私开地数顷之多，恐私开者不止此数”。即下令将负有责任的官员正白旗苑丞常禄、镶黄旗苑丞常海撤了职。总之，道光一朝查禁南海子私垦地亩始终禁而未止。

到咸丰时期，内有风起云涌的农民起义，外有虎视眈眈的西方列强，国内形势纷繁动荡。朝不保夕的咸丰皇帝早已无心秉承北（木兰）秋狝南（南苑）春蒐的祖制，查遍《清文宗实录》等史料，也没有找到咸丰皇帝在位期间来过南海子游幸的

咸丰皇帝像

记载。不过，倒是有一段与咸丰皇帝有关的南海子皇家苑囿记载。

那是咸丰四年（1854 年），大臣嵩龄见南海子已经荒废多年，就捧折本面奏，奏请允准将南苑（南海子）垦荒屯田，以筹措帑银兴办团练。这一疏言，被咸丰皇帝断言驳回："八旗乃天下之本，占其练武之地，万万不可，贸然垦荒，绝难允准。"刚过三个月，侍读学士德奎又折本奏道："奴才知道南苑为八旗演练骑射之地，又为皇帝游猎场所。但近来天下战事频繁，此地荒废已久。奴才近闻有佃户刘瑞等人入内私自耕种，已成事实，可否就势弛禁，令民人耕种，并借此招来乡勇，编组团练。"咸丰皇帝听罢，颇为恼怒，愤愤谕曰："南苑为我朝习武之地，屡经禁止私垦。前有嵩龄奏请，被朕驳蜀犬吠日，汝难道不知？"固执的德奎又回禀道："奴才虽知前事，但今夕异情。现虽有禁垦之令存，然民户实已越境入垦，不如将计编组团练，适可壮士军威。"咸丰皇帝听罢，更是火冒三丈，怒斥德奎道："民人越垦，何不速集兵丁尽速驱出，汝今日狡辩，显系受人怂恿，巧借团练之名，以实现牟利营私之实，甚是可恶。"咸丰皇帝竟谕令将德奎革职交刑部议处。从中我们可以看出，南海子皇家苑囿败落已是无可奈何花落去。咸丰皇帝只是为了皇家的颜面强撑着而已。

到同治时期，内忧外患更为严重，针对漕运梗绝，京师粮价日昂的紧迫形势，时任浙江道监察御史的刘有铭于同治元年正月，再次奏请开垦南苑（南海子）荒地："自粤匪扰乱以来，漕运既已梗绝，上年苏杭告陷，海运亦复寥寥，近畿所产杂粮素本无多，因之京内粮价日昂……臣思补救之方，

同治皇帝像

欲以效速而行可久，莫若招佃屯垦一法。查南苑处京南偏，旧为巡狩之所，四周绵亘百五六十里，按亩计地，应得八千余顷，除养牲等处外，可垦之地尚有四五千顷，任其废置，既觉可惜……今若招佃垦种，以每亩收粮二石计之，一岁之中可得百万石。以此项散布京畿，京中既可资接济。而附近贫民，皆可前往工作，得佣值糊口，又事之不期益而益者……应请饬下管理奉宸苑大臣会同户部详议章程，并选派贤员前往勘明，除酌留养牲牧场若干，画定界址，仍令苑户滋养牲兽，以备行围之用外，其可垦之地共计若干，迅即出示招募家计殷实、素业稼穑之人，赴部具呈认垦。"

垂帘听政的慈禧太后看了刘有铭的奏折后，并没有出现像咸丰四年那样驳回嵩龄、德奎的情形，而是降下了"当经降旨令管理奉宸苑王大臣会同户部派员履勘，并令该王大臣妥议具奏"的旨意。据《清实录》记载，"兹据醇郡王等奏，酌议招募佃户开垦南苑抛荒地亩情形。南苑为我朝肄武之地，列圣叠降谕旨，禁止私垦，圣训昭垂，旧制岂宜轻改？现据该王大臣查明每年招佃征租为数无几，未便因小利而违成宪。致于体制有乖，所有开垦南苑地亩著毋庸议。醇郡王另片奏，该王府头等护卫寿锟在外冒称承办南苑地亩，索诈钱文，请交刑部审理等语"。

同治七年（1868 年）十二月癸丑，同治皇帝谕内阁："翰林院侍读铁祺奏请开垦南苑一折，所奏实为纰缪。南苑为我朝肄武之地，列圣叠降谕旨，禁止私垦，圣训昭垂，岂宜稍改旧制？朕御极之初，升任通政司副使刘有铭陈请开垦，当经管奉宸苑王大臣会同户部查勘，以其事乖旧制，曾降旨斥驳。铁祺职在论思，岂未之知耶？所请著不准行。"就这样，在王大臣的极力反对下，南海子（南苑）招佃垦种再次被搁置。

到光绪初年，大清朝已走向内忧外患、千疮百孔的没落，皇家苑囿南海子也因"三宫冷落宸游少"而破败不堪。海子外的一些贫苦农民乘机到海子里偷猎囿内豢养的动物，成为当时城南一大治安难题，让清廷大伤脑筋。

据《清德宗实录》记载，光绪七年（1881 年）三月，光绪皇帝"谕内阁景寿等奏：民匪杨二海在南苑偷打牲兽，经总领章京文喜等捕拿，胆敢施放火枪，将文喜打伤，藐法已极。著交刑部按律惩办。"

但没平静几年，南海子的偷猎现象不但时有发生，而且愈发严重。又据《清德宗实录》记载，光绪十三年（1887年）七月，光绪皇帝“谕军机大臣景寿：六月二十八日，南苑地方有民匪二十余人，偷打牲兽。经官兵捕拿，民犯胆敢拒捕，扎伤马甲德龄身亡。并据该总领章京禀称，常有著名匪徒三十余人，越墙进苑等语。禁苑重地，竟有匪徒持械拒捕。著步军统领衙门、顺天府、五城御史，迅即移咨奉宸苑，按名密拿，严行惩办。”

而光绪皇帝的上谕，并没有起到多大作用，海子外越墙到海子里的偷猎现象越来越严重。不时有大臣上奏朝廷。据《清德宗实录》另载，光绪十五年（1889年）十一月，光绪皇帝“谕军机大臣晋祺奏，本月十六日，有匪徒多名，进南苑施放火枪，偷打牲兽。当经官兵缉拿，该犯等胆敢抗拒，扎伤马甲。南苑重地，屡有匪徒偷打牲兽，聚众滋事，实属藐法已极。捕务废弛，即此已可概见。著步军统领衙门、顺天府将各犯严行缉拿。务获究办，不准一名漏网。并著顺天府、饬令南路知拣派干役，随时就近访缉。以靖地方，将此谕令知之。”

从以上光绪皇帝上谕中可以看出，当时南海子外农民越墙偷猎已到了难以控制的地步。在清末民初，南海子外流传甚广的“石万春大闹海子里”的民间故事，就是颂扬磁各庄村石万春带领贫苦农民越墙偷猎的事儿。后来还被编成了评戏在黄村一带演出。这些都足以反映出当时的南海子已是“无可奈何花落去”。

光绪皇帝像

光绪十六年（1890年）永定河又一次泛洪决口殃及南海子。据《丰台区志》记载，此年六月降水871毫米，永定河决口，水势径趋南苑。丰台、黄村、永定门外一片汪洋。洪水从南海子北墙九孔闸冲进海子里，围墙被冲倒，苑内放养的麋鹿等珍贵动物多被冲出海墙外，任人追杀捕食。正如清末震钧《天咫偶闻》所记：“畿南大水，直至右安门外。大树皆倒，几欲入城。”

经过这次洪水冲击，南海子受到更为严重的毁坏。光绪十七年（1891年），奉宸苑就南海子受水患情况上奏朝廷，请求拨帑银修复。是年六月二十六日，光绪皇帝奏准了“修复南苑围墙工程奏折”。但是，实际执掌大清帝国大权的慈禧太后，以国库拮据，无力出银修复为名驳回，使光绪皇帝修复南海子的上谕成了一纸空文。

到光绪二十四年（1898 年）闰三月，奉宸苑得知朝廷计划于秋季在南苑（南海子）阅操。根据当时南苑的实际状况，特启奏朝廷：“南苑三宫等处工程，请拨银四十万两，作速兴修，以备秋闲阅操。其大红门外，南顶天仙娘娘庙；系跸路经由拈香处所，并请酌量修葺，以肃观瞻。依议行。”

但由于内忧外患的紧张形势，奉宸苑的奏折如泥牛入海，杳无音信。实际上，计划在南苑举行的秋闲阅操也没能实现。

光绪二十六年（1900 年），西方列强以保护各国公使馆为名，组成八国联军，发动了瓜分中国的侵华战争，史称“庚子国变”。侵略军很快占领天津，又直逼北京。慈禧太后见大势不好，便挟持光绪皇帝仓皇逃出紫禁城，一路西逃最后到达西安。侵略军很快占领了北京城，到处烧杀抢掠。皇家苑囿南海子也未幸免于难，惨遭洗劫。史料记载，八国联军以追剿义和团为名侵入海子里，在小红门架起几十门大炮轰击新宫和附近的槐房村，顿时这里成为一片焦土，成千老百姓被炸死炸伤。正如《庚子记事》所载：“十一月十三日，大雪深五寸，德军沿街出示，在南苑中门演炮，炮至一千五百丈之远。”此后，八国联军又偷袭了南宫村，烧毁了南红门行宫及一百多间民房。日本侵略者首先闯进了被誉为皇都第一行宫的团河行宫，抢走了大量的珍宝玉器。过后，俄国人又二次洗劫了团河行宫，后来，意大利人和英国人也对团河行宫进行了第三次、第四次抢劫，团河行宫基本被洗劫一空。特别是当洋人发现了团河行宫南侧豢养的数百只麋鹿时，进行了惨不忍睹的射杀，随后就地烧烤饮酒作乐。就这样，在中国生长繁衍了几千年，仅剩的最后一群麋鹿，从此在中国境内消失了。经过侵略者的这场洗劫，本已破败不堪的南海子皇家苑囿，又受到了难以治愈的重创。

清政府在西方列强的枪炮威逼下，被迫签订了丧权辱国的《辛丑条约》，为了筹措巨额战争赔款，使清政府陷入极大的经济困境。国家到了这个地步，慈禧太后也不得不试行新政，采取了一系列变革措施，其中，实行“督办垦务”就是当时的新政之一。也就是在这样的困局形势下，慈禧太后再也不能顾及“南苑本肄武地，例禁开田”的祖制和清宣宗道光“南苑为讲武之地，断不宜增垦地亩”及清文宗咸丰“八旗乃天下之本，占其练武之地，贸然垦荒，绝难允准”的先帝祖训，而是把“督办垦务”的目标，也不得不对准了早已荒废多年的皇家苑囿南海子。据清军机处《录副奏折》记载，光绪二十八年（1902 年），南海子（南苑）也终于“比照口外垦荒章程，由顺天府尹经理，按亩缴价，招民佃种，限年升科”。（即征收赋税）

光绪二十八年（1902 年）六月二十三日，慈禧太后懿旨奏准成立“南苑督办垦务局”，实施以出售《垦务执照》（俗称“龙票”）的形式招佃垦荒，拍卖南海子皇家苑囿内的所有荒地。

有关“南苑督办垦务”的相关史料，大兴区研究南海子资深专家李丙鑫先生曾于 1983 年在中国科学院图书馆发现了一件清宣统元年（1909 年）颁发的《南苑督办垦务执照》，成为研究南海子地区发展史非常难得的珍贵历史资料：

第壹千贰百玖拾柒号

南苑督办垦务局为发给执照事，照得本苑。

奏准苑内闲旷地亩招佃垦荒认种以广生计等因，于光绪二十八年六月二十三日具奏。奉旨：依议。钦此。钦遵在案。当经本苑拟定招佃章程开列于后，计开：

所有招募认垦之人，即以八旗内务府以及顺直绅商仕民人等，旗人取具图片，绅民取具切实具结，始准领地，均以十顷为制，不得逾数。

地利本有肥瘠之分，应缴押荒等银厘。定上、中、下三等，至将来升科亦按三等分上下忙开征，倘有顽劣之户拖欠钱粮，即将地亩收回另行招佃认种。

招佃户宜有栖身之所，准其自盖土房，不准营建高阁大厦及洋式楼房，亦不准私立坟墓，违

南苑督办垦务执照

者究办。

苑内一经开荒，人烟稠密，不免有贸易经营，惟须禀明听候指示空闲地址，不准毗连结成市镇，亦不准开设烟馆、赌局，违者定行究办。

垦户如有不愿承种者，即将地亩交还，应俟升科后体查情形办理。如有更佃等情，务须呈明换给执照，倘有私相租典，借端影射，一经查出，定按原交押荒加倍科罚。

认垦之户各宜循规蹈矩安分农业，其雇觅佣工亦宜慎选良善者，倘有不法之徒寻衅生事搅扰，立即严拿惩办。

以上各节俟三年后再行换给新照，各宜恪遵，不得稍有违误，至干咎戾须至执照者。

右给佃户敦叙堂大兴县人下地叁拾亩收执

宣统元年拾贰月拾玖日（奉宸苑印章）

苑计开地邻四至列后：

坐落大红门南，东至鲁姓，西至岳姓。南至官道，北至王姓地界止。

从以上《南苑督办垦务执照》条文中不难看出，当时对南海子招佃垦荒的目的很明确，就是“认种以广生计”。为防止无序的乱开乱垦，条文规定了准许招募认垦的对象应是“八旗内务府以及顺天府直隶绅商人士”等，并规定认垦地亩数量以“十顷为限”。根据地亩因地理位置等因素有“肥瘠”之分，条文又规定了按上、中、下三等分别上缴“押荒银厘”。另史料记载，当时上等地每亩白银三两二钱，中等地每亩白银二两半，下等地每亩白银一两七钱。

另外还规定，只允许认垦佃户在地亩内“自建栖身土房”，不准盖“高阁大厦和洋式楼房”，也不准将“坟地”私立于认垦地亩中，更不准许在此开设“烟馆和赌场”。如需进行贸易场所，须上报另行批准空闲之地，但不准“连结成市镇”。垦户如有不愿再承种的，可将所垦地亩交回，不准“私相转让”。条文最后还要求认垦户遵规守矩，慎重选用“良善佣工”，如果发现寻衅滋事者，将严加惩处等等。说明当时清政府对南海子的招佃垦荒还是带有一定的保护性措施的。

因招佃垦荒章程规定：所有招募认垦之人，即八旗内务府以及顺直绅商仕民人等。因此，最先来南海子认垦的当然是那些八旗大臣、上层太监和一些与宫中有勾连的富商。他们即刻嗅出了南海子是块机会难得的肥肉，便争先恐后来到这里认垦地亩，乘机争购“龙票”。据清宫档案《录副奏片》记载，从光绪二十八年（1902年）至光绪三十一年（1905年）仅不到三年的时间，南海子“已垦成两万余亩”。已由当时不多的几处官皇粮庄和一些与皇家苑囿密切相关的由苑户、庙户、鹿户、果户和门君等满族旗人形成的村落外，如雨后春笋般地又建起了大小近200个地主庄园。

在这些地主庄园中，绝大多数庄园名称都十分文雅，有的像商号，有的像堂号。大都以“兴隆茂盛”“吉庆富有”“仁义恩德”“敬贤和善”为内涵。如：天恩庄、德茂庄、怡乐庄、和义庄、瑞合庄、隆盛庄、广德庄、富源庄、万源庄、太和庄等。

郭万鸿根据1946年大兴县地图绘制的南海子庄园图

在 210 平方公里范围内，集中如此之多的雅化地名群，实属罕见。这是因为，当时来南海子招佃垦荒、置办庄园的主人大都是京城社会名流，不是达官即是显贵，要么就是绅商或是上层太监。他们身份高贵富有，所以所建庄园名称不能随意而起。要请当时社会文化名人斟酌取名，才形成了如此这般的雅化地名。

到民国初年，北洋军形成诸多派系，主要分化为直、皖、奉三系军阀，他们为争夺北京政权而相互争斗。由于南海子（南苑）位于北京的南大门，又是京畿军事要地，因此，这里成了各系军阀的必争之地。都来此抢占地盘，相持对视。也就在这个时期，军阀政府出于既得利益，发布“旗地变民产”的政令，南海子里新建起的地主庄园，大都被迫转让给了大大小小的军阀。他们以此收租敛财，炒地肥私，把一座座的地主庄园变成了他们的一棵棵“摇钱树”。

庄园主们置地建庄后，即从河北、山东等地招来大量的贫苦农民为佃农。他们或租地，或扛活，就在此落了脚，逐渐形成了一个个自然村。据 1946 年绘制的《河北省大兴县地图》上标记，当时的南海子属大兴县第六区（又称海子里区），下辖一镇四乡，共有 227 个自然村庄。这些村庄除少量是在官准招佃垦荒前就已形成，（如旧宫村、新宫村、南宫村、团河村、鹿圈村、槐房村、庑殿村和双桥门等村），绝大部分都是在清光绪二十八年（1902 年）以后才形成的。

概括起来，当初来南海子招佃垦荒、置办庄园的主人，主要是“八旗内务府官员”“宫里上层太监”“顺直绅商”等。他们虽抢购“龙票”来南海子置办庄园，但本人却很少露面，有的甚至到死也没到过自己的庄园，一般都由管家（二地主）来代行管理，征收地租银两。也有少量庄园是由几户小业主合作置办的，多以“二合庄”“三合庄”“四合庄”等为庄名。到民国初，这些庄园有相当一部分又被直、皖、奉大大小小的军阀强占，成了他们的一棵棵摇钱树。

新中国成立后，南海子里的贫苦农民翻身得解放。通过土改，人民政府把绝大部分地主的土地分给了农民。也有相当一部分大地主的土地和官属土地被划归了国营农场。又经过行政区域的变革和国家征地及拆小庄并大村的合并，到 20 世纪末，海子里还约有行政村上百个。到 21 世纪初，随着北京经济开发区的开发建设，南海子东部的亦庄、鹿圈、太和地区的村庄均已被征地拆迁到新建起的楼房社区。旧宫、瀛海、新宫、槐房等地区的村庄大部分随着“城乡一体，旧村改造”实施了整体搬迁。因此，南海子内自清末官准招佃垦荒后建起的大小近200个地主庄园，仅剩西红门镇东部原金星地区少量庄园尚存。不过，也都已物是人非，事过境迁了。用不了太久，余下的这些庄子也将成为历史。以后再想了解这些庄子，恐怕只能查阅史料了。

第二章

Chapter 2

苑户形成的村落

在官准南海子招佃垦荒前，南海子内就已经形成了一些村落，大多是由看守南海子行宫、苑门、皇庄等在皇家苑囿里从事管理性服务的苑户、庙户、鹿户、庄头、园头逐渐形成的村落。

1. 旧宫村

旧宫村，位于南海子中东部，现属大兴区旧宫镇。

旧宫，是旧衙门行宫的简称。而旧衙门行宫又是清初将明代在南海子的一所旧提督署官衙改建成的行宫。改建后，仍沿用原名：旧衙门行宫。这在乾隆皇帝《旧衙门行宫》诗中写得很清楚："清时作行宫，明季乃衙门。不必其名易，于中鉴斯存。"因旧衙门行宫位于南海子东部，又被清廷称为"东宫"。

旧衙门行宫是清代在南海子设置的第一座行宫，顺治皇帝常驻跸这里，在此接待宴请过西藏五世达赖喇嘛，还在此举行过册封董鄂妃的典礼。康熙皇帝在未修建南红门行宫前也常驻跸这里，并把"经筵讲学"移到旧宫前殿举行。乾隆皇帝也非常喜欢驻跸旧宫，他为旧宫作诗多达三十余首，可见其对旧宫的钟爱程度。也可以这样说，清代帝王游幸南海子，无论是出永定门进北大红门，还是从东陵回跸南海子进双桥门，都是从驻跸旧宫开始的。而且，旧宫东南有德寿寺、永佑庙，南有关帝庙，西北有永慕寺，东北有元灵宫，将旧宫围在中心位置，更凸显其在南海子皇家苑囿里重要的政治地位。有人说，南海子曾与紫禁城和三山五园并称三大皇权中心，而旧宫曾是皇权中心的一个核心。

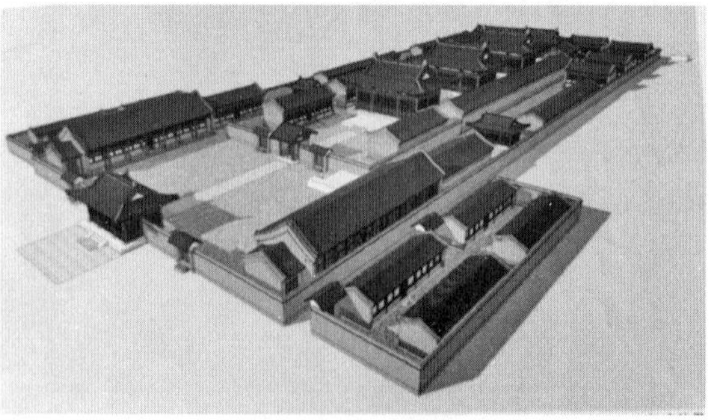

旧衙门行宫效果图

无疑，旧宫村就源于旧衙门行宫。据《大清会典事例》记载："南苑有苑户百余人，新、旧衙门行宫各设洒扫苑户十六人……"旧宫村就是从这十六位负责洒扫行宫的苑户起始的。

据旧宫村老人说，苑户都是满族旗人。在行宫的东侧，建有专为苑户居住的苑户房，被当地人称为“宫房子”。苑户房与行宫围墙仅有一条路间隔，前后共有五排，每排约十四间。直到20世纪50年代初，一些苑户房还基本保持原状。现居住在旧宫村的满族后裔，他们的祖辈都曾住在苑户房里。这些满族苑户中有董姓：董永富（后人董全胜、董全德）、董永良（后人董全利、董全义）、董永贵（后人董全生、董全友）；谢姓：谢景存（后人谢长瑞、谢长华、谢长禄、谢长山、谢长利、谢长生）、谢庭正（后人谢长福）；于姓：于永全（后人于洪藻）、于永新（后人于洪江、于洪秀）、于永启（后人于洪斌）；方姓：方宝忠、方宝林（后人方光礼）、方宝海（后人方光月）；郁姓：郁老五（后人祖有仁、祖有礼）、郁老七（后人祖有义、祖有智、祖有信、祖有山，注：郁姓后改为祖姓）；何姓：何洪海（后人何永春、何永才、何永生）、何洪儒（后人何永信、何双喜）；赵姓：赵恒祥（后人赵炳生、赵炳春、赵炳凤、赵炳霞）、赵恒贵；方姓：方宝山、方宝林、方宝安；高姓：高荣山、高荣林（后人高宗仁、高宗义）等满旗人苑户。随着时代的变迁，他们中有的将苑户房拆了重建，有的迁往了旧宫村别处另建，有的仍旧住在老旧的苑户房里，也有的汉族民户从别处迁来，这里早已物是人非了。

在旧宫东南里许，建有著名的皇家寺院德寿寺。《顺天府志》记载：“德寿寺，在永慕寺之东，顺治十五年（1658年）建后毁于火，乾隆二十年重修。山门三间，东西二坊，大殿五间，奉释迦佛及阿蓝迦舍佛。院内穹碑二，一勒重修碑记，一勒《宝鼎歌》，皆高宗御制也。鼎在殿前。其东西配殿各三间，殿后随墙门内为御书房三楹，乾隆四十五年改建”。自乾隆二十年（1755年）因僧人燃烛不慎毁于火而敕命重建后，乾隆决定不再让僧人居住，而选用庙户管理庙宇，南海子始有庙户。庙户李记即是德寿寺的看庙者。李记的后人李振启、李振生就落户在了旧宫村。

在旧宫村西南里许，还有一座关帝庙，人称“老爷庙”。据《顺天府志》记载：“关帝庙明嘉靖年间建，国朝乾隆三年重修。”另据《大兴县第一次文物普查》记载：“关帝庙在旧宫村南。南向，山门有殿三层，山门一间，面宽4米，进深2.5米，大式，歇山筒瓦，调大脊，吻垂戗兽，排山滴水，门额上刻‘伏魔禅林’，旁门两侧各一，面宽 2.2 米，进深 1.5 米，钟鼓楼：砖木结构，重檐，每边宽 4 米，上为大式悬山筒瓦箍头脊垂兽，下为拔圈门。前殿：三间，面宽 11 米，进深 9.5 米，大式硬山筒瓦，调大脊吻垂兽，排山滴水，双交椀棱花窗，前出廊，阶四级，内为五架梁，前后单步梁。明间悬有木匾，外檐为吴佩孚书‘协天大帝’，内檐为‘浩然正气’，民国二十八年立。二门一间，面宽 2.6 米，进深 1.4 米，硬山筒瓦箍头脊。中殿三间，面宽 10.2 米，进深 8 米，大式硬山筒瓦，调大脊吻垂兽，排山滴水，斜方格门窗，前出廊，旋子彩绘，内为五架梁前单步梁，后带大式悬山筒瓦箍头脊，排山滴水，旋子彩绘，斜方格门窗。抱厦一，面宽 4 米，进深 2 米，东西配殿各三间，面宽 10.6 米，进深 6 米，大式硬山筒瓦，调大脊吻垂兽，排山滴水，旋子彩绘，五架梁。后殿三间，面宽 11.2 米，进深 7 米，大式硬山筒瓦，调大脊垂兽，排山滴水，五抹方格门窗，前出廊，内为五架梁前后单步梁。明间外檐悬有木匾一，为吴佩孚书‘万佛灵霄’。后殿两侧各耳房三间，面宽 10 米，进深 5 米，小式硬山合瓦顶，五架梁。庙后有和尚塔”。20 世纪 50 年代，关帝庙被旧宫机耕队占用，后逐渐被拆毁。

在行宫南侧有一眼水井，村里人称为“官井”。石砌的井台约三米见方，高约二尺。中间井口直径约二尺，是由一整块大青石凿成。由于宫里宫外和后来东半个村子都饮用这口井水，使井沿上留下了条条深深的沟痕，那是人们每天打水时井绳留下的历史印迹。

旧宫前小龙河上衙门桥

旧宫村南，小龙河由西向东汇入村东凉水河。在村南的小龙河上建有一座衙门桥，这里岸芷汀兰，绿柳垂荫，是村民消夏纳凉的好去处。老人们回忆，当时衙门桥上不但清凉宜人，且少有蚊虫叮咬，有人说桥墩上置有一块“避蚊石”，可谁也没有验证过。

走访旧宫村民刘学武、张杰

清末南海子被废，官准招佃垦荒。一些来自河北、山东的贫苦百姓纷纷到南海子充佃垦种，使旧宫村人口开始大增。其中最早来旧宫村落户的有：刘锡龄（后人刘学武、刘学增）、张富成（后人张志江、张志才）、张富有（后人张志水、张志海）、倪景长（后人倪化瑞、倪化琛、倪化珺）、葛万龙、徐德亮、姚永利、姚永泰、韩万清、孙永祥、孙永贵、孙永福、刘振德、刘振东、杜振奎、王海斌等。据现已 84 岁的刘学武老先生对笔者讲，当年，他爷爷就是挑着五岁的父亲和三岁的叔叔一家四口从保定的安国县，一路讨饭来到旧宫的。其他来旧宫落户的民户，也都分别来自河北保定和山东单县等地区。到新中国成立前，旧宫村已经发展到近二百户，上千口人。

新中国成立后，旧宫村的贫苦农民翻身做了新社会的主人。据旧宫村老村史记载：1954 年 1 月 1 日，旧宫村组建成立了第一个农业生产合作社。仅一年多的时间，旧宫村先后组建起了三个农业合作社：即李福田为社长，高俊霞、张富文为副社长共 168 户的永增社；以刘清海为社长，徐德亮为副社长共 108 户的东方红社；以庞有为社长，陈永清为副社长共 106 户的红十月社，旧宫村走上了社会主义的金光大道。

旧宫村 1946 年属大兴县南苑区北大红门乡；1952 年属北京市南苑区；1953 年设置旧宫乡公所；1958 年属大兴县红星公社旧宫大队，为便于管理，分设旧宫一、二、三、四 4 个生产队，后又相应改为 4 个行政村；1983 年恢复旧宫乡，旧宫村属之；1990 年升为旧宫镇，旧宫村仍属之。到 21 世纪初，全村已发展成近 1000 户，逾 4500 口人的大村落。

2010 年，旧宫村已实施了整体拆迁，村民们搬入在村西南新建起的“旧宫新

旧宫遗址上的古槐

苑”小区。原村址已建成朗润园等商品楼社区。令人惋惜的是，旧衙门行宫的遗址（宫底子）已被彻底毁掉。而令人欣慰的是，德寿寺已经得以复建。据悉，该寺院将作为南海子文化博物馆向游人开放，承担起传承南海子历史文化的重要使命。

如今的旧宫村，东为规划占地面积达225平方公里的北京经济开发区；南为占地8.01平方公里的南海子公园；西为中国航天城——中国运载火箭研究院；北为朝阳区小红门村。五环南路从村南通过；地铁亦庄线从村东穿行并设有旧宫东站；村北新建起了大型商城——万科广场。特别是村东凉水河已建成美丽的滨河公园，是村民晨练健身的好去处。优越的地理位置和良好的生态环境，令古老的旧宫村又焕发了青春。

（部分内容根据刘学武、张杰口述整理）

2. 新宫村

新宫村位于南海子西北部，属丰台区南苑乡。

新宫村是因新衙门行宫而得名，是南海子里最早形成的村落之一。

《日下旧闻考》记载：新衙门在南海子西北部镇国寺门内约五里许，为明代上林苑内监提督官署，因建于旧衙门之后，因此称之新衙门。于清顺治年改为行宫，称“新衙门行宫”，简称新宫。因位于南海子的西部，又被皇家称为“西宫”。是清代南海子四座行宫之一，也是最晚消失的行宫。其宫底子（行宫遗址）即新宫地铁站北约百米处位置。当地老人说，宫底子南北长约 150 米，东西长约 80 米，早已于 20 世纪 50 年代末就成了菜田和村民的房基地，如今已是一点行宫的痕迹都没有了。

据《南苑新宫殿宇各项房间数目清册》根据时任新宫苑副海征清查呈报记载，新宫内外各处房数目计为：东西朝房 10 间、大宫门 3 间、前大殿 3 间、二宫门 3 间、后大殿 3 间、裕性轩 5 间、诗句房 1 间、二处值房共 14 间、东、西书房各 5 间、三处东西配房共 20 间、东西跨所 20 间、东西膳房 20 间、北穿堂 2 间、西穿堂 2 间、顺山书房 2 间、套书房 4 间、东西女子房各 2 间、北书房 2 间、春望楼上下 14 间、澹思书屋 2 间、陶春室 2 间、古秀亭 2 间、东西外膳房 46 间、堆拨房 4 间、七处净房共 10 间、七处公所共房 105 间、苑户房共 86 间。以上共房 403 间。

以上新宫房产中，行宫外的七处公所用房和苑户用房共计 191 间，这是新宫村最初形成的民居用房。

新衙门行宫效果图

据《大清会典事例》记载：南苑（南海子）有苑户百余人。康熙三十年（1691年），新、旧衙门行宫各设洒扫苑户十六人。康熙五十二年（1713年）南红门行宫增设苑户三十二人。康熙五十六年（1717年）又于永慕寺设苑户十人。乾隆四十六年（1781年），团河行宫增设苑户三十二人。

从以上记载得知，新宫村与旧宫村、南宫村和团河村一样，最初均是由负责南海子行宫洒扫服务的苑户逐渐形成的村落。不同的是，新宫外还有相当数量的公用房供南苑的基层管理官员办公、居住。由于他们都是满族人，因此这些村落均有一个明显特征，即有相当数量的满族后裔。

据久居新宫村的谢明柱老人说，新宫的公用房和苑户房位于行宫的西侧，布局为“井”字形。房子建得虽不算高大，但整齐讲究。都是青石砌底，磨砖对缝，圆檩方椽，蓝瓦铺顶，玻璃支窗，雕梁画栋。公用房平时用作苑丞、主事、笔帖士、厩长等负责南苑的基层官员办公居住，苑户房则是负责行宫洒扫的苑户平时居住。遇有皇帝驻跸，都必须把主要房间腾出来，让给随扈皇帝的官员们临时住宿。

辛亥革命后，大清帝国最后一位皇帝宣统退位。在南海子里负责行宫的管理官员和所有苑户们都失去了俸禄，没有了经济来源。他们仍住在公用房和苑户房里，在行宫周边开垦荒地以解决生活来源。后来，在民间私办了房地草契。再后来，他们又到大红门东街的大兴县政府，交些钱财，将民间草契换成了官契，从此曾经的“皇产”成了他们的私有房产、地产。就这样，他们成了新宫村的第一代村民。其中有一位官称“黄四爷”的（后人黄文通、黄文志、黄文汉、黄文奇、黄文柱），他曾是行宫里负责书录的笔帖士。他家就是住在官房子里的老户。此外还有姜、马、陈、阮、郑、徐等老户。据姜家后人说，姜姓源于满族姜尔佳氏，属正黄旗。其先祖佑恭曾率五子在攻明入关中屡建战功，授建威将军，武职正一品，赐府北京草帽胡同。其后人被派到南海子新衙门行宫任职，最后落户新宫村。在行宫附近，还有由皇家马厩、牛圈、果园等苑户形成的散居住户，后来也都并入了新宫村。

1912年官准南海子（南苑）招佃垦种以后，一些清廷内务府的官员、绅商纷纷抢购“龙票”，到行宫周边招佃垦种，置办庄园。应招来自山东茌平、河南兰考、河北武邑、涿县、蓟县等地的贫苦农民相继到此，或为佃，或扛活，落脚谋生。他们逐渐成了新宫村的第二拨村民。

走访新宫村民谢明柱

在新宫周边，还有数个后来形成的小庄子，其中新宫北侧有卖馒头起家的山东茌平籍人谢如海（后人谢洪亮、谢洪瑞）置办的“谢庄子（致和堂）”；有河北冀县籍瓦匠李明、木匠李瑞兄弟俩置办的“李庄子”；有安定门外开粪场子的范姓人在新宫南侧置办的“范庄子”；还有新宫西侧在潘家庙角门里守门后人蔺、赵等姓氏人家形成的“角门子（同春庄）”，后来也都并入了新宫村。

历史上，在新宫旁设有御马厩一所，位于行宫东墙至槐房西口，是南海子内六所御马厩最大的一所。据说该厩有驯马人就多达三十人。其中有一家刘姓驯马后人一直居住在此，直到 2012 年搬迁。

在新宫村东还曾建一座马神庙。村中老人说，此庙建于清乾隆年间，是一座仅有一间殿堂的小庙。庙内供奉华光大帝，被玉皇大帝封为马神。传说生有三只眼，故被民间称为“马王爷三只眼”。马神庙已于 20 世纪 50 年代被拆毁。

在新宫西侧，历史上曾设有一处皇家果园，是南海子内所设五所果园之一。据说该处果园以桃树为主，每年向皇宫特供鲜桃。到 20 世纪 50 年代前，这里的地名仍称“果园”。

新宫村属北京市丰台区南苑乡。其东临槐房，西临花乡新发地，南临大兴西红门镇，北临花乡草桥。地铁 4 号线从村东侧穿过，并在此设有新宫站。新宫村现有常住人口约 2500 人，是城南郊一个较大的自然村落。如今，在原新宫村南已新建起了十四栋住宅楼的新宫社区，村民们都搬迁上了楼。至此，历史上赫赫有名的南海子新衙门行宫和因其形成的新宫村，仅留下个“新宫”的地名。

（部分内容根据谢明柱口述整理）

3. 南宫村

南宫村位于南海子南红门内，属大兴区瀛海镇辖村。

南宫村与旧宫村、新宫村、团河村一样，均是因这里曾建有清代帝王驻跸的行宫所形成的村落。

清康熙五十二年（1713 年）康熙皇帝为了在南海子（南苑）晾鹰台附近举行演武阅兵等活动方便，即在南红门内敕命再修建一座行宫，定名南红门行宫，简称南宫。（“南宫在南红门内里许，门对苑墙，康熙五十二年建。”《日下旧闻考》）

南宫是清代新建的一座行宫，无论在选址还是设计上肯定要比旧宫和新宫这两座由前明提督署官衙改建的行宫优越得多。这一点，从清代绘制的《南苑全图》和南宫平面设计图等史料上看得非常清楚：行宫坐落在南红门内西侧，坐北朝南，宫门正对苑墙。其实，景观在行宫后殿。北望，凤河水从行宫后由西向东潺潺流过；东望，小龙河由北向南将五个海子相连；远望，晾鹰台绿野台崎；近观，渔猎处波光粼粼。此外，行宫周边还建有“菩萨庙”“圣关庙”“望围楼”“圣石桥”“花影壁”等建筑，更把南红门宫陪衬得异常幽静雅观。难怪康熙皇帝晚年每来南海子，就喜欢驻跸在这里，并御笔题匾额“景湛清华”。

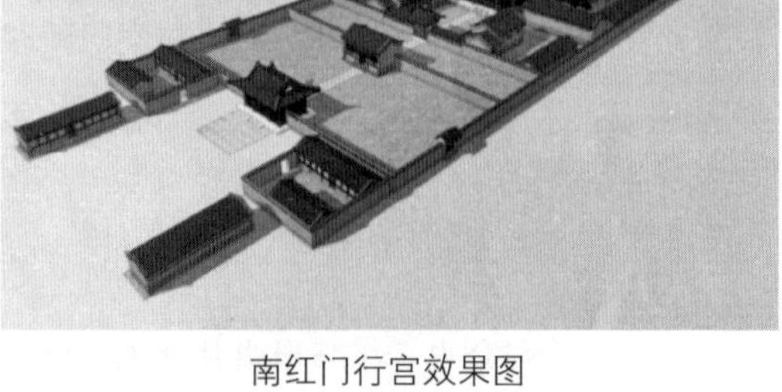

南红门行宫效果图

据《大兴县第一次文物普查》记载：圣关庙在南宫路西，南向。前殿三间，硬山排山滴水，筒瓦箍头脊，垂兽带五小兽。大式，五架梁，旋子彩绘。面宽 7.4 米，进深 5.7 米。后殿三间，硬山排山滴水，筒瓦箍头脊，琉璃兽带五小兽，大式，五架梁前单步梁带前廊，五抹斜方格门窗，和玺带苏式彩绘。面宽 6.4 米，进深 5.2 米，带东西耳房，配房三间，硬山箍头脊筒瓦，小式做法，面宽 7.4 米，进深 4.6 米，为清代建筑，现已无存。

据《大清会典事例》记载:“南苑有苑户百余人，康熙三十年，新、旧衙门行宫各设洒扫苑户十六人；康熙五十二年，南红门行宫增设苑户三十二人；康熙五十六年，又于永慕寺设苑户十人；乾隆四十六年，团河行宫增设苑户三十二人”。由此可知，当时南宫所设负责洒扫苑户的数额几乎是旧宫、新宫的总和。而南宫村就是由这三十二个苑户最初形成的，他们均为满族旗人。

在一幅绘于清同治年间的《南苑全图》上，于南红门行宫东侧，清楚地标绘有六排苑户房，这就是南宫村的雏形。

据南宫村老人说，最早的南宫村苑户为赵、阿、高、阮、王、丰、吴、常、张、全等十几个姓氏的满族旗人。其中后代高世学（后人高献文）、高世奇（后人高宪章）、赵恩公（后人赵子田、赵子泉、赵子利）、阮德斌（后人阮庭启、阮庭弼、阮连福）、王宝山（后人王书和）、丰子云（后人丰瑞增、丰瑞兴）、吴宝坤（后人吴刚毅、吴铁毅）、阿德斌（后人阿秀才）、常久峰（后人常征）、张采庭（后人张玉荣、张春荣、张玉岭、张玉海）等。还有一姓全的满族人，因早已绝户，现在已没人说得清了。据说，其中赵姓和阿姓地位最高，村里有“赵大宫”和“阿二宫”之说。

为何有“大宫”“二宫”之说？原来，在康熙五十二年未建此行宫之前，这里原本已有一座规模较小的行宫。这在清初绘制的《南苑全图》上标绘得很清楚。据说，后来被康熙皇帝改成了太皇太后行宫。到康熙五十二年，康熙皇帝敕命在小行宫的西侧又建起了后来的这座较大的行宫。原来的小行宫就被称为“旧宫”，当时就被苑户们分别称为“大宫”“二宫”。而赵姓和阿姓可能就分别负责这两座行宫。

在南红门里的南宫东侧，原还住有几户满族人家，被当地人称为“门里头”。后来，这里仅住有胡、马两姓人家，其中的胡姓，即是当年负责南红门的“门官”，其后人胡庭选（后代胡进宝、胡来福、胡来喜）。另一户马姓则是当时负责皇帝行围的章京之后，其后人为马进财（后代马明生、马明月）、马进福（后人马明亮、马明晨）。门里头人虽一直未住在南宫村里，但一直同属南宫行政村。

在胡、马两家北侧，曾有一处称“东庄子”，是清末一位董姓太监在此置地建的庄子。后来，由其过继的侄子（后人董建华、董志华、董宝华、董永华）继承了家业。

在南宫村西有一处水汇之地称“西泡子”，过去这里也曾住有徐、冯、赵、吴、邹等户人家，后来他们也都迁并到了南宫村。

可能因为康熙皇帝最后是病倒在南红门行宫，并于五天后驾崩于畅春苑的缘故，从此，以后的帝王，除乾隆皇帝到此驻跸过少有的几次外，其他清代帝王几乎没有在南宫驻跸过的记载。因此，清中期以后，南红门行宫倍受冷落。

清光绪二十六年（1900 年）“庚子国变”，南宫村成为义和团的重要聚集点。史料记载，义和团在南红门外一个称七股道的地方，曾成功伏击了一支从天津过来的八国联军，使侵略者损伤惨重。八国联军占领北京后，也洗劫了南海子。为了报“七股道”之仇，联军偷袭了南宫村，杀害平民三十多人，并放火烧毁行宫和苑户房一百多间。从此，南红门行宫成了一片废墟，仅仅留下了南宫村。

清末官准南海子招佃垦荒后，不少来自山东、河北的汉人来到南宫周边垦荒，使南宫村的人口逐渐增多，南宫村成了满、汉民族同居一村，和睦相处的村落。全村满族人口占有多一半，1994 年曾被评为北京市先进民族村。1996 年，上级决定，将西北侧的同心庄并入了南宫村，使南宫村成为逾 230 户、上 1000 口人的较大行政村。

走访南宫村民马桂江

南宫村 1946 年属大兴县团河乡。1952 年属南苑区怡乐乡，1956 年属红星集体农庄，1958 年属大兴县红星公社瀛海大队，1984 年属瀛海乡，2000 年属瀛海镇。2016 年，全村实施了拆迁。

有一部分村民搬迁到瀛海家园，另一部分村民搬迁到南海家园，过上了城镇化的新生活。

值得一提的是，在南宫村西侧，已探明南红门行宫遗址（宫底子）的具体位置，大兴区文物管理部门已进行了登记备案，为将来进行复建做前期准备工作。另外，南红门遗址上所遗存汉白玉石狮座一对（长 1.8 米，宽 1 米，高 0.8 米），现存盛世南宫景区梅园门前。这是南红门行宫幸存下来的重要遗物，应妥善加以保护。

（部分内容根据马桂江、丰立口述整理）

4. 团河村

团河村位于南海子黄村门内六里许，因团河行宫而成村。现属大兴区西红门镇辖村。

团河行宫始建于清乾隆三十七年（1772 年），历时五年建成，是清王朝在南海子（南苑）建造的第四座行宫，也是规模最宏伟豪华的一座行宫。据中国第一历史档案馆所藏《南苑团河行宫殿宇各项房间数目清册》记载：行宫内殿房间计 320 间；游廊并扒山游廊计 132 间；亭子计 5 座；宫外各处公所并苑户房间计 151 间。管理这样一座规模如此之大的行宫，必然需要相当数量的管理人员。

据《大清会典》记载：南苑四处行宫各派一名苑丞、七名苑副管理。各行宫设立苑户：旧衙门行宫十八名，新衙门行宫十六名，南红门行宫三十二名，团河行宫三十二名。这些苑户，都是满族旗人。

据《总管内务府现行则例》记载，团河行宫苑户各给养赡地 28 亩，并在行宫东侧建苑户住房 19 联，每联 4 间，门楼 2 座，共计 96 间。其中包括“苑丞房六间，苑副每员房五间，委属苑副每员四间，收贮册档等房八间，苑户每名房两间，闸座三座，每座二间”，成为现在团河村的雏形。

团河行宫效果图

从乾隆四十二年（1777 年）团河行宫建成至宣统退位（1912 年），生活在团河行宫外的行宫苑户，充当着团河行宫的忠实仆役。他们在行宫内，或洒扫殿堂，或种植花木，或饲养牲兽，或司理膳食。如果皇帝临宫驻跸游幸，还要组织苑户清水泼街，黄土垫道。除有任在肩的苑户公人外，他们的眷属不论男女老少，都要穿戴一新，在宫门外跪迎皇帝辇车的驾到。

不但如此，在皇帝驻跸期间，苑户们还必须暂时腾出平日住的苑户房让给随扈皇帝而来的为数众多的官员、侍从住宿，自己及家人则挤住在旁边的小屋里。

苑户们虽以司理行宫杂役为职责，必要时，还要完成奉宸苑分派给的其他活茬儿。如每年秋季，苑户们必须完成海户们完不成的大量割草任务。不过，不论是海户还是苑户，都盼望皇帝来南海子驻跸游幸，因为皇帝游幸过后，都要赏给海户和苑户们数量不菲的赏银或物品。如道光二十七年（1847 年），道光皇帝至南苑行围，赏南苑看守行宫苑户一月钱粮，并赏海户银一千两。从史料中看，凡皇帝游幸南苑驻跸团河行宫或别的行宫，每次必赏苑户和海户钱粮，几乎已成惯例。就是到了光绪二十九年（1903 年）三月癸酉，光绪皇帝奉慈禧太后最后一次游幸南苑，驻跸团河行宫，在当时大清帝国已日趋衰败，国库十分拮据之时，光绪皇帝（实际掌权人慈禧太后），仍赏团河行宫新旧苑户一月钱粮，并赏了海户等银两。

据最后一位见过慈禧太后的团河村老人赵连岐生前回忆：慈禧老佛爷来团河宫的时候，村里的人们都早早就开始准备着，清水泼街，黄土垫道。等到慈禧老佛爷和光绪皇帝的车辇来到的时候，村里的大人小孩都出来跪在路边迎候着，大人嘱咐孩子不准闹，不准乱跑乱看。远远地看到皇帝和皇太后乘的辇车来了，有好多骑马的护卫，还穿着黄马褂，大人和孩子都抻着脖子看。等车辇快到跟前了，大人们都趴下去磕头。他当时太小，被大人托着举过头顶，亲眼看见慈禧老佛爷掀开车帘向跪迎的人群招了招手，车辇就进了团河宫。后来听大人讲，慈禧老佛爷和皇上还赏了村里人一个月的钱粮。

原大兴区政协文史委主任李丙鑫（右）与赵连岐老人合影

还听团河村老人讲，团河村杨氏先人是团河行宫最早的苑丞，村中一直有“宫老爷杨氏”的说法。负责管理长尾鹿（即麋鹿）圈的是于氏先人，村中一直又有“鹿老爷于氏”的说法。史料记载，团河行宫最后一任苑丞（宣统元年）为祥奎。

团河行宫自乾隆四十二年（1777 年）建成始设苑户，至今已 240 余年。团河村由最初的 32 户，百余口人已发展到现在的逾 500 户，近 2000 口人，其中大多数是满族旗人的后代，成为北京地区典型的满族村之一。根据 2007 年 10 月的调查，团河村满族姓氏为：杨、于、薛、黎、赵、姚、王、徐、马、蒋、冯、阮、袁、张、关、孟、普、柴、范、徐、孙、李、付、方、金 25 个。其中赵氏人口 403 人；王氏人口 277 人；于氏人口 244 人；张氏人口 192 人；杨氏人口 184 人；黎氏人口 164 人；柴氏人口 89 人；阮氏人口 78 人；关氏人口 55 人；蒋氏人口 46 人；薛氏人口 43 人；姚氏人口 36 人；袁氏人口 35 人；李氏人口 33 人；徐氏人口 21 人；孟氏人口 20 人；普氏人口 15 人；范氏人口 10 人；孙氏人口 10 人；方氏人口 10 人；金氏人口 6 人；付氏人口 6 人。（以上数字源于罗克俭主编《宫门旗人》一书）

团河村中曾有一眼砖井，村里人都称之为“大井”，它是后来团河村分成南、北两个行政村的分界点。虽叫大井，但井口并不大，是一块厚厚的大石板中间凿出一圆孔做成的井口，传说这眼大井是乾隆爷敕命挖的。过去，全团河村的人都是喝这眼井水长大的。团河村的老人说，这井水甘甜好喝，打上来直接饮用，从不闹肚子。而且水量充足，从未干枯过。当年国民二十九军一个团驻扎团河村，人喝马饮，加上全村人饮用，大井始终保持在一个水位上。后来，随着环境的变差，水位急剧下降，大井终于面临干枯。村委会只好组织强劳动力，在离大井几十米的地方又打了一眼井。奇怪的是，虽然也打出了水，但味道就大不一样了，村民都不愿喝新井的水，后来也就随之废弃了。至今，凡团

走访团河村民王芝保、柴新生、于洪召等

河村饮用过大井水的老人，还都十分怀念这口大井。

在团河行宫北侧，曾有一个小庄子称“济德堂”，清末官准南海子招佃垦荒时，初为清宫一位马姓太监置办的庄园，后来转让给了时任九门提督的江朝宗。新中国成立后，“济德堂”村归团河北村。1985 年，拆迁并入团河村，后来，在旧址上建起了团河牛场。

团河村 1946 年属大兴县南苑区团河乡。1952 年属北京市南苑区团河乡。1956 年属南苑区金星乡。1958 年 9 月改属大兴县红星公社金星大队。以村中大水井为界，分为团河南、团河北两个行政村。1984 年属金星乡。2000 年因合乡并镇，随金星乡并为西红门镇。

（部分内容根据王芝保、柴新生、于洪召、方红、关亚新、王学明、柴秀莲口述整理）

5. 北大红门村

北大红门村位于南海子北大红门内、外，现属丰台区南苑乡。

北大红门是南海子皇家苑囿的北大门，也是南海子的正门，北距永定门约 12 里，乾隆皇帝写有“出城十里到红门”的诗句。北大红门村即是由此门而形成的村落。

北大红门辟建于明永乐十二年（1414 年），也就是永乐皇帝始建南海子皇家苑囿的时候，是最早辟建的四座海子门之一。也是最晚拆毁的一座海子门，拆的时候已经到了公元 1955 年，其间经过明、清两代无数次的维修或重建，整整屹立了 540 年。

北大红门是南海子最重要的苑门，是明、清两代帝王出紫禁城游幸南海子的必经之门。大红门内设有管理京城皇家园林别苑的官署机构“奉宸苑”和用于皇帝到南海子行围狩猎更换衣服的“更衣殿”。（“南苑官署房三层，共十有八间”“更衣殿，乾隆三年建。”《日下旧闻考》）此外，大红门内还建有“地藏庵”“龙神庙”等建筑。民国时期，奉宸苑官署房曾做过大兴县县衙。日寇占领时期，伪大兴县县衙又由奉宸苑官署房迁到南苑镇的营市街。新中国成立之初，奉宸苑官署房还曾作为华北农业垦殖管理处（即后来的北京市农场管理局）的办公地，后来改为宿舍，又由宿舍改为民房。直到现在，部分老房还在。

1937 年北大红门照片

据清《总管内务府现行则例》

记载："南苑九门，大红门设立四品总领章京一员，其余次八门，每门设立五品防御一员，九门共领催十名，并于领催内添设骁骑校二名"。由此可见北大红门在南海子皇家苑囿所处的重要位置。因此，派驻这里的八旗官员、章京、门禁等人员要比其他九门多，官职也高。这是后来北大红门村成为城南较大居民聚集区的主要因素。在一幅绘于清末《南苑全图》于北大红门位置上，就清楚标有"南苑衙门""更衣殿""看守房""兵丁住房""厩长住房"等机构。

据当地老人说，最早来大红门村定居的主要是特、白、方、连满族四姓，都住在大红门内的官房里，被当地称为"门里头人"。其中特氏为正黄旗，曾任北大红门统领章京，并负责南海子其他八门章京的防御联络，人称"特大老爷"。笔者曾走访一位已年近九旬的特氏后人特文禄先生，他虽然没居住在北大红门，而是住在了双桥门，但据他说，北大红门"特"姓与小红门和双桥门的"特"姓都同属一部落，原本都是蒙古族，姓"博尔济吉特"，孝庄皇太后即出自该部落，因此"博尔济吉特氏"曾是爱新觉罗皇族的第一皇亲国戚。到民国以后，随着满姓汉化，就以"特"为姓了。据特先生说，民国的时候，三座海子门里的"特"姓，还走得很近，遇有红白事都相互报信儿。他小时候，就曾到北大红门里参加过同族特家的一次丧葬活动，并向笔者讲述了他对这次满族大户人家丧礼的印象：

他记得那年他还不到十岁，接到报丧的当天，爷爷、父亲带着他套上马车就去大红门奔丧。双桥门到大红门只有十几里路，爷儿仨不多时就到了。见亡者家门楼上已挂起门幡，院内搭起高大席棚。死者停在屋内另搭的板铺灵床上，身上穿的寿衣据说还是为官时穿的官服，用白布蒙着脸，红绳拴着脚，还用一块明镜压在胸上。灵床前摆放着"倒头饭"，灵床后点"长明灯"。因满族有入殓前守夜的习俗，所以族亲们必须聚在一起，为亡者守夜。第二天亡者入殓后，棺材停在院内搭起的灵棚里，棚内设有用红布围着的坐凳以接待亲友。棺材前设一方桌，桌上摆放着亡者生前的茶壶、茶碗、水烟袋等常用品。再前边是供桌，摆放着猪头、糖饽饽、小米饭和干鲜果品。供桌前摆放着长明灯、香炉、蜡扦、香筒等。吊唁来的亲友，有的送挽联、有的送祭幛、有的送纸锞，都依次至灵前供献祭奠，祭奠时，平辈立奠，晚辈跪奠。灵棚一角，雇有乐队，并请来喇嘛念经，为逝者超度亡灵。经过"烧饭”“送三”“送库”“哭丧”“出殡”等程序，这场丧事才算告一段落。特文禄先生家与亡者家同族近支，给穿戴“大孝”不说，还享有守灵并在灵堂内用食的宗亲待遇。当时海子门里头的满族特姓遇有大事小情，都是这样相互走动的。只是近几十年来才逐渐越来越生分，直到一点来往也没有了。

走访南苑文史专家高世良

到清末民初南海子开放后，南、北大红门之间的路成了入京的交通要道。使北大红门外的人口陡然上升，很快成为永定门外的一个大村落。新中国成立后，这里成了典型的城乡接合部。1955 年 8 月，为了方便交通，北大红门被拆除，门里门外的人居连为了一体，仅留下大红门的地名。如今这里是南苑乡政府所在地，被誉为“天安门前第一乡”。

1949 年，大红门属北平市南苑区；又先后改属 23 区、14 区和 11 区；1952 年又改属北京市南苑区；1958 年属丰台区南苑人民公社；1984 年属南苑农村办事处；1987 年属南苑乡。

（部分内容根据高世良、特文禄口述整理）

6. 小红门村

1937 年日本人拍摄的小红门

小红门村位于南海子北部偏东，凉水河东岸。村东靠马道村；南临北京亦庄开发区；西与丰台、大兴区接壤；北是宋家楼村。南四环路和大秦铁路从村北侧东西相向而过；地铁亦庄线从该村地底下南北穿行，并设有小红门站。因南海子在此辟建一座小红苑门而形成的村落。现属朝阳区小红门乡。

小红门是历史南海子的九座苑门之一，是清代在明代原有四门（北大红门、南大红门、西红门、东红门）的基础上增辟的五座苑门中，最先增辟的苑门。因是座规制一洞的苑门，所以，才与北大红门相对而称小红门。据当地老人讲，因小红门辟建位置在凉水河东岸的高坡上，所以显得很高大。

小红门辟建的具体时间不详，从史料上分析，辟建应早于康熙二十四年（1685 年）。据《总管内务府现行则例》记载："康熙二十四年三月，奏准南苑内原有五门又添设镇国寺门、黄村门、双桥门、回城门四座共九门"，显然，史料中所记载的"原有五门"即包括了小红门。而明史中又仅有北、南、西、东四座苑门的记载，因此估计小红门可能辟建于明末或清初。

为什么要在此辟建小红门，看一看南海子所形成的用地分布就知道了。在一幅绘于清代的《南苑总绘》舆图上，南海子东部地区，被标绘的主要功能除了养牲地即是耕种地。牛圈、羊圈、猪圈、鹿圈等，大都设在这一地域。另外，这里还是皇粮庄、蔬果园的分布区。每年都要有大量的庖厨副食运往皇宫。如果都由北大红门出入，显然太不方便。也会对帝王辇车的出入造成影响。因此，在这里再辟一座苑门也就不足为奇了。

小红门和其他南海子苑门一样，清廷派正黄旗或镶黄旗族人把守。听当地老人说，“特”姓为小红门的“门君”，李姓为“把总”，杨、何二姓为菜园的“庄头”。笔者的姨夫特文谦即是小红门守门人后代，小时候我曾问姨夫怎么姓个“特”姓？记得姨夫说，他们的祖先原本是蒙古族人，族姓挺长，“特”是最后一个字，是随一位皇太后来到京城的。长大了才明白，他们的族姓应该是“博尔济吉特”，而这位皇太后显然就是辅佐了顺治、康熙两位皇帝的孝庄太后。为此，笔者还曾走访过一位家住双桥门的特文禄老人，他说小红门村的“特”姓与北大红门和双桥门村的“特”姓原同属一族，均为“博尔济吉特”氏。民国时期，遇有红、白喜事，还相互走动，只是后来才断了来往。而“把总”李家，据说是守备南海子的秩正七品官，有权有势。直到民国时期仍属小红门地区首屈一指的大户。据当地老人讲，当时李家住的是前出廊后出厦的瓦房四合大院，门前有上马石，非常的气派。其他双、思、赵、郭、杨、徐、何等姓也都是在南海子里当差任职的满族旗人，一并成为小红门村最早的居民。因住在小红门里，均被称为“门里头”人。

自从增开小红门后，小红门外很快就发展起来，与西红门外的西红门镇、东红门外的马驹桥镇一样，成为南海子周边最繁华热闹的商业密集地。听当地老人说，当年小红门街上店铺林立，买卖兴隆。每月逢二、五、七、十为集，其中最红火的要数小红门的粮食市。开市那天，粮市的总管要先到小红门陈家“请斗”（因为陈家的斗是公认的计量最准的斗），再到粮市门前“祭斗”。执斗人把五种粮食各抓一把放进斗中，鞠躬上香，发誓公平。然后高喊三声“开市了”！斗放在大门外大圆笸箩中，执尺人把倒满上尖的粮食使劲儿快速抹平，故意将少量粮食溅到笸箩外，由小红门中最穷的户来扫溅在外的粮食，这叫“扫穷”，一个集市下来，每户穷人能扫走两三升粮食。小红门粮市买卖进行的既公平合理，又红火热闹。此外，当年小红门的“福中水杂货店”“东南合杂货店”和“同裕德杂货副食店”等也都很有名。

民国以后，小红门地区成了城南主要的蔬菜产区，需要大量的劳动力，这里形成“人市”一条街。每天天刚麻麻亮，大街的墙根儿下已蹲满了来自十里八村的贫苦农民，他们都是来这里等着菜农家雇佣的。听老人说，小红门菜地的活可不好干，天刚蒙蒙亮就得到菜地干活了，一直干到上半晌才吃早饭。由于有的东家特意雇用身强力壮且吃饱喝足的“刀子头”前面领干，而那些还空着肚子刚来的农民大都跟不上“刀子头”的速度，所以只能甘愿得到少得可怜的报酬。

自民国以后，由于小红门已成为城东南入京的交通要道，所以这里的大车店、马掌铺也多。仅小红门坡下，当时就开有大车店三家，马掌铺两家。每天这里都是车水马龙，打掌声叮当响，非常红火。

小红门内偏西里许是清顺治年敕建的享有盛名的皇家庙宇元灵宫，后来的清代帝王凡到南海子游幸，必先到元灵宫祭祀拈香。这里留下了清各代帝王的宸迹。特别是庙宇中的元极殿，是一座仅次于天坛祈年殿的圆形殿宇。殿上的风拔铜顶，在阳光照耀下闪闪发光，几十里远都能看见，曾是小红门村的明显地标建筑。可惜，元灵宫毁于民初的军阀战乱。现在已遗迹泯灭，连点痕迹都看不见了。

小红门内东南二里许就是“三台山”，每年的四月十五和九月十五，都要在这里举办三台山庙会。名叫三台山，实际上是三座汉墓。届时，海子里、海子外的村民百姓，有的赶着牛车，有的骑着毛驴从十里八村赶来逛庙会。

一位名叫李金普的老先生对笔者讲：小红门是他熟悉的地方，因为其四姑奶奶就嫁到这里。所以逢年过节必去一趟。记忆最深的是三台山庙会，当时觉得特别热闹。有烧香上供的、有许愿还愿的、有占卦算命的、有赶集购物的，还有奔这儿专门为晃“摇钱树”的，更有穷人为给父母许愿来“爬鞍子”的。但大多数人还是闲逛赶集买农时工具的。小孩儿们就更高兴了，因这里不但有“踩高跷”“跑旱船”“扭秧歌”等

走访小红门村民双学之（前）

各档花会表演，更有许多现做现卖的食品摊儿。李先生记忆最深的是二分钱一碗的绿豆面丸子……

三台山庙会从清末一直举办到20世纪50年代初，是北京城南著名的民俗庙会，也为当时的小红门村增添了热闹与繁荣。后来，这里成了化工原料仓库。再后来，这里又成了一个物流中心。

小红门村清属京师顺天府大兴县；民国时期属河北省大兴县；新中国成立后，属北京市南苑区；1958年，划为北京市朝阳区。1961年属小红门乡。如今，小红门村已实施了旧村改造，村民们已拆迁搬进在旧村址附近新建的住宅新区，过上了城镇化的新生活。

（部分内容根据特文迁、杜宪庭、双学之、李金普口述整理）

7. 双桥门村

双桥门村位于南海子双桥门里，拆迁前属南郊农场的居民村。

双桥门是历史上南海子皇家苑囿的九座苑门之一，始建于清康熙二十四年（1685 年）。因是清代帝王从东陵祭祖回跸南海子的专用苑门，所以被修成了中间门高，两边门低规制最高的三洞门。门外就是南双桥村，因此得名“双桥门”。

根据清代《总管内务府现行则例》所记，南海子（南苑）九座苑门，北大红门设四品章京 1 员，其余八门各设五品防御 1 员。九门共设领崔 10 名、骁骑 18 名、门军 36 名、马甲 90 名。平均每座苑门约设 18 名人员。

由于清代帝王常来南海子举行“行围狩猎”和“演兵阅武”等活动，为了保证安全，对南海子每座苑门均派正黄、正白、镶黄“上三旗”的部队来负责防御。日久天长，在南海子各苑门里就逐渐形成了一个个满族旗人自然村，被海子外的百姓称为“门里头”。

双桥门“门里头”的旗人由“特”“白”“隆”三个满族姓氏组成。“特”姓属正黄旗，“白”姓属正蓝旗，“隆”姓属镶黄旗。

笔者曾走访过久居这里，且当时年龄最大的特文禄老先生，据他说，“特”姓源于博尔济吉特，后来就以“特”字为姓。特姓先祖派来南海子当差，就是负责防御北大红门及负责联络其他八座门。人称特大老爷。小红门也是由特氏负责防御。而双桥门虽然“特”姓在这里人口最多，但负责此门防御的却是“白”氏，人称白二老爷。据白家后人白金生听祖父说，白家城里的老宅在王府井大街路西，满人一入关其祖上就住在这里，后来才被派到双桥门守门。白家在双桥门也曾建有硕大前后两层的四合院，遇有红白喜事，连大兴县的县太爷都要到场，可见势力非同一般。

笔者回忆，从海子墙由东往西排序为：东“特”记（后人特文祥）、中“特”记

（后人特文禄）、“白”记（后人白玉英），“隆”记（后人隆德宽），西“特”记（后人特文元、特文会）。他们的后代特丙全、特丙军、特丙义、特丙志、特丙贞、特丙田、特长福、特长贵、特长清、特长友、隆景海、隆景和、白金生等都一直生活在双桥门，直到被开发区征地拆迁。

听这里的老人讲，过去“门里头”的人，又盼“过皇上”，又怕“过皇上”。盼的是，每次“过皇上”后，家家都能得到皇上赐给的赏钱物。怕的是，每次“过皇上”前，所有“门里头”的人都要行动起来，进行清水泼街，黄土垫道有好几里地长，每次都要折腾好几天。特别是还不能怠慢了那些奉旨来双桥门迎驾的王公大臣们，对他们也得远接近迎。据特文禄小时候常听长辈们讲，皇上在入双桥门前，“门里头”的人，不论男女老少，都得早早地跪在路边等候。等皇上辇车到了，连头也不能抬。等敢抬头了，辇车已经过去了，实际上根本就看不清皇上。

在双桥门村的西头有一户赵家（后人赵书荣、赵书林），由于开过油房的买卖，人称“油房赵记”。赵家虽不是满族，却也是最早来到双桥门的。笔者曾走访过已年过八旬的赵家后人赵书荣，他听祖母说，大清的时候，皇上规定，在南苑（南海子）看门的满族旗人的后代，平时必须练习拉弓射箭。每年都要集中到双桥门比试，按成绩领赏。他们赵记的先祖是负责生活服务的总管。因服务好，很受皇家赏识。因此，特允许汉族出身的赵家入住双桥门里。

走访双桥门村民赵书荣

赵书荣的祖母的娘家是海子外南双桥村的宋家，因赵家在双桥门里有些地位，就把娘家也搬到了双桥门里，这就是宋德荣（后人宋焕璋、宋焕国、宋焕强）、宋德旺（后人宋焕刚）家。

后来，随着时代的变迁，这里的人居逐渐增多。就这样，由“门里头”变成了“双桥门村”。

双桥门旧址的大概位置在亦庄开发区东环北路与北环东路的交汇处。其北侧约百米远就是双桥门村的原址。

1958 年，南郊农场国营范围适度扩大，将时属鹿圈乡广德管的双桥门和南辛庄、北辛庄，及牛家场、闫家场几个小自然村划入农场。并成立了“小粮台生产队”（二分场 3 队）和“双桥门生产队”（二分场 2 队）。其中纳入双桥门生产队的除北辛庄以外，还有双桥门以南，东海子墙以里的郝、杨、王、李、夏、卜、张、胡、尹、丁等散居农户，笔者的家也在其中。

值得一提的是，双桥门生产队的队部并没有建在双桥门村，而是设在了距双桥门以西约二里远的一个称“白房子”（又称“三间房”）的地方（在今资生堂北侧）。这里曾是一位栾姓小军阀所置办的地亩。因盖有三间白墙房子而得名。当时这里仅有栾（后人栾启凤）、张（后人张福胜）、李（后人李启贵、李启祥）三姓人家。后来又搬来一户李姓（后人李文庭、李书祥）人家。他们也都一同被划入了南郊农场。

双桥门村已于 20 世纪末与南双桥、城庄等东四村一起被北京经济开发区征用拆迁，居民移居到亦庄贵园北里小区，成为亦庄新城的第一批居民。

（部分内容根据特文禄、赵书荣、白金生、栾启凤口述整理）

8. 西红门村

西红门村位于南海子西红门外，属大兴区西红门镇。

西红门是明永乐十二年（1414 年）建南海子皇家苑囿时所辟建的西侧红门，因此得名“西红门”。而初始成村落已有千年历史，但当初却不叫这个地名。

史料记载，早在辽、金时期，这里曾称“西綦村”。明初时，朝廷开始从山西、山东及江浙一带往北方地区移民，使“西綦村”人口大增，又被称为“千户屯”。到明永乐十二年（1414 年），永乐皇帝在村东建南海子皇家苑囿，又把苑囿内的村庄强行迁出。这样，又有一部分百姓被迁到了“千户屯”。南海子苑囿在北、南、西、东四个方位各辟一座红色苑门，这里为西苑门，是座一大一小两门洞的苑门，被称为“西红门”。清康熙年间于此置有邮舍，多以西红门为名，“千户屯”也就逐渐被废，被改称为“西红门”村，一直沿袭至今。

西红门村是主要由汉、回、满三个民族形成的自然村落。据官方统计，其中汉族人口约占百分之六十二；回族人口约占百分之二十五；满族人口约占百分之十；其他民族人口约占百分之三。

西红门最早的回民是明朝永乐年间三位陈氏兄弟“随龙北迁”，从南京水西门外五棵松来到北京，其中一人在京东陈辛庄定居。另二人落户到了西红门。后来又引来了更多的回民同族老乡，西红门逐渐成为回民聚居的村落，其中以马、陈、康、洪为回族四大姓。民国时期，洪记“洪顺号”食品店曾享有盛名，据说匾额是军阀吴佩孚亲笔所题。

清入主中原定都北京，把南海子改称南苑，这里成为清代帝王行围狩猎、演武阅兵的皇家禁苑。并派镶黄、正黄、正白上三旗及“随龙入关”的满族旗人来守护管理南苑各门，被当地称为“门里头”人。这样，西红门里又开始有了满族旗人定居，后来也都融入西红门村。

由罗克俭先生主编的《宫门旗人》一书，对西红门满族旗人罗、马、衡、陈、赵、定六姓分别进行了家谱调查，依人口多少做了如下排序：

衡氏家族，其中：衡长明（后人衡占山）、衡长玉（后人衡占东、衡占正）、衡长河（衡占友）、衡玉瑄（后人衡占纲、衡占海）、衡玉*（后人衡占术）、衡玉德（后人衡占春、衡占元）、衡文仲（后人衡全水、衡全宝、衡全贵、衡全珍、衡全印）、衡文生（后人衡全禄）、衡占廷（后人衡子峰）、衡占奎（后人衡焕华、衡焕臣）、衡全福（后人衡国启）。

马氏家族，其中：马松林（后人马海林）、马松会（后人马海青）、马松祥（后人马海泉、马海英、马海元、马海珍、马海龙）、马松凤（后人马海山）、马松连（后人马永珍、马永录、马永顺）、马松群（后人马海臣）、马月川（后人马海楼、马海伦）、马海云（后人马德喜）、马海佩。

罗氏家族，其中：罗文秀、罗文连（后人罗继玉）、罗崇熙（后人罗文琦、罗文选）、罗松和（后人罗文全、罗文录）、罗松森（后人罗文翰）、罗松顺（后人罗文启、罗文厚）、罗松茂（后人罗文斌）、罗松印（后人罗文才）。

陈氏家族，其中：陈永清（后人陈启星）、陈永海（后人陈启春）、陈启旺（后人陈宗仁、陈宗义）、陈启凤（后人陈宗顺、陈宗新、陈宗琦）、陈启连（后人陈宗茂、陈宗来）。

赵氏家族，其中：赵庭贵（后人赵迺强、赵迺钧、赵迺谦）、赵兴冰（后人赵连贵）。

定氏家族，其中：定恒宝（后人定胜利）、定恒庆（后人定进财、定进喜）。值得一提的是，著名相声演员唐杰忠幼年随母改嫁到定家，是在西红门村长大的。

西红门村南与高米店毗邻，西、北与丰台区接壤。村落面积约四五平方公里，是北京地区少有的“一村一镇”的大村落，被誉为京南第一重镇。如此之大的村镇形成，与其所处的地理位置密切相关。西红门地处京南门户，是历史上南方通往北京的古幽州大道的最北端。而北京城正南方，被南海子皇家苑囿挡住，因此，紧靠南海子西墙外的古幽州南大道就成了南方进京的交通要道，而西红门又正处在这一

西红门村清真寺

要道的入京隘口。这样一来，西红门应运而成京南第一重镇也就不足为奇了。

据说西红门村明清两代最盛，当时这里店铺林立，商贾云集。庙宇丹垩，香火极盛。仅寺庙就有十庙（九圣庙、五帝庙、贞武庙、关帝庙、娘娘庙、龙王庙、什坊庙、观音庙、山泽庙、三官庙）一寺（清真寺）。

据《大兴县第一次文物普查》记载，其中：

关帝庙　在西红门村南，北向。大殿三间，硬山筒瓦，调大脊吻垂兽，排山滴水，大式和玺彩绘，五架梁前后单步梁，面宽 9 米，进深 5.5 米。

娘娘庙　在西红门村北，南向。大殿三间，大式，筒瓦调大脊吻垂兽，排山滴水，和玺彩绘，五架梁前后单步梁。面宽 9 米，进深 7 米。东西配殿各三间，面宽 9 米，进深 4.5 米。前殿三间，大式，硬山筒瓦箍头脊，排山滴水，旋子彩绘，面宽 9 米，进深 7 米。后带抱厦，面宽 2.7 米，进深 3 米，大殿耳房，小式筒瓦箍头脊，面宽 6 米，进深 3 米。山门，硬山筒瓦箍头脊，面宽 2.2 米，进深 1.2 米。

九圣庙　在西红门村北，南向。大殿三间，大式硬山筒瓦调大脊吻垂兽，排山滴水，苏式彩绘，五架梁前后单步梁。面宽 9 米，进深 5.8 米。前有影壁，筒瓦箍头脊，长 9.5 米，厚 80 厘米。

山泽庙　在西红门村，东向。大殿三间，大式硬山筒瓦调大吻垂兽，排山滴水，苏式彩绘，五架梁前单步梁，面宽 9.5 米，进深 6.5 米。

清真寺　始建于明永乐十二年（1414 年），时寺址在西红门村北。清康熙二十六年（1687 年），移至西红门村中。据传说，新寺建成不久，清康熙皇帝到南海子游幸，来到西红门村，御驾亲临清真寺，并赐半副銮驾（銮驾，指帝王所用仪仗），一直被西红门人传为佳话。

在西红门村东海子墙里，还曾经分散有十余个小庄子，大的三十多户，小的仅有两三户。其中有巨成庄、天津庄、嘉则庄、罗家庄、和顺庄、冯家庄、小三余庄、红杠子庄、三乐庄、福立庄等。1955 年，国务院机关事务管理局在此征用西红门镇（时称“曙光农业社”）土地二千亩，建立副食品生产基地（福利农场），除将天津庄、嘉则庄的社员划给南苑农业社外，其余大部分农户都相继迁并到了西红门村。

另外，在西红门村旁边的地头、场房，原来还曾散居有少量民户，如村西的“康家园”，道北的“二刘地”等，分别住有祁、陈、刘、王、柏等户人家。在 20 世纪 70 年代也都先后迁入了西红门村里。

综上所述，西红门村是一个主要由汉、回、满三个民族并由多个小庄子迁并形成的。到 21 世纪初，全村已发展到近三千户，超万口人。成为北京地区罕有的多民族汇聚，和睦相处，共存共荣的超大自然村落。

西红门村，明、清时期为京都顺天府大兴县管辖。1937 至 1945 年日伪时期，西红门村属南郊区，而“门里头”属大兴县。1948 年改属南苑市，隶大兴县。1949 年设西红门镇，先后属北平市 23 区、14 区、11 区。1952 年属北京市南苑区，设西红门乡，下设 12 个行政村。1958 年 9 月划归大兴县黄村公社，10 月又改划入红星公社，为西红门大队。1984 年恢复西红门乡。1990 年设西红门镇至今。

（部分内容根据陈寿全、罗克俭口述整理）

9. 东红门与肖庄子

肖庄，位于南海子东红门内二里许，是大兴区亦庄镇所辖的行政村，是由肖庄和东红门两个小自然村组成，被统称肖庄村，和通州区马驹桥镇的海户屯接壤。

东红门是明代南海子所辟四座苑门之一，是一座规制一洞的门，因此又被称为东小红门。原来的门是修建在了凉水河南岸，因被洪水冲毁，于乾隆五十四年（1789 年）乾隆皇帝敕命在重修海子墙"土墙易砖墙"之时，将东红门移至凉水河北岸半边桥北侧里许的位置。并在门里重新建起一座关帝庙，原东红门位置成了辛屯角门。

与南海子（南苑）其他苑门一样，清代在东红门也派有上三旗旗人守护。负责东红门防御的主要是"定""白"两姓（属正蓝旗）。其实，"定""白"两姓同是一族，历来被说成"白、定不分"。至今，东红门一带还有"门爷定记"之说。此外，负责守门的还有"门君赵记、田记"。

原来，东红门里就住有定（后人定永和）、白（后人白中福、白中录、白中明、白中祥）、赵（后人赵德海）、田（后人田希安）不多的几户，被当地称为"门里头人"。后来南海子败落后，一些门里头人都搬到了海子墙外的海户屯、河北段。也有的西迁到了肖庄。门里头就仅留有定姓一家。到民国后期，由于海子墙里有不少海户地，一些地的主人曹（后人曹永森）、李（后人李慎思）、袁（后人袁玉海）、高（后人高永山）、陈（后人陈永利、陈永富）等人家就在东红门里自家地上盖起新居，陆续迁到"门里头"，形成了东红门村。

东红门内曾建有一座关帝庙。据《大兴县第一次文物普查》记载，东红门关帝庙东向正朝东红门，山门、前后殿带东、西配殿，庙前有影壁一。山门一间，面宽 2.4 米，进深 1.25 米，硬山筒瓦大脊垂兽，棋盘门。前殿一间，面宽 4 米，进深 6 米，小式硬山筒瓦，调大脊吻垂兽。排山滴水，方格门窗。后殿三间，面宽 10 米，进深 6.4 米，大式硬山筒瓦，调大脊吻垂兽，排山滴水，旋子彩绘。六抹方格门窗，五架梁前后单步梁，出廊。南北配殿各三间，通面宽 10 米，进深 4.5 米，小式硬山灰梗。后殿内两山为罗汉壁画，中有木龛，龛中为泥塑金色释迦像，高 1.2 米，两侍者高 0.8 米。清乾隆三年铁磬一个，高 0.7 米，径 0.42 米。小铁炉一，高 0.48 米，径 0.37 米，炉身铸有铁八挂仙鹤流云兽图案。大铁炉一，高 1 米，径 0.95 米。庙前影壁镌有“万事隆昌”。20 世纪 50 年代，关帝庙曾做过东红门小学。

肖庄子是由南海子（南苑）内的一所皇粮庄演变而成的自然村落。据《大清会典则例》记载：康熙九年（1670 年）“奏准于附近庄头内选四人于南苑安设四庄，各给地十八顷”。《大兴县志》也有同样记载：“南苑安设四庄，每庄给地十八顷。有缺，令其子孙承充”。康熙十二年（1673 年）《大清会典则例》又记载：“奏准南苑增置庄一所”。这样，南海子内共设有皇粮庄五所。而其中的一所就设在东红门以西的肖庄子。一幅绘于晚清的《南苑全图》上，在东红门内就明确标有庄头住房。

每所皇庄设有“庄头”来管理，他们除了每年按规定上缴皇宫粮、菜、果（或折成款项）外，还要在每遇“皇帝幸南苑，负责供应枪手人等饭食，并各交羊草三万束。”（《大清会典则例》）

在庄头之上，皇家还派有专职官员管理皇庄事项。主要负责对各皇庄“催粮收款”。而负责东红门内皇庄的官员姓肖，因管理皇庄地亩数量广大，被人称为“肖千顷”。他除了负责对皇庄催粮收款外，如遇有皇帝出入东红门游幸马驹桥镇，还要负责组织“清水泼街，黄土垫道”等差使。为了解决这部分开销，就从东红门以西的皇庄地亩中划出耕地 50 亩，进行招佃耕种，后逐渐形成村落，这就是肖庄子。

新中国成立后，当地人民政府将肖庄、东红门、二号和小地儿四个小自然村，合并为肖庄一个行政村。到 20 世纪 60 年代末 70 年代初，又将“小地儿”划归了

走访肖庄村民李长喜、李修身等

隆盛场。并将“二号”独立为一个行政村。这样，只留有肖庄与东红门为一个行政村，直到 2001 年北京经济开发区征地拆迁。

肖庄，清属顺天府大兴县。1928 年改属河北省大兴县。1946 年属大兴县鹿圈乡。1948 年后曾改为北平市 23 区、14 区、11 区。1952 年改属北京市南苑区西五号乡。1958 年改属北京市大兴县红星公社天恩大队。1962 年改属鹿圈大队。1984 年属鹿圈乡。2000 年属亦庄镇。现村民已搬迁至亦庄贵园南里小区，过上了城镇化新生活。

（根据李长喜、李长福、李修身、白纯来口述整理）

10. 南大红门村

南大红门村位于南海子南大红门外，现为大兴区青云店镇一个行政村。

南海子的南大红门辟建于明永乐十二年（1414 年）始建南海子皇家苑囿之时，是明、清两代帝王南巡京畿经常出入之门。因此也被辟建成一高两低的三洞门。地位仅次于北大红门，相对而称南大红门。

南大红门位于南海子墙中部，现南大红门村北的南六环路上，遗迹早已无存。

清澈的凤河由西向东，从南大红门北侧潺潺流过，与由北向南流淌而来的三海之水在大红门东侧相连，汇成一处处水泡子，如颗颗明珠散落在大红门内左右。北观晾鹰台，台崎碧野。东望龙爪湾，波光粼粼。难怪康熙皇帝于康熙五十二年（1713 年）择址在红门内侧又修建了一座“南红门行宫”。与南红门西侧的皇家庙宇“七圣庙”、红门东侧的“望围楼”遥相呼应、相得益彰。

在南大红门东北侧，有一洼较大的水泡子，在清绘制的《南苑全图》上，被标明“渔猎处”，曾是清代帝王在此举行“水围”狩猎的场所。清康熙、乾隆两位皇帝，不仅喜欢“秋狝木兰”“春蒐南苑”的旱猎活动，还非常喜欢在水淀湖泊地域举行“水围”渔猎活动。当时举行水围的地方主要有两处：一处是白洋淀，另一处即是南海子。史料记载，当时举行的水围活动场面十分壮观，一般都在阳春三月里举行。这个季节，春意盎然，候鸟北返，鹅雁翔集。皇帝在侍卫们的随扈下乘船从湖淀四面悄悄围合而来。忽然间一声炮响，万千水禽腾空飞起，遮天蔽日。皇帝见状，张弓搭箭，射向空中。随扈侍卫们也是鸣镝声声，不绝于耳。转眼间，鸟羽纷飞，鹅雁坠落。据《乾隆起居注》记载：乾隆十五年（1750 年）三月初三日“驾至红门内水围，晚刻幸宁佑庙行围”。文中所记红门内，显然即是南红门内东侧的“渔猎处”。除在此举行“水围”外，清代帝王还喜欢到此撒网捕鱼。（“顺治十年（1653

年）三月，丙戌，上于南苑中网鱼一日。”《清世祖实录》）史料中也记有乾隆皇帝多次到此捕鱼，为了增加情趣，有时他还装扮成渔夫模样。他在一首《南红门捕鱼》诗中写道：

烟蓼亚寒汀，澄玻漾秋浦。
垂纶玉镜明，潜鳞堪指数。
萧然秋意深，数声离岸橹。
渔笛横西风，云山入新谱。

南大红门外即是南大红门村。史料记载，在明永乐十二年（1414 年）未建南海子皇家苑囿前，这里就已形成村落，名为“磁永庄”，据说也和附近村庄一样，均是明朝初年山西移民至此所建村落。南海子苑囿建成后，村北即是苑囿的南大红门，当地人即将“磁永庄”称为南大红门村。渐渐地“磁永庄”便少有人知了。直到后来，人们在村里一座古庙遗址上发现了一口铁钟，钟上镌有“磁永庄”三个字，后人才知道南大红门村的原名曾称“磁永庄”。

清代，由于南大红门的地理位置非常重要，清廷派满洲上三旗门君看守。据当地老人口述，守护南大红门的门君为“胡”姓，人称“胡四老爷”。与其他满族旗人一同驻守南大红门，居住在南大红门的“门里头”。南海子荒废后，海子开放通行，南大红门成了通往京城的交通要道，南大红门村迅速发展起来。原住在大红门里头的满族旗人，并入了南宫村。新中国成立之初，南大红门村曾被设为河北省大兴县南大红门乡。现为北京市大兴区青云店镇的行政村。

11. 庑殿村

庑殿村位于南海子北大红门内偏东五里许，属大兴区旧宫镇辖村。

如果向南海子里的老辈人打听，海子里哪些村子最有历史？他们会毫不犹豫地说出四个村的名字：槐房、鹿圈、旧宫、庑殿。因为，海子里的大多数村庄都始建于清末招佃垦荒后，也就一百多年的历史。而上述四个村子，在明朝就已经开始有民居了，其中就有庑殿村。

庑殿村位于南海子北大红门内偏东南五里许，史料上又称“武殿”“吴殿”，还曾一度被称为“五里店”。实际上，这里是明代在南海子修建的唯一的一座行宫，称为庑殿，始建于明天顺二年（1458 年）（“修南海子行殿及小桥七十五”《明英宗实录》）。清乾隆皇帝在《吴殿怀古》诗序中更明确写道：“庑殿在南苑中，明时行宫也。”

为何称为庑殿？原来，庑殿是古代建筑中的一种形式，因屋顶形成四坡五脊，所以又称“五脊殿”。自唐代以来，庑殿建筑形式被各代王朝确立为最高的等级规制。成为体现皇权、神权等统治阶级的象征。所以，庑殿只能用于宫殿、坛庙一类的皇家建筑，其他官府、衙门、商埠和民宅是绝对不允许采用这一建筑形式的。据说，庑殿行宫建成后，明英宗及以后的几代皇帝来南海子游幸，均驻跸在庑殿行宫。到明世宗嘉靖时期，随着朝政日益衰落，南海子也因宸游甚少而日趋败落。庑殿行宫也因长时间没有皇帝驻跸而被闲置起来。听当地老人传说，庑殿行宫还曾经做过一位废妃的冷宫。从此，庑殿行宫更受冷落，很难在明史料中找到庑殿行宫的记载。

直到清康熙十三年（1674 年），史料中又出现了庑殿行宫的名字，康熙皇帝还于当年十月先后两次驻跸在该行宫。（“十二日壬寅辰时，上奉太皇太后幸南苑，……亲侍诣西宫。酉时，上还武殿行宫。”“十八日戊申，上驻跸武殿。”

《康熙起居注》）之后，史料中又不见了庑殿行宫的名字。直到乾隆年间，在乾隆皇帝的御制诗中才有两次提到庑殿的名字。一次是在《吴殿怀古》诗序中所写庑殿是“明时行宫也”。另一次在《海子行》诗句中写道：“胜朝庑殿但存名，颓垣落桷埋榛荆。葺为驷厩飞龙牧，时得良骑出骏英。”是说，明朝的庑殿行宫现仅存下庑殿的地名。在行宫的残破遗址上，已改建为御马厩，成了育养骏马的地方。显然，庑殿行宫到清康熙初期，虽然破旧，但还能勉强供皇帝驻跸。可能没过多久，庑殿行宫终因年久失修而坍塌，成为一片废墟，就在原址旁建起了专为皇帝育养良骑的御马厩。康熙、雍正、乾隆等清代皇帝进北大红门到南海子行围狩猎，大都是到庑殿御马厩挑选坐骑的。

又听当地老人说，在庑殿遗址前东、西两侧，明代还建有文、武两座皇家庙宇，文庙供奉孔子，武庙供奉关羽。清代改建马厩后，东文庙成为养马人的住所。民国以后，这里被用做了庑殿小学。令村里人记忆犹新的是庙前的两块大青石和一边一棵大槐树。大青石每块长约三米，宽约二米，高约一米。两棵大槐树足有三搂多粗，得有五六百年的树龄。这里是老人和妇女小孩茶余饭后闲聊玩耍的地方。

西武庙是座两层殿宇的关帝庙，乾隆年间进行过重修。直到 20 世纪 60 年代中，在“破四旧”中才被彻底拆毁。被拆毁前，满族庙氏（后人庙金昌）一直住在庙里。令村里人难忘的是庙门西侧的那眼井，村里人称“西小井”。井上是一整块二米见方的大青石覆盖，中间凿一圆形井口，井旁立有一块一人多高的石碑，上面镌刻乾隆皇帝御笔“甜水井”三个大字。村里老人说，井水非常浅，伸手用瓢就能舀上水来。20 世纪五六十年代，井里还常年放个水瓢供路人舀水喝。直到七八十年代，水位显著下降，村里用上自来水后，这口井才被废弃了。那块镌刻乾隆御笔“甜水井”的石碑也被村民用做了盖房的基石而被埋于地下了。

另外，也能从史料中得到印证：据《大兴县第一次文物普查》记载，庑殿西有关帝庙，南向。大殿三间，大式硬山筒瓦，箍脊垂兽，排山滴水，苏式彩画，五架梁前单步梁，方格门窗，面宽 9 米，进深 6 米。东、西配殿各三间，小式硬山合瓦箍头脊，面宽 8 米，进深 4 米。前院东、西配殿各三间，硬山筒瓦箍头脊，排山滴水，大式琉璃瓦，五架梁前出廊，方格门窗，面宽 6 米，进深 5 米。有残碑二，一埋入地下，一高1.6米，宽57厘米，厚16厘米，镌刻有“同肇详书丹，李信畲篆额”。

在庑殿村南的小龙河上，明代曾建有一座用条石建造的闸桥，称庑殿桥。据村里老人说，该桥的桥底、桥墩、桥面都用巨大条石垒砌而成。20世纪70年代，为了增加小龙河排水能力，庑殿桥被拆除，将桥拓宽，被改建成二孔水泥桥，但仍保留下原石桥的条石桥基、桥墩。

除上述之外，清代还于康熙年间在庑殿北侧置有一处皇粮庄；于清同治年间在庑殿东南侧建起了一座占地千亩的“神机营盘”，又于光绪年在此建起了一处“毅军操场”。特别在清末，清政府还在毅军操场建起修造飞机的大棚和简易跑道，使这里成为中国航空事业的发祥地而载入史册。抗战时期，庑殿南侧成了日本侵略军的军火库。据当地老人说，日军还在庑殿村东建有二十多间房的“慰安所”，被当地百姓称为“下房”，一个叫念彦的日本皇族军官常住在这里。所以，从明、清到民国，庑殿始终是南海子里的一处政治和军事要地，有着深厚的历史底蕴。

正因如此，庑殿从明代就始有民居。据村里老人说，最早在庑殿定居的是王（后人王殿臣）、魏（后人魏庭怀）、李（后人李天良）、于（后人于志凤）等姓氏人家。到清代，庑殿始有满族旗人居住并占主导地位。主要有方（后人方培明）、付（后人付存忠）、边（后人边昌凤）、连（后人连书成）和庙（后人庙金昌）等姓氏。

到清末官准南海子招佃垦荒后，因庑殿地域所处离京城最近的优越位置，其周边荒地成为最抢手的地亩。据说庑殿以东地亩最先被内务府大臣荣禄认垦；庑殿以北地亩最先被庆亲王奕劻认垦，后来又都转

走访庑殿村民刘建国

手倒卖给了他人。从此，来自山东、河北地区的贫苦农民纷纷到这里充佃垦种，使庑殿村的人口逐渐增多，除原有的满、汉老户外，又相继有郑、张、赵、刘、袁、周、马、潘、董、岳、齐、侯、安、鲍、祖、柳、腾、卞等姓氏到此安家落户。据《庑殿村志》记载，到新中国成立前，庑殿村的人口达二百余户，上千口人。

庑殿村 1946 年属南苑区北大红门乡；1949 年属南苑区旧宫乡；1958 年属大兴县红星公社旧宫大队，其间与南场村一起被划分十个小队，庑殿村被划为 1、2、3、8、9、10 六个小队。1961 年又合并为 3 个生产队，即庑殿一、庑殿二、庑殿三队，形成三个行政村。1984 年属旧宫乡；1990 年属旧宫镇。

2012 年，庑殿村实施旧村改造被拆迁。在原村址上建起了由十余栋楼组成的"庑殿新村"，村民们高高兴兴地搬入了新居。令人欣慰的是，虽然庑殿村已经无存，但总算留下了庑殿的名字继续承担着历史传承。

（部分内容根据刘建国口述整理）

12. 鹿圈村

鹿圈村位于南海子东部凉水河西岸，属大兴区亦庄镇辖村。

（一）

乾隆三十二年（1767 年）冬至节气，乾隆皇帝忽然心血来潮，想起南海子里豢养着的那一群麋鹿会不会真的如《礼记·月令》一书所写“仲冬月，麋角解”，而不同于别的鹿“仲夏月，鹿角解”呢？于是他立刻传御前侍卫五福立即到南海子鹿圈验视。果然，五福看到的麋鹿真的正在解角。他将已经脱落的一支麋鹿角带回宫，进呈御览。乾隆皇帝一看，“乃爽然自失”，感叹道，古人把麈当麋，而我却竟然不知道还有冬天解角的鹿，“天下理不易穷，而物不易格者，有如是乎！”于是又写了一篇《麋角解说》以纠正自己以前所著《鹿角记》。而当时南海子豢养麋鹿的地方，就是后来的鹿圈村。

南海子麋鹿苑麋鹿群

南海子当地老话说，“进大红门是庑殿儿，过了旧宫到鹿圈儿”。提起鹿圈，并不陌生，笔者的初中时代就是在鹿圈中学度过的。那时候只知道鹿圈村很大，分四个队：一队为园田队，二队为粮田队，三队为葡萄队，四队为猪场队。而对鹿圈村的历史并不太了解。

在清初绘制的一张南海子全图上，明确标明有马圈、牛圈、羊圈、猪圈、鹿圈，甚至还有骆驼圈，而标明“鹿圈”的仅有位于旧衙门行宫南侧三里许，凉水河西岸这一处。

据《大兴县地名志》记载:“明永乐初年，扩充南海子，在此一带建养鹿圈驯养麋鹿供帝王巡游狩猎。清朝初年有王、周、皮、郭、姜、吴、韩、双姓者八户满族人居此建庄，遂有鹿圈村之名，时属庆丰署。”(庆丰署是清廷掌管牛羊畜牧的部门)另据《大清会典事例》记载:“乾隆五十一年(1786年)，将静宜园喂养的祭祀用的鹿以及由盛京所进的幼鹿，交由南苑鹿圈喂养。鹿有缺额，捕捉苑内散养的鹿只来补充。养鹿和捕鹿，由鹿户十八人负责。”

由此可知，鹿圈始于明代，是专门豢养麋鹿的场所。清初由满族姓者八户始居于此，遂成村落，才有了鹿圈村名，一直延续至拆迁前。

据鹿圈村老人讲，鹿圈村由东西两部分组成，中间有一条名为“时令河”的小溪，溪水从村南三海子流出，向北流入凉水河，一年四季奔腾不息。小溪两侧东西各两处水坑，是清末泛洪水时冲出来的。每到雨季，坑塘蓄满了水，绿柳垂荫，岸芷汀兰，非常美丽。

在村北小溪的西岸高坡上，曾建有一“后土庙”(土地庙)，因为规模不大，村民都称之“小庙”。小庙只有一进院落，一层大殿，正殿建在用大块青石砌成的土台上。与众不同的是，一般庙宇都是坐北朝南，而这座小庙却坐南朝北，原因是，庙的北边即是凉水河，此庙还有“镇河”作用。正殿供奉一尊土地爷塑像，正襟端坐，面目和善。殿外门楣之上悬一块蓝底儿黄字“后土庙”匾额。听老人讲，旧社会时这里香火很盛。每年二月二，众香客云集，香烟缭绕，钟磬悠扬，都企盼来年风调雨顺、五谷丰登。庙里除了正殿，东、西两侧还配有殿室十四间。院北正中是山门，门外对面有一砖砌影壁，把后土庙与凉水河隔开。庙院墙上半截砌有四块边长一米大小的菱形方块，上镌“五、谷、丰、登”四个大字非常醒目。庙外左侧种有一棵古槐，上挂一口直径约一米的大钟，每到逢年过节，钟声响亮，十里相闻。庙内庙外立有两块功德碑，一块立在大殿前台右侧，碑额镌有“神明洞鉴”四个大字，下面刻有建庙捐资者姓名。另一块立在山门外右侧，碑额镌有“万古流芳”四个大字，碑正面刻有捐资建凉水河桥者的姓名。

笔者查阅《大兴县第一次文物调查》，对鹿圈村后土庙更有详细记载:“后土庙在鹿圈村北口，北向。存山门、大殿。山门一间，面宽 2.9 米，进深 1.5 米，硬山筒瓦箍头脊，排山滴水。大殿一间，面宽 4.4 米，进深 4.5 米，大式硬山筒瓦，调大脊吻垂兽，排山滴水，方格门窗，和玺彩绘，五架梁前出廊。殿前东侧有“鹿圈义塾碑记”。山门前东侧有“修桥碑记”。

“后土庙”在 20 世纪 60 年代曾做过鹿圈村卫生所，后因鹿圈小学扩建而被拆除了；那座大钟也早已于“大跃进”年代被化为铁水炼了钢铁；那座建桥功德碑于“文革”年代在“破四旧”时被砸毁。那座修庙功德碑现保存在鹿圈一村队部遗址地下，已被大兴区文物所卫星定位登记入册。

在南海子内，鹿圈成村最早。因这里当时是豢养麋鹿的唯一场所，所以是皇家非常重视的地方。再加上这里地势较高，水美草丰，环境优雅，受到管理南海子的众多满族官员的青睐，纷纷将家眷迁来至此。很快，这里也同南海子各大行宫附近的村落一样，成为“从龙入关”而至此的满族人聚居的地方。最早到此定居的王、周、姜、皮、郭、吴、双、韩姓八户满族旗人中，姜、王、皮、郭四户曾任南苑苑丞；周家为庄头；韩家为果园头；吴家为御马头；后来又迁入了“那、傅、普、白、陈”等满族人家，使鹿圈村快速发展起来，成为南海子内较大的满族村落。

光绪十六年（1890 年），永定河决口，洪水泛滥，殃及南海子，海子墙多半被冲毁。鹿圈地处南海子东部凉水河畔，因此受灾更为严重，苑内豢养的麋鹿等珍稀动物大部被冲出苑外，任人捕食。灾后，奉宸苑命南苑郎中派人将所剩麋鹿集中起来，迁至团河行宫的南侧圈养。鹿圈从此没有了麋鹿，只留下了鹿圈村名。

（二）

庄头，是皇家所派代行管理皇庄的人员。负责皇庄地亩的耕种，并按期足额上缴皇家粮食及现金银两款项等。据《大清会典则例》记载：康熙九年（1670 年）“奏准附近庄头内选四人于南苑（南海子）安设四庄，各给地十八顷”。康熙十二年（1673 年）又记载：“奏准南苑增置庄一所。”这样，皇家在南海子里共置有皇庄五所。每所皇庄派有庄头一名，实行世袭，“有缺，令其子孙承充”。还规定，每遇“皇帝幸南苑（南海子）”，还要负责“供应枪手人等饭食”，并每年“各交羊草三万束。”清代在南海子（南苑）所设五所皇庄中，鹿圈村的周记就是任职其中一

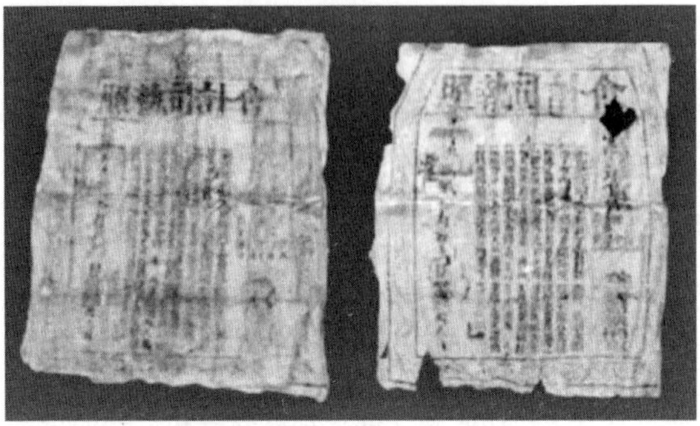

鹿圈村周家收藏的庄头执照

所皇庄的庄头。周记是满族旗人，最早来鹿圈村定居安家的王、周、皮、郭、吴、韩、双、姜八家满族旗人中，周记就在其中。现在，周家后人还收藏有两张乾隆五十年（1785 年）和嘉庆十六年（1811 年）由清廷内务府会计司颁发的“庄头执照”。一张是准许“周天临”顶替“周双德”任庄头之职；另一张是准许“周成”顶替“周天临”任庄头之职。从两张“庄头执照”中可以看出，从乾隆五十年（1785 年）至嘉庆十六年（1811 年），“周天临”任南海子（南苑）庄头共计二十六年。如果从康熙九年（1670 年）南海子（南苑）始设皇庄，至光绪二十八年（1902 年）南海子（南苑）废囿招佃垦荒，周家祖祖辈辈世袭充任庄头长达 232 年。

现在周家还收藏有另一件更为珍贵的文物，是一张颁于康熙二十七年（1688 年）的《敕命诏书》，是康熙皇帝亲自表彰南苑（南海子）庄头周国强之母田氏，因家训严格，慈爱教诲，家风醇厚，知书达礼而成为旗人学习典范的荣誉证书。

《敕命诏书》为黄缎质地，长三尺三寸，宽一尺，共两幅。一幅用满文书写，一幅用汉文书写。现录原文如下：

奉天承运皇帝，制曰：

考绩疏庸，特至推恩之典；服官资敬，隶推式古之功。尔周国强乃六品舘大刘格之父。世檀清门，代传素业。家风淳厚，垂功治之良模；庭训方严，启诗书之今绪。兹以覃恩，赠尔为承德郎、六品舘大锡之命，于戏薄赢金而示诲，世泽常延；锡鞶带以加荣，天休弗替。制曰：官学方成，读父书而继业；爰劳交备，禀母训以扬名。尔六品舘大刘格母田氏，克树芳型，尤多慈教。著成筐之雅范，早知率礼无愆；寓徒宅之深心，果见克家有子。兹以覃恩，赠尔为女人，于戏彤毫酒润，爰推

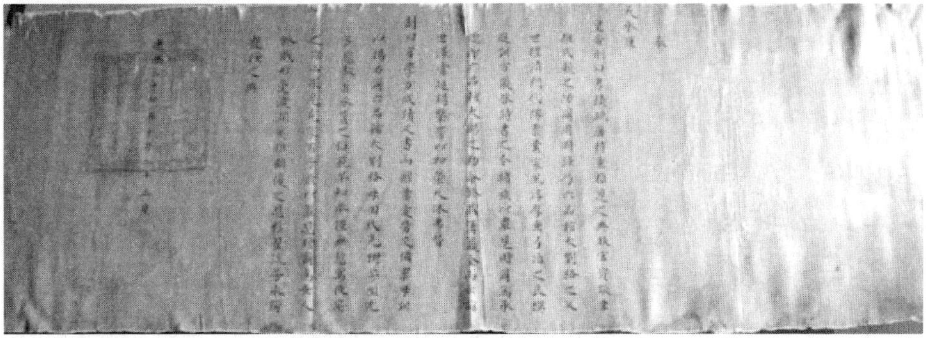

鹿圈村周家收藏的《敕命诏书》

顾覆之，恩翟流芳，永荷宠绥之典。

诏书的大意是：

皇帝颁布命令，因周国强乃是六品舘大刘格之父，世代门第清贵，家风淳厚，功业有成，家训严格，知书达理。今广施恩惠，赠赏其承德郎六品舘大锡之职。官职虽小，以示教诲。此为赐给的不能替代的荣誉。为官要讲学问，读书而要继业，要仁爱和勤劳，要遵从母训才能扬名天下。六品舘大刘格母亲田氏，是贤德的典型，由于精心培育，慈爱教诲，成为高雅典范；遵从礼法而无过失，治家教子，才教育出了能继承祖业的子孙。现用朱笔做出决定，赐赏其翟羽（胸前绣有禽形图案的官服），以示永远承受宠信和爱抚。

据周家后人周振江说，康熙皇帝所赐给周家的“翟羽”，他小的时候还见过，可惜后来被家人改用做鞋面了。

周家负责的皇庄在南海子（南苑）什么位置，笔者没有查清。但从绘于清末的一张《南苑全图》上，可以清楚看到有五处标有“庄头住房”。其位置：西红门内一处；北大红门内东南侧两处；鹿圈东北侧一处；东红门内一处。周家负责的皇庄大概就是鹿圈东北侧这一处吧！

（三）

鹿圈王记是村里的大户，现在足有三十几户，百余口人。要追根溯源，其实都出自一祖。从王记后人所藏家谱看，王记先祖为萨凌阿曾，属满族正黄旗。

王记先祖人称王五老爷，随“龙”入关后即被清廷派至南海子（南苑）曾任苑丞一职。是最早定居鹿圈村的周、皮、王、姜、郭、吴、韩、双八户满族旗人之一。

苑丞，为清代官名，是内务府所属奉宸苑及苑囿、行宫等处，掌管分理苑囿河道、督率苑户等苑囿中人陈设洒扫及轮班值宿等事的专职官员。原名“总领”，乾隆二十四年（1759 年）改称“苑丞”。据《大清会典》记载，“南苑（南海子）设苑丞七人，六品衔；苑副十有三人，八品衔；委署苑副六人，九品衔”。从上述史料中得知，苑丞是南海子（南苑）皇家苑囿里掌管具体事务的主要官员。

据王家后人王志生、王继贤说，王家先祖是在清道光年间任南苑（南海子）苑丞一职的。前一任是姜记，后一任（也是最后一任）是郭记。

当时的王苑丞人称王五老爷，是十足的八旗子弟的派头。每天不是提笼架鸟就是放鹰捕猎。平时他还喜欢斗鹌鹑，据说曾和同仁堂的少掌柜斗过一次，输了不少银子。这还不算，这位王五老爷还是个戏迷，他竟在家里养了个唱八角鼓戏的小戏班子。

就这样，在这位吊儿郎当，贪玩心盛的王苑丞管理下，南海子（南苑）里出现了“盗伐树木”“偷猎牲兽”“私开地亩”等严重现象。

道光十八年（1838 年）道光皇帝来南海子（南苑）围猎，发现苑内牲畜明显见少（“近年来围场牲畜，甚属寥寥，此皆管理不善之故”《清宣宗实录》）。引起了他的注意，即令彻查。南海子（南苑）里的“私垦地亩”“翦伐过甚”“盗贼偷窃”等现象才得以暴露。道光皇帝大怒，即令对负责南海子（南苑）的奉宸苑进行整顿。首先撤了奉宸苑卿禧恩之职：“诏以南苑牲畜不蕃，禧恩久管奉宸苑，废弛疏懈，罢其兼领。”（《清宣宗实录》）

连主管南海子（南苑）的奉宸苑卿都撤职了，这位王苑丞更不可能幸免。结果是，被罢职不算，还被发配戍边，并罚从鹿圈家中向戍边运送巨额银两。从此，王记家境败落。

走访鹿圈村民王志生、张凤源、王继贤等

衰落后的王家没有了“铁杆庄稼老米树”的俸禄，其后人只能靠自食其力来维持生计。这才有了后来鹿圈村的王记“四大户”，也称“四大铺”。即：王记“灯笼铺”；王记“肉杠铺”；王记“饽饽铺”和王记“豆腐铺”。又被当村分别称为“灯笼王记”“肉杠王记”“饽饽王记”和“豆腐王记”。

据“灯笼王记”的后人王继贤对笔者讲，灯笼王记的宫灯属王文贵做得最好，被称为“牛筋儿灯笼”，是用牛角为原料加工而成的。据说不怕风吹雨打。其灯笼上下口用珐琅铜口，下面黄穗为特制“花钱儿”，有的是“姻缘美满”，有的是“万寿无疆”。可惜，这制灯笼的手艺早已失传了。

多少年来，以王文海（后人王玉山）、王文英（后人王麻子）、王印嘉（后人王泉顺）、王印昌（后人王树堂）等为代表的苑丞王记的后人们一直都在鹿圈村生活，早年人称大门王记，后来分支成三十多户，近二百口人。现在，他们都随鹿圈村民一起搬迁至凉水河南岸的“泰河园”社区，各自过着平静祥和的日子。

（四）

郭记，也是清初最先到鹿圈安家落户的王、周、皮、郭、姜、吴、韩、双八户满族旗人之一，属上三旗的镶黄旗。祖上人称的郭二老爷，据说曾为乾隆皇帝驾驭过辇车。到清道光年间，鹿圈王苑丞因贪玩误事，被革去苑丞之职后，郭二老爷后人郭俊峰被任命为新一任苑丞。郭记也就成了鹿圈最后的一任苑丞。

清光绪二十八年（1902 年），南海子（南苑）官准招佃垦荒，从此南海子也就没有了苑丞。郭家的后人凭着皇上封赏的养赡地，仍过着衣食无忧的日子。到民国时期，随着社会的动荡和变迁，郭家的后人已分成了两大支。一支为“宝”字，即郭宝贵、郭宝书、郭宝健、郭宝凤。另一支为“德”字，即郭德福、郭德恩、郭德顺。郭家这两大支，后来过的日子也逐渐形成了两极分化。“宝”字一支过成了骡马成群，土地连片的大财主。而“德”字一支成为了自食其力，自给自足的普通农民。

“宝”字郭记是鹿圈村首富，单从房产上看，在十里八村也是首屈一指，人称“郭记大院”。

据鹿圈村老人杜宪庭先生回忆：郭记大院建在了凉水河南岸的高坡上。院子四周圈建有约 3 米高的院墙。院大门朝东，是座两扇高大的黑漆大门。大门外正对一

走访鹿圈村民郭翰远

座高约 1 丈，长约 5 丈的大影壁。影壁后的高坡下是一条从村南三海子流向村北凉水河，被称为“时令河”的小溪。

走进大院门是二道门，这道门才真正显示主人的富有与气派。这是两扇红漆大门，连带一间门道，都是雕梁画栋，上面画有人物山水彩画。进了二道门是外院，有东房和北房各三间，还有一间门房。院子正中，植有一棵海棠树。这里只是下人住的地方。

斜对二道门是第三道门。这道门与其他财主家的门楼大小差不多。进了三道门有两米远就是四道门，没有门扇，只是一个随墙门。进了这道门，才算进了郭家大院的中心位置。这是南倒座的五间大房，向北进入正院，连接东西厢房有一道墙，中间又是一道宽大的门，也是一道无门扇的随墙门。进了门不能直接看到正房屋，挡住视线的是一座拐了胳膊肘弯的绿漆木影壁。进了这道门，绕过影壁，映入眼帘的是五间高大正房。东、西各有一间耳房，都是磨砖对缝。五高两矮，高大而气派。正中一间有三步青石台阶，门窗都绘有油漆彩画。配有东、西厢房各三间，是北京典型的四合院。一看便知，这里才是主人郭老爷的居室。

在南房和西厢房的后面，是窄院和库房，储存有粮食和杂物。正房的房后还有一个大院落，那是大车棚和马厩，也是长工们住的地方。郭家当时有三挂大车一辆轿车，可称得上是骡马成群。家中雇有长工十几个，为郭家耕种几百亩旱地和村南村北两块菜园子。

以上可以看出，郭记大院确实称得起鹿圈村的首富。到新中国成立后的土改时期，郭记大院被当地政府没收，并改成了鹿圈小学。

（五）

“义学堂”是旧社会由所在地的官民义捐而设立的学堂，也称“义塾”。学堂的招生对象多为当地的贫寒人家子弟，免费上学。鹿圈村就曾办过一所这样的“义学堂”。

据鹿圈村老人说，大约在清光绪十六年（1890 年），村民们商议要办一所义学堂，学堂选址在村北的“后土庙”（俗称“小庙”）。并选定杜文甫、黄文甫二公张罗筹办。就这样，鹿圈村第一所私塾式的义学堂诞生了。小庙前的一块庙产地租给当地村民耕种，所得租作为义学堂的办学经费。尽管村里的有钱人又捐助了一部分钱，但经费还是入不敷出。

正在大家为难之时，庑殿村有位姓李的有钱人慷慨解囊，决定自愿捐给鹿圈村义学堂二百亩地，解决了办义学堂的燃眉之急。

听鹿圈村老人说，庑殿村这位李姓人与人合伙做生意，对方出钱他出力，结果真的赚了一笔大钱。他却起了不良之心，对合伙人谎称赔了钱，自己独吞了这笔不义之财。合伙人一听因急火攻心吐血而死。他也因为做了亏心事而天天寝食难安。一天，他正在门道里躺在靠椅上乘凉，恍惚中见一人背着钱褡子进了院。从身后看，怎么看都像是已经死去的合伙人，可一晃又不见了踪影。打这儿以后，他的心病就更重了，惶惶不可终日。就到庙里占了一卦，结果正说中他的疼处，让他多行善事。正赶上鹿圈村办义学堂缺钱，就捐出了位于三海子附近的自家土地，将功补过。

鹿圈义学堂办起后，不仅招收本村的儿童上学，附近村的孩子也可以来此就读，一律免费入学。

据鹿圈村老人杜宪庭先生说，鹿圈义学堂也是六年制教育，分初小（四年），高小（二年）。在 1931 年前，学的课程与私塾差不多，教的是《百家姓》《千字文》和珠算、书法等。1931 年以后，就开始按当时北平公立学堂所用课本教学了。课程除语文、算术外，还设置有珠算、书法、说话、手工等课。当年人们最注重的还是文科教育，当时制定的教学宗旨是：“课堂教学为办学之本。”因此，学堂特别重视对教学水平高的老师的聘用。至今，曾上过义学堂的鹿圈村老人，一提到当年一位姓桂的老师，仍还赞不绝口。

义学堂也特别重视对学生的品德教育，当时学堂定的校训是：“恭、诚、勤、俭”四个字。每间教室的墙上都贴有用“真、草、隶、篆”四体书写的校训。

义学堂星期天虽然不上课，但也必须到校。学堂主要安排一些体育和集体娱乐活动，有时也组织一些郊游活动。同学们都天性好玩，所以星期天更乐意到校。

听村中老人说，当时义学堂在教师的影响下，思想也很进步。在抗战期间，在学堂的院墙上，就曾大胆贴上了“打垮日本鬼，不做亡国奴”的标语。

更值得称道的是，学堂仅设置“校长”和“学董”两位负责人。校长主管教学；学董主管财务。二人均是只尽义务，不拿薪水。他们都是由鹿圈村民推举的在村里德高望重的贤达人士。他们当年为鹿圈义学堂做了功德无量的好事。至今，村里八十岁以上有点文化的老人中，大都在鹿圈义学堂里受过启蒙教育。也出了一些人才，其中有中医专家武伯光；口腔专家范淑荣；电气工程师范振中等。

新中国成立后，鹿圈义学堂被鹿圈小学取代，并从“后土庙”移到了“郭记大院”。

清代，鹿圈时属庆丰司署。清光绪年间属顺天府大兴县。1928 年属河北省大兴县。1946 年为河北省大兴县鹿圈乡乡公所驻地。新中国成立后，鹿圈村隶属北京二十三区（后改为南苑区）。同年 9 月改属南苑十四区。1953 年，成立了晨光（鹿圈）农业合作社。1956 年属红星集体农庄，合并成鹿圈乡。1958 年撤南苑区划归大兴县红星公社，属鹿圈大队。1984 年属鹿圈乡。1999 年鹿圈乡与亦庄乡合并为亦庄镇后，属亦庄镇。2008 年，因北京经济开发区征地，鹿圈村实施了整体拆迁。村民搬迁至凉水河南岸新建起的“泰和苑”小区，村民过上了城镇化新生活。如今，在原村址东部已兴建起“中信新城”小区。鹿圈村从此连同它的地名彻底结束了延续近六百年的传承。

令人欣慰的是，在鹿圈村南三里许，已于 1985 年建起一座“麋鹿苑”，放养着从海外归来的原是我国特有的珍稀动物麋鹿。如今，它们在其祖先生活的故土上，茁壮成长，繁衍生息。后人似乎还能从它们那里追寻到“鹿圈”的踪迹来。

（根据杜宪庭、张凤源、王志生、王玉书、王继贤、郭翰远口述整理）

13. 槐房村

槐房村位于南苑镇西北侧，在新衙门行宫东侧里许，属丰台区南苑乡辖村。

当地老话儿说，先有的槐房，后有的新宫。从清初绘制的南苑地图上就标有槐房、鹿圈地名来看，槐房确实有着悠久的历史。

槐房村以长有为数众多的古槐而著称。至今，在村子旧址上仍长有百年以上的古槐树九棵。其中一棵足有三搂多粗，直径约一米五的古槐树，据说已约有 600 年的树龄。无疑，槐房是以槐树而得名。

槐房村古槐树

有关槐房的来历，在当地有三种说法。

一是“苗圃”说。明成祖朱棣建北京城时，为解决在新建的殿宇宫院中栽植槐树所需大量树苗问题，即选址现在的槐房之地作为槐树苗圃。并在苗圃里建有一处管理用房，因此被称为“槐树房子”，后来被简称为“槐房”。

二是“民俗”说。在明初还未圈建南海子皇家苑囿前，此地即有人居。因这里适合槐树生长，家家户户都在房前房后，院里院外种上几棵槐树，寓意天长地久，渐成俗规。因此得名“槐房”。

三是“藏经房”说。据《光绪顺天府志》记载，庆丰署“所属有南苑鹿圈、牛圈、槐房经板库、南海淀各牛圈、丰台羊圈”。经板库即是储存经文木质版的库房，而这里又植有大量槐树著称，因此得名“槐房”。

笔者在走访槐房村时，听久居当村的于嘉义先生说，20 世纪 70 年代，村中不

走访槐房村民于守琴

断出土一些装满红土的陶罐。找人询问，都说是古时粉刷宫墙用的涂料。由此可见，这里还可能曾经是存放专为皇城用建筑涂料的库房，也许与槐房的村名有关。

种种迹象表明，槐房村与鹿圈村一样，都同样是明初有的地名，清初形成的村落。

据《槐房村志》记载，清初，槐房仅有李、徐、尹、吴四户随清军入关的满族旗人居住，分属正黄旗和镶黄旗（也有徐、李、陈、金、尤、尹、吴、钮、沙九户之说）；只知道尹姓曾任南苑苑丞（满语“宽兰搭”）之职。而九户之外的于姓是皇家“牛圈”里的养牛人（有“黑牛于记”之说），刘姓是皇家“马圈”里的养马人，他们都是槐房村的老户。

偌大的南海子（南苑）为什么仅有鹿圈和槐房成为最早居住满族人的村落呢？原来，这与鹿圈靠近旧衙门行宫，槐房靠近新衙门行宫有关。自从清初将“旧衙门”和“新衙门”改为行宫后，为了方便给皇帝驻跸提供服务，即在行宫附近安置有南苑基层服侍官员的住处，才逐渐形成了村落。

清末南海子（南苑）荒废，官准招佃垦荒，又有许多山东人来到此地，有的以租地或扛活为生，有的合伙开荒种地，后来也都落户到了槐房村或附近的小庄子，使这一地域的人口大增。

1955 年，附近的龙河村合并到槐房村。后来，又把邻近的任家庄、新林庄等十余个自然村划入槐房村，合并为一个行政村。

任家庄，又称土桥，因是任姓置办的庄园而得名。

二合庄，是张、陈两姓山东恒台人合伙置办的庄园，因此得名。

公益庄，原为一处地主庄园，后住户逐渐增多，遂以公益为庄名。

天津庄，分南、北天津庄。因庄园主雇用的管家是天津人而得名。

新林庄，初为林姓庄园，始称林家庄，后转卖他人，改称新林庄。

赵王庄，因是赵姓和王姓两家合伙置办的庄子，因此得名。

高庄子，因是高姓人置办的庄子而得名。

八大排，因庄园拥有排列整齐的八块地而俗称得名。

益顺庄，庄园主以“益寿延年”“平安和顺”之意而得名。

王庄子，因是王姓置办的庄园而得名。

樊家庄，因是樊姓置办的庄园而得名。

同合庄，为于姓置办的庄园，因其在南苑还开办有“同合庄”棉花店，故将庄园与棉花店定为同名。

走访槐房村民于嘉义（左）

历史上槐房村曾建有两座庙宇，即村南真武庙和村西龙王庙。今真武庙遗迹尚存，还能依稀看出原庙殿宇的山墙。遗址上的古槐和古柏仍枝繁叶茂，见证着槐房村的历史沧桑。

值得一提的是，著名的爱国将领冯玉祥早年曾于清光绪末年任排长时在槐房村住过数月，就住在南苑苑丞尹姓的后代人家，还认房东尹老太太为干娘。后来冯任陆军检阅史再驻南苑，又到槐房看望尹干娘。冯玉祥与李德全结婚时，还亲自把尹干娘接到南苑兵营参加婚礼，在槐房村一直被传为佳话。

民国初（1912 至 1927 年），北洋政府废顺天府改置京兆地方，槐房属之。1928 年，槐房属北平市南郊区。1948 年，槐房属北平市南苑区。1949 年 4 月至 9 月，槐房先后属北平 23 区、14 区。1953 年属北京市南苑区，置槐房乡。1958 年属丰台区南苑公社。1983 年属南苑农村办事处设槐房乡。1987 年属南苑乡，设槐房村公所。1989 年更名为槐房村。

2011 年至 2014 年，槐房村完成了旧村改造，在旧村址上建起了“德鑫家园”和“御槐园”小区。槐房村民都高高兴兴地迁入新居，开始了城镇化的新生活。

（根据于守琴、于嘉义、张洪建、王明友、宋振启口述整理）

NAN YUAN

南海子

第三章

Chapter 3

皇庄、官地、御封地庄园

在已知的南海子庄园中，有的庄园是乾隆皇帝封给的，有的庄园是由皇庄演变的，还有的是清末由清军营盘附近的官地营市街形成的……

1. 牛家场

牛家场村旧址上的古槐树

一进北京（亦庄）经济开发区荣华北路，东、西两侧是企业文化园，在东侧园内生长着一棵苍老强劲，有二百多年的古槐。这是亦庄开发区内唯一幸存下来的古树，它见证了这里的沧桑历史变迁。这个地方称“牛家场”，过去这儿仅住有两户牛姓人家。殊不知，历史上这里曾称“南胜庄”，在南海子有过显赫地位，庄园的土地是乾隆皇帝特封的，就连“南胜庄”的名字也是乾隆皇帝御赐的，后来的“牛家场”仅是当年“南胜庄”的一处场院。而有关牛家过去的显赫历史恐怕就更鲜为人知了。

故事要从乾隆三十六年（1771 年）乾隆皇帝发动第二次大小金川战役说起。

大小金川位于四川西北部，住有藏民数万人。当年这里虽受朝廷节制，但仍保留土司制度。因部落之间的矛盾，两金川常发生冲突形成内乱。为此，乾隆皇帝曾先后两次派重兵平叛。没想到，这个仅有弹丸之地、数万人口的大小金川，却致清廷先后投入了近六十万人力、七千万帑币，其代价远远超过乾隆的其他任何一次武功。经过屡换战将，多次血战，历时五年，终于取得了两次大小金川战役的胜利，为此，清军将士死伤逾万人。

乾隆皇帝非常看重这场战役的胜利。当战役打得最困难的时候，乾隆皇帝顶住朝廷上下的压力，执意决定修建南海子团河行宫。为等候大小金川战役胜利的消息，他竟在团河行宫建成三年后，才心安理得地来此游幸驻跸。

大小金川之役在乾隆皇帝的一生中确实占据重要地位，被称为其十大武功之一。战役胜利结束后，乾隆皇帝对战役的有功将领进行了大张旗鼓的表彰。评定出金川战役五十位功臣，还将各位的画像挂于紫光阁。其中，列位第十的是一位名叫牛天畀的将领。乾隆皇帝对其更是高看，被视为英雄。

牛天畀画像

牛天畀（1717—1773），字馨宜，山西省太谷县范村镇上安村人。少年时发愤读书，通晓大义，乾隆七年（1742 年）中武进士，授三等侍卫。乾隆十三年（1748 年）被升江西都司。后历任广东将军标游击、湖北德安营参军、中军参将，迁升为湖南宝庆协副将，积功累升为湖北襄阳镇总兵。乾隆三十六年（1771 年），补缺为四川川北镇总兵。随将军温福征伐金川，从木坪率兵进攻甲金达。当时，敌兵很多，又分居险要之处。牛天畀发现，蒲松岗有一条路可到达甲金达，就带兵越过险要地带到达并攻克了甲金达。又率部乘胜占领了木耳案、日隆关至巴郎山一带，和大军会合。乾隆皇帝大喜，赏其顶戴花翎。乾隆三十八年（1773 年）5 月，牛天畀听到木果木大营情况危急，即率兵赴援。敌兵汹涌而来，牛天畀跃马当先冲了上去。从早晨战到下午，拼死作战，牛天畀受了重伤，仍奋战不止，不料战马累得忽然倒下。牛天畀仍徒手杀敌，最后战死沙场，壮烈牺牲。乾隆皇帝命按旗员一品大臣给以抚恤，赐谥号“毅节”，下诏把他的画像安放在紫光阁，入祀昭忠祠。并亲自为他撰写了祭文和碑文，并审定了《牛天畀传》。赐其后人世袭骑都尉和云骑尉。这还不算，又在南苑（南海子）皇家猎苑里封给牛家土地二十四顷。为纪念大、小金川之役的胜利之意，特赐名“南胜庄”。由其后人在此耕种放牧，这才有了后来的牛家场。

乾隆皇帝赐给牛家的皇封地位于南海子东北隅，据牛家后人说，之所以是二十四顷，是因为乾隆皇帝认为牛天畀的“畀”字，上为“四口田”，下为“廾”，喻有“二十四”之义，因此定下封地二十四顷。

牛家后人得知在京城皇家猎苑受封土地后诚惶诚恐，迟迟不敢来京受封。直到嘉庆年间，在朝廷的催促下，牛天畀嫡曾孙牛士良才从山西太谷来京接受封地。

牛天畀生有二子，长子牛敬一（武功将军，从二品）；次子牛敬宪（总兵正二品）。因山西上安村家业就由其次子主持，因此，南胜庄的家业也就由次子的嫡孙牛士良主管。因牛士良排行老三，当地人都称其“三老西儿”。

进南苑（南海子）小红门往东不远即是皇家给牛家的封地。到这里一看，眼前是一片杂草丛生一望无际的郊原旷野，确实是耕种放牧的好地方。为了早日把这荒芜之地变为农田牧场，他先雇上百头牛在荒地上边牧放边踩踏，同时雇用数十短工垦荒。经过不懈的努力，终于开垦成了大片的牧场和良田。

牛家人不愧是善于经营的山西人，在经营“南胜庄”的同时，他又在京城里开了两家店铺：位于永定门里的“兴隆粮店”和位于煤市街的“恩源居炒疙瘩店”。很快，牛家成了全京城闻名的富豪。

有道是“穷在闹市无人问，富在深山有远亲”。不久，有山西籍人闫姓和王姓自称与牛家是老表亲，前来南胜庄认亲。经查家谱得到了证实，闫家的姑娘曾嫁到过牛家，牛家的姑奶奶也曾嫁到过王家。牛家就将南胜庄的西南角和西北角各一块地分别割让给了闫家和王家。这就是后来的“闫家场”和“王槐庄”。

正当南胜庄牛家的日子蒸蒸日上的时候，牛士良染上了抽大烟的恶习，鸦片的贪婪血口快速地吞噬着牛家的财产。年事已高的长辈和年少的晚辈们只能眼看着南盛庄的地亩一顷一顷地减少而搓手跺脚地干着急。

牛家的日子每况愈下，为了证明牛家仍有实力，牛士良还强撑着为其子牛临祥非常风光地举办了一场大婚庆典。据现在已 74 岁的牛临祥的外孙李金普先生讲：他小时候曾听姥姥叙说过当年（1917 年）她大婚时的场面：用的是大羊坊棚铺王记搭的喜棚和彩牌楼，整整搭了七天。花轿是大羊坊水记提供的，要求用最好的“头水”轿子（即轿子外饰是从绣房新买的），并在前三天就在宅院门前“亮轿”，让众亲朋观看。这两家不但不收费，还各自出了份礼钱。可见当时牛家的面子有多大。同时，又请当时最有名的厨师李九亲自领厨。还请当时走红的京剧艺人“小旋风”

和鼓书艺人“小马五”等来唱堂会。鹿圈村的郭老爷、普庄子的普老爷、横街子的陈老爷等附近村的大财主都前来随厚礼。

张氏照片

牛家娶的这位儿媳张氏是一位大家闺秀，娘家在通州蛮子营，也是远近闻名的大户人家。大婚时，别的不说，在送亲仪仗最后，专有二百名“自卫团”全程护送，就可看出娘家势力也非同一般。后来证明，这位裹着一双小脚、长得端庄秀丽的牛家长房儿媳，实际顶起了牛家的多半拉家。特别是民国二十八年海子里闹土匪时期，牛临祥被土匪绑走，牛家所有男人没一个敢去到土匪约定的地点赎人。张氏见罢二话不说，叫上伙计套车，带上赎金，连夜赶到隆盛场以东河边，救回了自己的丈夫，在当时被传为佳话。

到民国二十七年（1938 年），南胜庄牛家虽已剩下不足十顷地，而牛士良还是硬撑着又为次子牛椿祥大办了婚礼。婚礼是在京城有名的惠风堂饭店举办的。据说，当时的惠风堂饭店前后三进大四合院，装饰得富丽堂皇，是专门为富豪家举办堂会、寿宴、婚庆的场所。

然而，再大的婚庆排场也难以掩盖因牛士良抽大烟而给牛家带来的衰败。很快，地从原有的二十四顷卖得仅剩下六七顷，并把城里的两家店铺盘给了自己的女婿王胜家。王家也是山西人，在缆杆市拥有“六合粮行”，是京城有名的富户。盘过兴隆粮店后即改成了一家饭庄。带有讽刺意味的是，闹“文革”的时候，牛士良次子牛椿祥进城到这里吃饭，见一位身背“资本家”牌子的老人正在清理卫生，一看，正是姐夫王胜。四目对视许久，心中五味杂陈，连饭也没有吃就跑回了家，这是后话。

看到牛家已到了这般状况，在山西老家同是牛天界的后代实在看不下去了，牛天界另支嫡孙（后人牛玉祥、牛玉山）也来到了南胜庄。他们采取的措施就是按老股分家（即老哥四每人六顷）。这才保住了牛家最后的地亩，并在原庄院的东南侧

牛君彦照片

（大槐树东侧）又建起了一座四合院，慢慢形成后来的东、西两家，这就是南胜庄的一角牛家场。

最终，牛士良的大烟枪被实在忍无可忍的次子牛椿祥撅断，牛士良终因烟瘾发作悲惨死去。

牛士良生有二子二女，长子牛临祥（生育三女：长女嫁给鹿圈村田家；二女嫁给京城李家；三女嫁给南双桥苏家）。次子牛椿祥（生育五子一女：牛少文、牛少武、牛少宇、牛少临、牛少才、牛玉霞）。大女儿嫁给了京城王家，二女儿嫁给了瀛海庄孙家。

牛玉祥继承了牛家的部分家业。生育二子五女，其中长子牛世荣，次子牛世华是一父二母的兄弟。牛世荣生有二子：长子牛庆和，次子牛庆生。牛世华生有四子二女，笔者只知长子牛庆岩，长女牛桂芬。

牛玉山也继承了牛家场的部分产业，于 20 世纪 20 年代末，搬到了北京城里。

牛玉山育有三子二女，长子牛君超（后人牛绍康），次子牛君祥（后人牛绍寅、牛绍荣、牛绍慧），三子牛君彦（后人牛和平、牛小平、牛太平、牛亚平）。其中，三子牛君彦（笔名牛奔）自幼学习绘画，后赴日本学习油画，其间即参加了抗日进步组织。回国后辗转太行山抗日根据地，参加八路军前方“鲁艺”学院，后又到了延安。新中国成立后曾在人民美术出版社任副职，“文革”后又调任天津美院副院长。

值得一提的是，牛玉山之姐嫁给“全聚德烤鸭店”创始人杨全仁的长子杨月波为妻，生独子杨魁荣，育有两男一女。牛玉山的二女儿牛君英又嫁给了娘娘庙普庄子普庆的次子普英志，生了个女儿普崇芬。而普崇芬又嫁给了杨魁荣的次子杨福来（“全聚德烤鸭店”的第四代传承人）。形成牛、杨、普三家亲

走访牛家场后人牛庆生、李金普

套亲的姻亲关系。

牛家在败落时，其中一大部分土地最后落在了北辛庄的刘家。新中国成立后，大部分土地被当地政府没收，后来大都划归了南郊农场二分场。牛家场一直住有牛家后人两户人家，1958 年 3 月，南郊农场扩大，牛家场随同北辛庄、双桥门、南辛庄、闫家场一起加入了农场并转为了居民户口。由于地处偏僻生活不便，20 世纪 80 年代后，都先后移居到别处了。

如今在原村址上，只有那棵古槐树还顽强地屹立在那里，似乎在向后人诉说着当年“南胜庄”所经历的峥嵘岁月。

（根据牛庆生、李金普、牛太平口述整理）

2. 九号村

“九号村”是大兴区亦庄镇最南边的一个行政村，其东距头号村，西北距宝善庄，西南距四合庄均约二里许。据村里老人说，“九号村”是在一块皇封地上起始的。

据说在清乾隆年间，有一位姓王的专为皇帝驯养御马的阿敦侍卫（皇家管驯化御马并随侍皇帝骑试的人称为阿敦侍卫）。这位王姓阿敦侍卫驯育了一匹白色御马，受到了乾隆皇帝的喜爱，成为乾隆皇帝“十骏”之一。后来，这匹宝马老死后，乾隆皇帝敕命就将这匹宝马埋在了南海子。王氏阿敦侍卫表示要终生为这匹宝马守坟。乾隆皇帝即在南海子凉水河的南岸埋宝马的地方，特封给王氏阿敦养赡地数顷。王姓阿敦就在受封地上定居建庄，始称“东兴庄”。由于该地域后来曾建有排序第“九号”的砖窑（也有说是排序第“九号”的养马棚），人们就逐渐淡忘了“东兴庄”，而习惯称为“九号村”了。

乾隆宝马万吉骦

查阅史料，乾隆皇帝的确有一匹最为喜爱的白色御马，被赐名“万吉骦”。此马“浑身雪白，身高四尺二寸，长七尺一寸五分”是他的十匹骏马之一。乾隆四年（1739 年）十一月，乾隆皇帝在南海子晾鹰台举行首次大阅时，所乘坐骑宝马即是“万吉骦”。到乾隆十一年（1746 年），“万吉骦”因年老不得不在南海子退役。乾隆皇帝非常惋惜，曾到南海子御马厩与“万吉骦”辞别，并写有一首《万吉骦惜辞》诗：

我有十骏骏皆良，孰居首者万吉骦。
天闲十二尽騕褭，此马德胜最所臧。
岂无籋云蹑星材，或失之柔或失刚。
惟我万吉安且闲，恰如房杜弗见长。
今来老矣难服御，雄心向我犹昂藏。
星缨月题不忍加，权适其性而徜徉。
尔骦、尔骦，善适其性而徜徉。
我亦因之悟幻常。

在九号村的东南侧曾有一处大土丘，被当地人称“白马坟”。据说这里就埋有乾隆皇帝的御马“万吉骦”。

早先，九号村仅住有三四十户人家。主要居住在“九号村”东的人称“东九号”的“北院”和“西场”三处宅院内外。此外，在宅院周边不远处，还有“七号”“八号”及“十二号”等地名。但除“八号”住有邓、杨、贾等不多几户外，“七号”和“十二号”都只有地名没有人居。附近是大小不一的水坑，应该都是当初烧砖取土形成的窑坑吧！

村子里居住人最多的要数“东九号”的大宅院。这是一座前后两层的深宅大院。该院落坐北朝南，进大门后，分左、中、右三套独立的大四合院。每套院子都是前正房五间，后正房五间，倒座房五间，东、西厢房各三间，都是青砖蓝瓦，磨砖对缝。三套四合院之后是个大套院，建有放杂物的库房。这里原本是王阿敦侍卫家族的宅院之一，其后人王文淳、王文治等就居住在中间的院落。到 20 世纪 50 年代初土改以后，当地政府将中间最好的院落用做了九号小学校，其余房产部分留给王家住，部分分给了刘、王、范、解、张、佟等户村民。

在“东九号”宅院的西北侧，是另一处宅院，被称为“北院”。当初也是王氏家族的宅院，其后人王德禄一家就住在这里，土改时一部分房产被分给了穷人。

在“东九号”宅院西侧，还有一处被称为“西场”的宅院。当初是否也是王家房产，现已无人说得清。新中国成立后，这里住有王、刘、魏、赵、尹等姓氏人家。

就这样，由“东九号”“北院”“西场”三处民居于20世纪50年代初，组成了“九号”行政村。到20世纪末，全村已发展到120余户，450余口人。

九号村清属顺天府大兴县。1928年属河北省大兴县。1946年属河北省南苑区鹿圈乡。1948年先后属北平市23区、14区、11区。1955年属北京市南苑区西五号乡。1958年属大兴县红星公社天恩大队。1962年属鹿圈大队。1984年属鹿圈乡。2000年属亦庄镇。九号村于21世纪初因北京经济开发区征用拆迁，村民搬到基本在原村址附近建起的“鹿海苑”小区。

（根据王生宝口述整理）

3. 屈家庄

屈家庄（简称屈庄），位于南海子东南隅。凤河从村西侧流向东南，往东四里许就是回城门，东北三里许为东合盛。拆迁前，是瀛海镇最东南端的一个自然村。

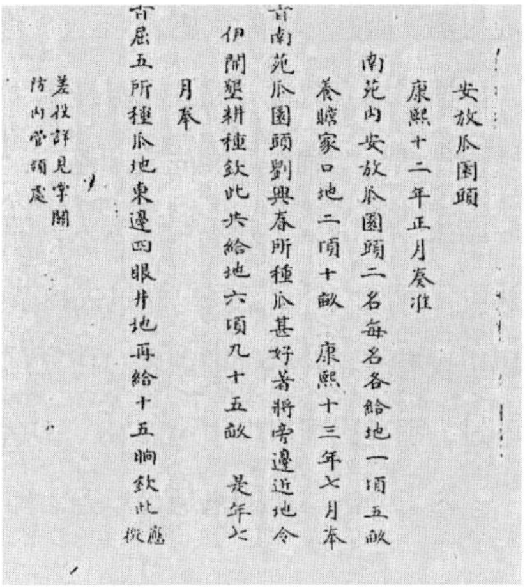
安放瓜園頭
康熙十二年正月奏准
南苑內安放瓜園頭二名每名各給地一頃五畝
養贍家口地二頃十畝　康熙十三年七月奉
旨南苑瓜園頭劉興春所種瓜甚好著將旁邊近地令
伊開墾耕種欽此共給地六頃九十五畝　是年七
月奉
旨屈五所種瓜地東邊四眼井地再給十五晌欽此應
差役詳見掌關
防內管領處

《大清会典事例》记“安放瓜园头”

据《大清会典事例》记载：清康熙十二年（1673年）奏准南海子内“设果园五所，各给地一顷十九亩”，“每年交纳各种桃李，不征收地亩钱粮”。另据《内务府现行则例》记载：“清康熙十二年正月奏准，南苑内安放瓜园头二名，每名各给地一顷五亩，养赡家口地二顷十亩。康熙十三年七月奉旨，南苑瓜园头刘兴春所种瓜甚好，著将旁边近地令伊开垦耕种，钦此。共给地六顷九十五亩。是年七月奉旨，屈五所种瓜地东边四眼井地再给十五饷。钦此。”在一幅绘于清道光年的《南苑全图》上，于南海子最东南部即屈庄位置明确标有果园和园头住房。至今，屈庄村西有两块地，一块叫“果园地”，另一块叫“小园地”。据说“小园地”即是当时的瓜园。当地老人传说，康熙爷曾经到过这里。在本文引用的康熙谕旨中，即写有“屈五所种瓜地”之名，显然指的就是后来的屈庄。这让笔者想起康熙皇帝曾写有一首《驻跸南苑遣使恭进太皇太后鲜果诗》：

日永离宫节候新，薰风早已献嘉珍。
赤瑛盘内甘鲜果，奉进瑶池第一人。

诗中是写康熙皇帝一次到南苑（南海子）游幸，正是瓜果初熟季节，立刻想到祖母孝庄太皇太后。即命人带上刚摘下的瓜果速往慈宁宫，奉给祖母尝鲜。还真说不定，这次送往慈宁宫的瓜果，可能就出自屈庄瓜果园。

以上可以证明，屈庄曾是清代南海子里的第五所皇家的瓜果园。

关于屈庄的来历，《大兴县地名志》上是这样记载的："满族居多，少数汉族。清康熙年间，南苑设果园五处，此为其一。满族苑户屈姓于此种瓜果以献皇宫，渐成村落，因姓得名屈家庄。"不过，经笔者走访当村老人，结果却与上述不尽相同。

据当地老人说，屈庄在拆迁前主要由屈、刘、靳、富、吴、陈、苏、徐、孟等姓氏组成。的确是屈姓先来此落户，并以此定名"屈家庄"。但屈家（后人屈国海、屈国生、屈国成）并不是满族人，而是地地道道的汉族人。这一点，除屈家后人不认可是满族人外，还可以从过去屈家女人缠足得到证明，而满族女人是绝不缠足的。屈庄仅有"富"姓（前辈姓"托"，后人托德山、托德荣、富建华等）一户是满族，不过，那是民国初年才从京东八里庄投亲刘家搬迁而来的。

为了弄清屈庄的来历，年近七旬的屈家后人屈金才带笔者等人到海子外东大屯的表姐李秀荣家，请她叙说屈庄姥姥家过去的事情。李秀荣老人已87岁高龄，曾当过村里的妇女干部，虽然腿脚已不大方便，但是头脑却非常清楚。因大屯距屈庄仅有二里地远，小时候她常去姥姥家，所以知道许多屈庄过去的事情。

走访屈庄村民屈金才、李秀荣等

据李秀荣老人讲，她姥爷的祖父是海子外杭子村人（今青云店西杭子村），早年间只身来到海子里，留在皇家果园里干活，夜里睡在窝棚里。因年轻力壮又聪明能干，很快就成了一名果把式，被官家正式纳为"果户"，不久还当上了果园头，住进了果户用房，后来娶妻生子成了一户

走访屈庄村民刘桂胜、陈立梁等

人家。又过了些年，到该给儿子娶媳妇时，媒人问这里叫什么庄子？他这才想起这里还没有庄名，就向媒人随口说："就叫'屈家庄'吧"。从此，才有了屈庄的村名。刘秀荣老人还说：几乎同一时期，通州籍人一户姓刘的一位瓜把式（后人刘少泉—刘文臣、刘文来、刘文生等）也落户到了屈庄，专门负责瓜园。所以当时屈庄还有"屈刘庄"之称（这正好与康熙谕旨中所表扬的种瓜人刘兴春姓氏相同）。后来又有通州籍人靳德海（后人靳福田、靳福元、靳福兴、靳福旺等）也来屈庄落了户。民国初年，家住京东八里庄的满族旗人托氏家族（后人托德山、托德荣）家境败落，想起与屈庄刘家是表亲，就举家投到屈庄落了户，后来改为了"富"姓（后人富建华等）。另有通州籍人吴玉昆、吴玉常兄弟二人父母双亡无依无靠，投奔到屈庄舅舅靳德海家。从此，也在屈庄安了家，这就是吴家。据《大兴县地名志》记载，到20世纪90年代，屈庄已发展到110余户，570余口人。

屈庄1946年属大兴县四海乡。1952年属南苑区石太乡。1956年属南苑区红星集体农庄。1958年属大兴县红星公社。1984年置太和乡，属之。1994年合并到瑞合二村为同一行政村。2000年属瀛海镇。2010年至2013年，因北京经济开发区向南扩区被征用，村民被拆迁至南海子公园东南侧的南海家园。

（根据李秀荣、屈金才、刘桂胜、陈立梁口述整理）

4. 董家场

“董家场”村，位于大兴区亦庄镇政府以北约二里远。是由“董家场”“荣庄子”（宋庄子）和“缎皮库”三个小村庄合并而成的行政自然村，属亦庄镇辖村。

从一张显然绘制早于清光绪二十八年的《南苑图》上就已标有“董场”地名来看，“董场”应早于南苑官准招佃垦荒之前就已经形成了。

据当地老人说，董家场的庄园主叫董凤祥，曾是一位为皇帝驾驭皇辇的满族旗人，经常驾驭皇帝所乘辇车来南海子游幸。因驾驭熟练技术高超，很受皇帝赏识。年老退役后，皇上为表彰其多年鞍前马后侍候之功，特在南海子小红门内三台山南侧，封地数百亩，置办起董家庄园，“董家场”仅是董家庄园的一处场院。东侧即是乾隆皇帝特封给清代名将牛天界后人的“南胜庄”。

听当地老人说，当时董家宅院在旧宫，后来的旧宫小学校最早就是董家的房产。董家的地产就在董家场周边，这里也建有一处大院。大院的西侧是猪圈和饲养员住处；庄院的东侧是牲口棚和长工住房；再往东是菜园子，在当地也属殷实富户。但是，到了民国初期，董凤祥的后人因吃、喝、嫖、赌而败光了家业。据说，董家的一位后人为显摆阔气，曾整包过八大胡同一处妓院一天，整整花了一口袋洋钱。就在这样的“活糟”下，董家卖了房子卖了地，最后，连董凤祥的后代家人都被迫迁出了“董家场”和“旧宫”村。到新中国成立前，仅剩下一个叫董国安（外号“董傻子”）的后人，落户在了附近的娘娘庙村。此人也是游手好闲，好吃懒做，根本不会过日子。混得房无一间，地无一垄不说，连媳妇也改嫁他人，最后成了个一无所有的穷光棍。后来，娘娘庙村的张宝瑞、顾建华、闫凤喜、崔建生几个人看他实在可怜，就在村南普庄子帮他盖了一间土房，让他在此栖身。可奇懒无比的他，竟在土炕的旮旯儿挖了个窟窿就往里拉屎撒尿，把个家又糟蹋得像个猪窝。村干部只

走访董家场村民赵佩虎

好把他送进了养老院，最后死在了那里。后来“董家场”的董姓人家，是民国年间从河北省任丘县董家楼村移民而来的，与当初“董家场”的董家毫无血缘关系。

后来到董家场落户的多是从河北任丘、山东菏泽等地区来此应招为佃或扛活的贫苦农民。其中有罗姓凤岐（后人罗振祥、罗长宝、罗长贵）、赵姓芳芝（后人赵佩龙、赵佩凤、赵佩虎）、赵佩玉（后人赵树成、赵树栋）、赵荣华（后人赵来福、赵来喜、赵来森）、赵喜顺（继孙赵良勤）、葛姓恩信（后人葛大喜、葛春荣、葛绥荣）、葛树森（后人仲仁、葛仲义、葛仲礼、葛仲智、葛仲信、葛仲福、葛仲禄）、王姓培明（后人王荣光、王荣亮、王荣启、王荣全）、王长友（后人王大臣）王献文（后人王二臣）、刘姓福林（后人刘子杰、刘子力、刘子新、刘四清）、刘长喜（后人刘方川）、王长顺（后人王春生）、于姓天亮（后人于年福）、张姓连昌（后人张洪波、张新忠）、张杨（后人张会来）、王姓延启（后人王落元）、王乃福、王训礼（后人王凤祥、王金栋、王金巨）、王玉树（后人王洪江、王洪林）、邓姓树华（后人邓寿增、邓寿江、邓国庆）、邓树友（后人邓寿林、邓寿山、邓寿海、邓寿禄）、李姓长春（后人李顺成、李顺田）、董德启（后人董会来、董会宝）、董建勋（后人董文生、董京生、董庆生）、董圈（后人董胜利、董胜顺、董胜友）、陈姓新田（后人陈银书、陈银秋、陈银宝、陈银贵）、韩吉祥（后人韩金书、韩金芒、韩金玉、韩金栋）、常姓顺湖（后人常来福、常春来）、侯良臣（后人侯淑荣、侯淑阁等）等。

在“董家场”旁边还曾有一个“宋庄子”，其庄子主人是个宋姓太监。在皇宫里敛了点钱，正赶上南海子（南苑）官准招佃垦荒，就乘机在此置办了一些土地建起了“宋庄子”，后又从老家过继了一个侄子为他养老送终。董家场的宋玉行（后人宋士永、宋士俊）、宋增新（后人宋士杰）即是宋庄子的后人。

董家场旁还有个“荣庄子”，是一位祖籍河北永清塔儿营的荣姓商人，原本已在南海子居中地宁佑庙北侧安了家。听说董家要卖地，觉得划算，就盘了一块地，定名“忠信堂”，但人们还是习惯称之“荣庄子”。荣家后人荣德敬、荣德华、荣德才一直住在董家场。

在“董家场”附近还有一个称“缎皮库”的小庄子，原本是一位在京经营绸缎皮货的商人在此建的库房，因此，被当地人习惯称为“缎皮库”。后来，有王姓（王玉树）、陈姓（陈宝林）和董姓（董德启）在此建房落住。

新中国成立后，将“董家场”“宋庄子”“荣庄子”“缎皮库”和东南侧散居的汤、金、伊、李、王、马等几户人家划到“董家场”，为一个行政村。后来，李、汤两户划归了南郊农场二分场。

“董家场”清属顺天府大兴县。1928 年改属河北省大兴县。1946 年属鹿圈乡。1948 年先后属北平市 23 区、14 区、11 区。1952 年属北京市南苑区。1958 年属大兴县红星公社天恩大队。1962 年改属亦庄大队。1984 年属亦庄乡。2000 年属亦庄镇，于 21 世纪初被北京经济开发区征用拆迁，村民被移居到“富源里”小区。原村址上建起了开发区的企业文化公园，成为开发区与五环路之间的绿化隔离带。

（根据赵佩虎、伊玉芬、崔建生口述整理）

5. 从营市街到南苑镇

南苑镇，位于历史南海子皇家苑囿西侧偏北，北距大红门六里许；南靠南苑机场；北临小龙河，现为北京市丰台区南苑街道办事处辖管。

南苑，有广义和狭义之称。广义的南苑是对历史上南海子皇家苑囿的另称（明代称南海子，清代称南苑）。而狭义的南苑就是指南苑镇。实际上，南苑镇是从清末才逐渐发展起来的，至今仅有约一百二十年的历史，最初是由一条“营市街”开始的。这要从清末南海子开始设新军训练营盘说起。

戊戌政变后，慈禧太后深刻认识到军队的重要性，决定建立一支由自己心腹节制的、强而有力的、效忠于自己的军队，来巩固京畿防务。因此，清廷于光绪二十五年（1899 年）正式组建成立由荣禄总节制“武卫军”。武卫军分前、后、左、右、中五个军。其中的武卫中军即驻扎在南苑（南海子）训练，由荣禄亲自率领。就这样，南苑（南海子）开始成为清廷重要的练武屯兵的营盘。

光绪三十一年（1905 年）袁世凯奏请统一全国新军番号，第一批即以北洋、京旗两支常备军改编为“北洋六镇”，其中二、四、六镇是袁世凯的基本力量。而驻扎在南苑（南海子）的第六镇又是装备最强的一个镇。仅六年的时间，南苑（南海子）已成了京畿地区最重要的军事训练营地。营盘位于一个称“万字地”的地方。史料记载，

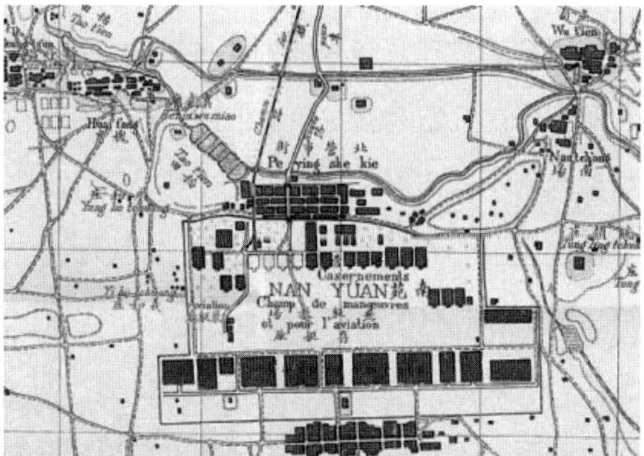

南苑兵营地图

1937 年京苑小火车照片

当时这里驻军七个营，至今还留有七营房旧址和三营门、六营门的地名。

营盘的建立，引来了一些小摊贩做买卖，渐渐地，在营盘旁边就形成了一个小市场。随着营盘的不断扩大，小市场也随着逐渐发展，由一个小市场很快即演变成了一条营市街，这就是南苑镇的前身。

光绪三十二年（1906 年），在北洋第六镇编制王士珍的请奏下，修建了一条京城至南苑的轻便铁路。史料记载：京苑轻便铁路于光绪三十二年（1906 年）春动工，历时一年即建成通车，自永定门至南苑“万字地”。是年六月，又在南苑营地“建电房，设机器”建起了电话局。史料记载，当时的电话采用的是磁石交换机制式，容量为一百门。京苑轻便铁路的通车和电话的开通，为南苑兵营提供了优越便利的条件，也促进了营市街的快速发展。特别是到民国二年（1913 年），袁世凯在营盘东侧成立了航空学校和飞机修理厂以后，使这里更成为国家极为重要的军事要地。因此，营市街也被带动得越来越繁华。日军侵占南苑后，即把南苑机场进行了较大规模的扩建，使其成为侵占整个华北的战略基地。因而，将营市街分为了南、北两部分：机场南侧为南营市街，机场北侧为北营市街。因南营市街相对较小，又被称为南小营市街，后被简称“南小街”。北营市街因所处重要的地理位置，得到了快速发展，很快发展成集镇。这里商铺、饭店、旅馆、酒店、浴池、书场、烟馆、妓院等应有尽有。当时比较知名的店铺有南山堂药店、忠厚居饭店、翔文阁文具店、永兴合、利发成百货店、福合坊、四合坊肉铺、柳春园、同义厚、谦益杂货店、宏茂、久大油厂等。由于附近种植棉花较多，因此，镇上开设轧花、弹花、售棉花的厂店也较多。此外，还有双兴、复兴、胜利园等四家澡堂子，同丰裕、三义公等几家粮店，还有照相馆、理发店、大车店等。当时南苑镇还是大兴县庞各庄一带西瓜的集散地，每到收瓜季节，在商铺门前堆成大堆，当时的主要瓜种是“黑崩筋”和“大三白”（白籽、白皮、白瓤）。除了在此零售外，还批发给许多小贩运到城里去卖。

总之，从东到西，一街两巷，店铺林立，比比皆是。这里已成为京南地区最繁华热闹的地方，成为名副其实的“南苑镇”。从此，“南苑镇”以“南苑”的名字被堂而皇之地绘制在京畿地图上。成为广义上南苑（南海子）的代称。

据丰台区老干部张继亮先生回忆，南苑镇在日军占领和国民党统治时期，以营市街（后称“新华路”）为中心，东西的街道从北往南分别为头道街、二道街、三道街、四道街；东、中、西、南大道，一直到东、西警备路；另外还有东西延伸的道路和南北贯穿的胡同，把镇上的居民住宅、商铺门市隔在若干个地块内。民房除少量几所砖瓦结构的两层小楼住着有钱、有势的人之外，其余都是穷人居住的低矮破旧的平房。

日伪时期，南苑（南海子）地区人民深受日寇、汉奸和土匪的三重欺凌与压迫。他们强迫贫苦百姓给日本人修机场、建飞机窝和碉堡，生活在水深火热之中。据家住南苑北侧新宫村，现已年过九旬的谢明柱老人回忆：日军占领南苑后的一天，一小队日本兵闯进新宫村，在村北头郝家翻出一只手电筒，被疑为是军用品，竟将郝家兄弟三个当场枪杀，后来只有老大没被打死，侥幸存活下来。谢老还亲眼看见一名中国小伙儿被日本兵用铁锨击中头部而死。

1937 年 9 月 15 日，伪大兴县公署成立后，办公地即由大红门迁到南苑镇营市街，为了配合日本人的奴化教育，强行在南苑镇小学推行日语课程，并强制成立“新民会南苑分会”，要求家家户户都要挂日本“国旗”。日本人还在伪保长的带领下到各家各户送旗，并搭送毛巾，称这是“友好亲善”，但此举受到了南苑地区老百姓的坚决抵制。日本人让伪保长把拒绝接受的人叫到新民会大院，规定“不接受不准出大院门，不学好中日亲善不能回家种田”，逼迫老百姓就范。

抗战胜利后，南苑机场连同南苑镇被国民党政权接管。当时，镇上设有国民党南苑党部和“三青团”团部及“政工队”等特务情报组织机构。并在各乡组建成立了“自卫团”。各村实行保甲制度，再加上南海子东南部地区土匪活动猖獗，官匪勾

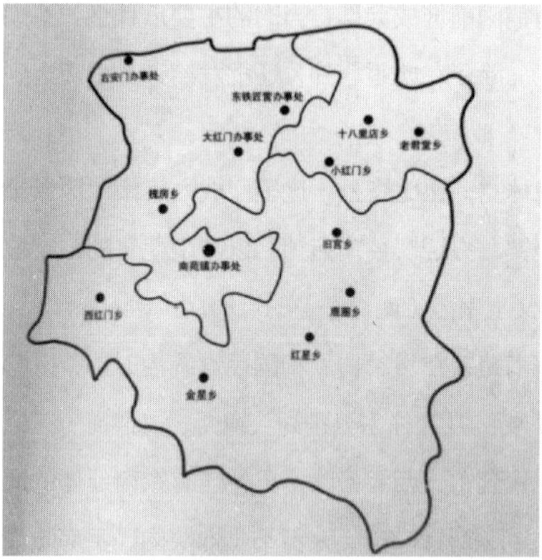

南苑区辖域图

结，使南苑镇及周边百姓苦不堪言，企盼解放的曙光早日照耀南苑。

1948 年 12 月 17 日，中国人民解放军占领南苑机场并解放了南苑镇，建立了大兴县第六区和南苑市。1949 年 2 月，将河北省大兴县管辖的南苑市，划归北平市辖管。建立了北平市南苑区人民政府。政府驻地即设在南苑镇的营市街。辖管范围是：东至东红门、石泰庄；西至新宫、西红门；南至团河村、南大红门，北至镇国寺村、北大红门的整个南苑（南海子）地域。后来，经过 1949 年 4 月、6 月，1950 年 5 月和 1952 年 7 月的四次变更，直到 1958 年 5 月，经国务院批复，撤销南苑区建制，将南苑区一分为三，分别划归大兴县、丰台区和朝阳区管辖。南苑镇成为丰台区辖区的重要城镇。当时，全镇共有居民 2000 多户，7000 余口人，被誉为北京城南第一镇。

从 1949 年至 1958 年，南苑一直是区政府驻地。1949 年为南苑镇，1954 年改南苑镇办事处。1990 年改为南苑街道办事处，辖新开路、三营门、东长街、东新华、西新华、荷塘街、西长街、红房子、五爱屯、五爱屯东街、新兴村、槐东、槐西、和义、机场西区 15 个居委会。辖区面积近 14 平方公里，常住人口约 1.6 万户，逾 4 万口人。

由于受南苑机场的制约，几十年来南苑镇的变化不大。进入 21 世纪后，南苑镇的搬迁改造规划已经开始实施。不久的将来，南苑镇的居民将拆迁到镇的西南侧新规划的居民住宅区。在原南苑镇旧址及以北的广阔地域，将建起一座近万亩的森林公园。南苑镇将发生天翻地覆的变化。

（部分内容根据王顺成、谢明柱口述整理）

6. 从营市街到南街村

南街村又称南小街，位于南苑飞机场南侧，与南苑镇一样，均始于营市街。南苑镇初称北营市街，与其相对而称为南营市街。又因相比北营市街要小，所以又称南小营市街，后称南小街，简称南街，属大兴区旧宫镇辖村。

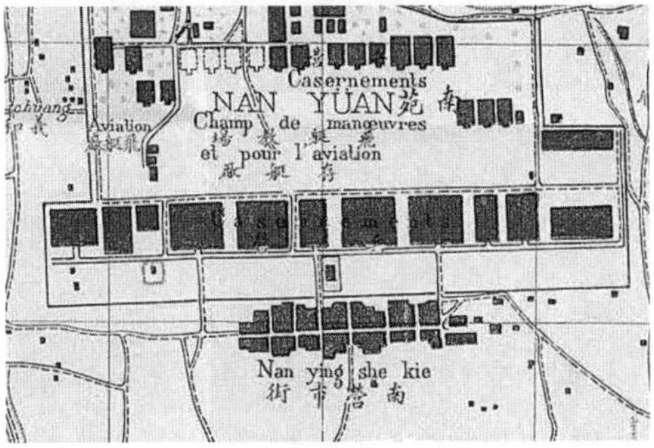

南苑兵营图

听当地老人说，是先有的南营市街，后来才有的北营市街（南苑镇）。

清光绪三十一年（1905 年），袁世凯组建北洋新军时，其嫡系北洋第六镇即驻京师南苑一带，在一个称“万字地”的地方建起了一座硕大营盘。当时驻有七个营，至今还留有“七营房”旧址和“三营门”“六营门”的地名。在营盘南侧设有南营门，各种小商小贩都纷纷到南营门外做买卖。很快，就自然地形成了一条营市街，这就是南街的来历。据说当初这里也曾店铺林立，买卖兴隆，不但有旅店饭馆，还有唱“蹦蹦戏”的戏园子。

听当地老人讲，在没形成南营市街之前，最先来此地的是从河北大城县逃荒而来的王姓人家，见这里可以生存，就在此安了家，因此起名安庄子。后来在安庄西边又来了一户人家，从此，被当地人称为东庄子和西庄子，后来，这两个庄子都融入了南营市街。随着南营市街的兴盛，人口越聚越多，大部分都是来自河北、山东地区的贫苦农民，也有到这儿经商做小买卖的城里小商人。据说，南营市街最兴盛之时是冯玉祥任陆军检阅使驻南苑期间。由于冯玉祥的部队军纪严明，童叟无欺，

走访南街村民景成方

使南营市街得到很快的发展。还听当地老人说，冯玉祥将军为了向当时的北京政府多要军饷，就把南营市街里的青壮年登记入册，作为吃空饷的后备。一旦上边派人来清点军人数量时，就将南营市街在册的青壮年组织来，临时穿上军装，混在队伍中充数。事后，每人发给一定的赏钱，等下次再清点检查时再如法炮制。因此，南营市街留下了不派征用兵丁的特殊“待遇”。

据《南街村志》记载，南街还有个别称“博爱村”。传说冯玉祥将军到南街村视察老百姓做军鞋，见妇女们做千层底布鞋工序复杂费时，就下令禁止兵士再穿千层底布鞋，以减轻老百姓的负担。老百姓感念冯玉祥将军的体恤之情，把南街村又称为“博爱村”。

后来，随着南苑营盘的不断扩大，北营市街也逐渐发展起来。特别是日军侵占南苑后，把南苑机场变成侵占整个华北的军事基地，因此，大规模地扩建南苑机场。这样，就将南、北营市街隔断了。由于北营市街占据离京城较近且交通便捷的优越地理位置，因此迅速地发展起来，很快超过了南营市街。北营市街后来发展成了城南著名的“南苑镇”。而南营市街却逐渐萎缩，成了后来的“南小街”，就是现在的南街村。

1948 年底，解放军攻占南苑机场，同时南苑地区得到解放。南街村和海子里的村庄一起，在南苑区人民政府领导下，进行了轰轰烈烈的土改运动。又经过互助组、初级社、高级社直到人民公社，南街村一直走在前列。当时在海子里，有位无人不知的寇顺义大妈，她从解放时起，就任南街村农会委员、妇女会主任、互助组长、初级社社长和金星高级社副社长等职务。由于工作成绩突出，从 1951 年起，连续 7 年被评为区、市级劳动模范。1957 年又荣获全国农业劳动模范称号，曾两次受到毛泽东主席的接见，给南街村争得了荣誉。

南街村呈带状聚落，主街道从东到西全长约有12里。到21世纪初，全村已发展到620余户，近3000口人。村民大多都是1949年前从河北、山东、河南、甘肃等地逃荒、打工、当兵至此落户的，因此姓氏较多。据不完全统计，南街村有姓氏多达近百个，带有明显的多地移民特征。

南街村面积大、人口多，为了便于管理，早在1959年就由东至西分为六个生产队。1961年又合并为三个生产队。一年后，又将一队的路南分为四队。后来，又由四个生产队变成了四个行政村，分别称为南街一村、南街二村、南街三村和南街四村。

据2011年编印的《南街村志》记载：

南街一村：全村250余户，近650口人，耕地面积1400余亩。

南街二村：全村210余户，630余口人，耕地面积约900亩。

南街三村：全村230余户，近830口人，耕地面积近1000亩。

南街四村：全村约180户，450余口人，耕地面积750余亩。

以上南街四个村，前三个村是在南小营市街的基础上逐渐发展起来的。而南街四村却是由“北义盛庄”“南义盛庄”和“五福堂”三个小庄子合并而成的。

“北义盛庄”和“南义盛庄”位于南街路南侧，均是没有正式名字的小庄子。日军侵华期间，曾在北义盛庄处建有军用仓库（称洋房子）。据《南街村志》记载，日军占领期间，一名中国百姓无故被日军打死，附近村民皆聚此声讨日军暴行。日军遂向民众开枪扫射，又有多人被打死。幸存下来的村民为纪念死者的侠义盛举，取名“义盛庄”，相对而称，北为“北义盛庄”，南为“南义盛庄”。

“五福堂”位于南街路南，义盛庄东侧。当地人传说，清末官准南海子招佃垦荒时，有位清宫柳姓老太监为颐养天年在此置地建庄，取名“福寿堂”，老太监死后，将庄园转卖给了薛、蔡、谢、李、张五户京城商人，在此置地建庄，改称“五福堂”。20世纪50年代初，村南建国营德茂农场，将规划的农场范围内的小庄子拆小并到金星地区新建起的“居民区”（现称“金星庄”），其中就包括五福堂。当时迁走了一部分村民，大部分都留在了五福堂。地铁八号线即由此通过，并设有“五福堂站”。

南街村始于清光绪二十八年（1902 年）官准南海子招佃垦荒，始有人在此附近置地建庄，始有人居。光绪三十一年（1905 年），清廷在此设立训练新军营盘，在营盘的南营门外自然形成了一条营市商业街，即是南街村的雏形。1930 年国民政府实行编乡制，南街村设立保公所，隶属国民党二十九军保卫局。1938 年属伪大兴县团河乡管辖。1948 年属南苑区团河乡。新中国成立后的 1953 年，南苑区设南小街乡，南街属该乡辖村。接着，相继成立了南街村合作社、南街村高级社，隶属南苑区金星社。1958 年成立红星公社后，南街村属德茂大队。1972 年改属旧宫大队管辖。1983 年旧宫设镇，南街村仍属之。2017 年因实施旧村改造，南街村被整村拆迁。村民将移居到德贤路东侧，集贤村南侧新规划建起的居民楼社区。南街村已成了历史，后人再想了解南街村，只能查阅相关史料了。

（部分内容根据井成方、刘子久口述整理）

第四章

Chapter 4

内务府官宦的庄园

光绪二十八年（1902年），光绪皇帝谕旨：南海子（南苑）『比照口外垦荒章程，由顺天府尹经理，按亩缴价，招民佃种，限年升科』。『所有招募认垦之人，即以八旗内务府以及顺直绅商仕民人等。』首先知道的，当然是那些内务府官员。他们看出南海子是块『肥肉』，就像饿虎扑食一样，争先恐后地来到南海子置办庄园。

1. 千顷堂

千顷堂拆迁前属瀛海镇一个行政自然村，位于南海子东南部新凤河南岸。南邻太和庄；西邻下十号；以东约四里是同义庄。是个仅有七十余户，二百余口人的小村庄。

清末南海子官准招佃垦荒，清廷协理大臣那桐在这里置地建庄。因置地面积千亩，号称“千顷堂”，因此得名。

那桐像

那桐是满洲镶黄旗人，晚清曾被誉为“旗下三才子”之一。在光绪、宣统年间先后充任户部尚书、外务部尚书、总理衙门大臣、军机大臣和内阁协理大臣等。1900 年“庚子国变”，慈禧太后挟光绪皇帝西逃，那桐任留京大臣，随奕劻、李鸿章与联军议和。签订丧权辱国的《辛丑条约》后，任专使赴日本道歉。袁世凯内阁成立后，承奕劻任弼德院顾问大臣，后患中风辞官，清帝退位后迁居天津。

就在那桐任职户部尚书期间，正值官准南海子招佃垦荒，乘机置办了“千顷堂”。后来又几经转让，最后落在一京城富商之手。可这位京城富商从未到过千顷堂，庄园事务都是由二地东张乐山（后人张春荣）料理。也曾被改称过“乐山庄”，后来又恢复了千顷堂。

张家在庄子里建有一座三合院，棋盘心正房八间，东、西土坯厢房各三间。院正中建有门楼，老人们清楚地记得，门楼的柱子因当时用的是刚锯下的柳树，后来竟又成活，长成了大树。解放初土改时期，张家被定为了地主成分，一部分房产被没收，其中三间房分给了当时的太和乡长宋玉亭，两间用作村公所办公用（后来又当作过“村校”和“托儿所”）。厢房也分给了当村穷人彦玉宝和张秉礼。余下的正房三间仍留给了张家。

走访千顷堂村民王品端

据村中老人王品端先生回忆，千顷堂的千亩地，南、北、东三面周边都密植有柳树和枣树棵子，形成树圈子，只有西侧为一条通往庄子外的大道。

最早来千顷堂落户的有十三户人家，其中有彦玉宝（后人彦青山），倪景林（后人倪化清），陈玉田（后人陈建福、陈建国），王明轩（后人王巨安、王巨昌、王巨山），张秉礼（后人张福生、张如意、张文香），丘景祥（后人丘连瑞），王福瑞（后人王品端），王有忠（后人王福民），唐熙香（后人唐世华、唐世伦、唐世隆），王有福（后人王铁亮）和宋玉庭，倪化轩及一户姓孙的老太太。这十三户人家，分别来自山东郓城、单县，河北吴桥、河间及北京通州等地区，也有一两户是从海子里的“十一号”的白房子迁来的。他们多数租种张家的地，少数以给人家扛活为生，逐渐形成了千顷堂村。

千顷堂 1946 年属河北省大兴县四海庄乡。1952 年属南苑区石太乡。1956 年属红星集体农庄太和乡。1958 年属大兴县红星公社太和大队。1984 年置太和乡，属之。2000 年合乡并镇属瀛海镇。2010 至 2013 年，因北京经济开发区向南扩区被征用，村民被拆迁至南海子公园东南侧的南海家园，过上了城镇化的新生活。

（部分内容根据王品端口述整理）

2. 大白楼

“王国福家住在大白楼，身居长工屋，放眼全球……”

这是20世纪70年代传遍全国的单弦联唱《铁打的骨头　举红旗的人》中的头一句唱词。唱词中的“王国福”是当时那个年代家喻户晓的模范人物。而唱词中的“大白楼”，就是我们现在要讲的大白楼村。

赵尔巽像

大白楼村东靠南苑机场，西临团河公路，北二里许为寿宝庄，南二里许为金星庄，现属大兴区西红门镇辖村。

据《大兴县地名志》记载，清光绪二十八年（1902年），官准南海子招佃垦荒，一内务府官员魏清在此置地五顷建起“育德庄”。后又转手卖给了赵尔巽。

赵尔巽（1844—1927），清末名臣。祖籍山东蓬莱，历任东三省总督、山西巡抚、湖南巡抚、户部尚书、四川总督、湖广总督、军机大臣等要职。晚年任《清史稿》主编、中华民国临时参议院议长。

据说赵尔巽置得“育德庄”后，一次也没到庄里来过，而是把庄子交给一个叫王连玉（后人王树荣、王树堂、王树贵、王树森）的亲信总管料理。据村里老人回忆，庄子是座十三层下碱、四角硬棋盘心的四合院。北正房七间（中间五大间，两侧各一小间）；东、西厢房各三间；南正房与北正房格局一样，也是五大二小七间。东南角是大门道；西南角是磨房。“育德庄”自从由魏姓易主赵家后，庄子最大改动是建起一座土坯砌、石灰抹成的白色二层碉楼，用于看家护院瞭望远方。由于当时海子里空旷无垠，这座二层白碉楼特别显眼，从此，当地人都俗称这里为“白楼村”，渐渐淡忘了“育德庄”。后来，在村南的“吉程庄”也建起了一座比“育德庄”略小的二层白碉楼，被当地人俗称“小白楼”。而“育德庄”就被相对而称“大白楼”了。

由于管家王连玉是直隶保定府人，因此，初来“大白楼”的佃农大半数是保定府安国县或博野县人。其中有董洛堆（后人董士华、董范武、董士璞、董士奎、董慧君）、张玉生（后人张新弟、张新占、张新喜、张占军、张新艳）、刘凤武（后人刘士番、刘士泉、刘俊良、刘增顺、刘俊峰、刘俊芝、刘俊仙）、刘凤岐（后人刘士英、刘淑贤、刘淑玲、刘古存、刘永在）、刘景文（后人刘建英、刘建国、刘建芬、刘艳芬）、赵增址（后人赵俊卿、赵俊杰、赵俊祯、赵俊祥、赵俊喜、赵俊山、赵俊岭）、刘学增（后人刘艳玉、刘艳江、刘艳果、刘艳琴、刘艳昆、刘素英、刘七艳）等户。

“大白楼”除了来自河北保定地区的佃户外，就是来自山东汶上县的贫苦农民。据曾庆余老人回忆，最先来到大白楼的山东佃户是张永春（后人张铁林、张铁顺、张铁喜、张秀云）。张是王国福的姐丈，所以在大白楼刚站住了脚，二十岁出头的王国福（后人王正桥、王正良、王正柱、王海凤）也来到了大白楼。接着，老乡曾宪桐（后人曾庆会、曾庆余）、郭永常（后人郭丽云、郭云丽）、陈瑞龄（后人陈大换、陈换弟、陈传弟、陈改弟、陈跟弟）、周长茂（后人周淑兰、周启明、周凤兰、周和平、周士顺、周凤英、周凤云）、周长恩（后人周和明、周根明、周元花、周秀花、周元雪）、王珍福（后人王长顺、王长清、王淑文）、张吉清、王元道（后人王秀珍、王月秋、王淑花、王淑美、王淑奎）、王元忠（后人王连生、王连主、王连贵王秀兰、王秀荣）等户也相继来到大白楼，以租种地主家土地为生，最后都在此落了户。到 21 世纪初，大白楼已发展有 110 余户，逾 300 口人。

写大白楼，一定要写王国福。因为大白楼出了个王国福，才使大白楼在全国家喻户晓。

王国福（1922—1969），祖籍山东省汶上县义桥乡孙旺村。1943 年逃荒来到大白楼，投奔在这里租地为生的姐丈家，以给地主家扛活为生。解放后他翻身做了主

王国福画像

人，分了房子分了地，住进了原地主家的一间打更房，就是后来人们说的“长工屋”。

1952年，王国福带着两户农民，人力拉犁，组织起全村第一个互助组。1955年，大白楼和附近村成立了高级社，王国福担任大白楼生产队队长。这一年，他光荣地加入了中国共产党。从合作化到公社化，王国福当干部总是想在先，干在前。他带领全村社员平整村里洼地改种水稻，使低产田变成了高产田。1958年，他被调到金星大队砖厂当了两年厂长，为附近百姓烧出了一窑又一窑的砖。可他却从没想过为自己盖房买过一块砖，一家几口仍挤在那间“长工屋”里。后来，因工作需要，王国福又被调回大白楼任队长，由挣工资变成挣工分。他二话没说，又回到了大白楼，继续带领全村社员艰苦奋斗。当时社员们这样评价他：“他当干部十几年，从未占过集体的便宜，没乱花过集体一分钱，没多吃过集体的一口粮。”

王国福的妻子长年患有严重的哮喘病，33岁那年，扔下四个未成年的孩子就病故了。从此，王国福又当爹，又当妈，还要负责村里的一大堆工作，困难程度可想而知。

1969年9月，王国福被检查出患有胃癌，不得不住进南苑医院，11月6日，王国福医治无效逝世，年仅48岁。当时驻金星大队军宣队队长陈超武和大队党总支书记衡顺义决定，应宣传一下王国福，号召全金星大队的党员、干部向他学习。即让时任通讯报道员的于洪波写了一篇报道，没想到，引起了上级党组织的高度重视，也层层进行了宣传报道。

1970年元月，《人民日报》及全国各大报纸以头版显要位置登载了报道王国福先进事迹《拉革命车不松套，一直拉到共产主义》的长篇通讯，王国福一夜间成为全国学习的模范典型人物；大白楼也成为家喻户晓的村庄。上级在村里办起了“王

走访大白楼村民曾庆余、陈增全等

国福事迹展览馆”，作家、画家、雕塑家等艺术家也纷纷来到大白楼体验生活，都以王国福为原型，创作文艺作品。王国福生前没有照片，著名画家刘春华根据村民对王国福的描述，为其画了“标准像”；著名雕塑家张松鹤又根据画像为王国福创作了半身雕像；作家浩然长期住在大白楼一间电井房里，创作出了以王国福为原型的长篇小说《金光大道》，不久又被搬上了银幕。特别是，当时大兴县文艺宣传队创作演出的单弦联唱《铁打的骨头　举红旗的人》更是传遍大江南北，风靡一时。

不过，在当时那个非常的年代，王国福被当时的北京市“革委会”的个别领导出于政治目的而给利用了。他们给王国福无限拔高，硬编造了“路线斗争”内容，造成了严重的不良后果，也给王国福造成了负面影响。

党的十一届三中全会后，上级有关部门对王国福作了调查结论：“王国福确实是一个好党员、好干部。”

笔者为写此文，再一次走访了大白楼村。虽然已过去了近半个世纪，老村民们对王国福仍非常怀念，仍深情地称呼他“咱们的老队长”。

值得一提的是，大白楼村原村址在机场的南侧，1978 年因机场跑道南延而拆迁，西移里许至现在的村址。这里原为“南同顺庄”，是一座地主庄园。解放后被当地政府没收，这里成了南同顺乡政府。南同顺乡撤销后，这里又当过粮库、展览馆和美术厂。就在这儿，征用单位为大白楼村民新建起了六栋二层的白砖楼，成了名副其实的大白楼。

（部分内容根据曾庆余、陈增泉、董淑瑞、郭丽云口述整理）

3. 姜家场

姜家场（简称姜场），原村址位于南海子公园西南侧，别看名字一般，但这可是一个被写入史册的村庄。

何以称之姜家场？原来，清光绪二十八年（1902 年）官准南海子招佃垦荒，清末统领姜桂题乘机购买“龙票”，在此置地建庄，这里是庄园的场院，因此得名“姜家场”。

姜桂题像

钱能训像

姜桂题（1843—1922），安徽亳州人。原本是义军捻军将领，后投降清军。因其身材魁梧，作战勇猛而屡被提升。由管带升偏将，再升为统帅。加入北洋集团后，任统带。后又任武卫军统领。1902 年奉调入京统领禁卫军。因迎护慈禧太后和光绪皇帝回銮有功，加太子少保衔，授紫禁城及西苑骑马，赏穿黄马褂。可谓是飞黄腾达，一步登天。也就在这一时期，正赶上官准南海子招佃垦荒，老来贪财的姜桂题乘机建起了姜家庄园。后来，又将庄园转手卖给了时任北洋政府内务总长钱能训。不过，人们仍习惯称之姜家场。

而姜家场真正闻名于世却不是因为姜桂题和钱能训，而是新中国成立以后的事。

1952 年初，京郊地区掀起了农业合作化高潮。时任北京市委书记的彭真提出能否在市郊建立一个示范性的类似苏联那样的“集体农庄”的设想。经

红星集体农庄全体干部合影

与当时南苑区委研究，认为“农庄”建在南海子里的姜家场一带比较合适。因为这一带，原是明清两代皇家苑囿，清末荒废后实行招佃垦荒，把土地转让给了官宦或绅商，后来又大都被各系军阀占有。解放后，经过土地改革，原来农民租种的土地大部分都分给了农民。有的地段还没分配完，仍几户在一起“伙种”，这样很容易地组成了互助组和初级社。这些因素，为建立“集体农庄”提供了有利的基础条件。

1952 年 8 月，市郊委派出了以常浦和刘明同志及从南苑区等部门抽调的干部组成“建庄”工作组，来到姜家场及附近的三槐堂，钱庄子和中立堂四个庄子调研。经查，四个庄子共有 105 户，其中 85 户为贫雇农。土改后，已相继组成了互助组。中立堂的共产党员刘洵（后人刘永义）带头与赵同林（后人赵新增、赵东风）、李义田（后人李洪珍、李来顺）、贺尚友（后人贺云龙、贺云生）、张贺德（后人张凤江、张凤祥）、郑永贵（后人郑希华）、闫文义（后人闫润深、闫玉深）、张继寿（后人张树全）一起，办起了一个“穷八家”初级合作社。工作组根据这里的群众基础条件，决定就在这里建庄。由于当时正是学习“苏联老大哥”时期，因此就将欲建的庄名起了个有时代色彩的名字:“红星集体农庄。”

1952 年 10 月，红星集体农庄组成，由姜家场和钱庄子（原址在南海子公园东南侧），中立堂（原村址在德茂牛场处，后迁至三槐堂东），三槐堂（原村址在瀛海镇政府北侧）四个自然村组成。全庄共 63 户，有耕地 1518 亩，劳动力 117 个，牲畜 20 头，大车 12 辆。来年的正月十五日，在姜家场召开了成立大会。通过了农庄的章程，选出了由于潮凯任农庄主席，刘洵任农庄副主席的 11 人组成的农庄管理委员会。下设四个生产队，一个大车组和一个饲养组。庄员实行定质、定量、定时的劳动定额评工记分的劳动计酬的分配办法。

红星集体农庄社员参加五一游行

更让农庄人精神大振的是，有位家住广安门的汽车主陈荣华，听说这里成立了红星集体农庄，就决定带着自己拥有的四辆大卡车加入农庄，得到了南苑区政府的支持。就这样，他动员来司机何元成、冯宝珍、高平安一起开着卡车加入了红星集体农庄，农庄还为他们每家盖了三间新房。在陈荣华的带动下，又有一位叫徐振晃的汽车主也加入了农庄，使农庄的实力大增。

红星集体农庄成立头一年，即取得了前所未有的好收成。年终分配，平均每户658元，劳动力平均收入475元，大大地高过附近村民的收入。形成庄内满心欢喜，庄外羡慕不已，也都纷纷要求入庄。就这样，不到十天就又有460户农民申请入庄。瀛海庄的“向阳合作社”，怡乐庄的“冯天祥合作社”也集体加入了红星集体农庄，农庄一下子发展了530户。到1955年，农庄已发展到1000余户。

为了红星集体农庄的长远发展，农庄管委会在北京市郊委的帮助下，制定出了一份《红星集体农庄全面发展规划》。1955年10月30日，《北京日报》全文刊载了这一规划。很快，就被毛泽东主席看到了，并引起了他的高度关注，即在《规划》一文的上方，挥笔书写了如下按语：

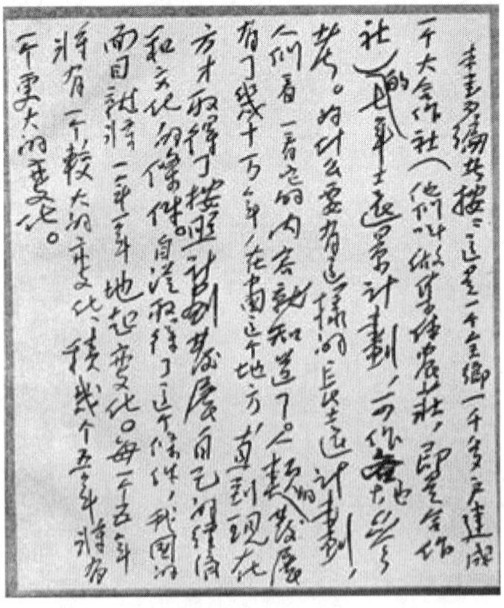

毛主席为红星集体农庄远景规划书写按语

“这是一个全乡一千多户建成一个大合作社（他们叫做集体农庄，即是合作社）的七年远景计划，可作各地参考。为什么要有这样的长远计划，人们看一看它的内容就知道了。人类的发展有了几十万年，在中国这个地方，直到现在方才取得了按照计划发展自己的经济和文化的条件。自从取得了这个条件，我国的面目就将一年一年地起变化。每一个五年将有一个较大的变化，积几个五年将有一个更大的变化。”

毛泽东主席所题写的《按语》，连同《红星集体农庄全面发展规划》被收编到当年由毛主席亲自主编的《中国农村的社会主义高潮》一书中。对当时开展的农村社会主义合作化运动产生了巨大影响。而姜场村是制定《红星集体农庄全面发展规划》的地方，因此，姜场是个已被载入史册的村庄。

（部分内容根据张红军、李瑞义口述整理）

4. 德茂庄

荣禄像

德茂庄位于南海子中部，104 国道东侧。北为玉善庄，西为五福堂，东为三海子，南为团中路（团河行宫至中兴庄）。不过，后来的“德茂”早已不是一个庄子的概念，而是对整个德茂地区的统称。

听当地老人说，最初的德茂庄是清代内务府大臣荣禄置办的庄园。

荣禄（1836—1903），字仲华，号略园，瓜尔佳氏，满洲正白旗人，出身于世代军官家庭，因为受到慈禧太后的重用而步步高升。历任步军统领，总理衙门大臣，兵部尚书。辛酉政变后，官至总管内务府大臣，加太子太保，转文华殿大学士。

据当地老人说，1902 年官准南海子招佃垦荒时，身为内务府大臣的荣禄“近水楼台先得月”，占下了南苑营盘以南的上百顷上等好地建起庄园。以“积德行善，财茂福臻”之意，取名“德茂庄”。不过，第二年，荣禄就死了，其后人就将德茂庄地亩分别转卖给了郭姓和段姓等几个财主。就这样，在这片土地上又分别建起了中立堂、杨庄子、冯庄子、党庄子、三顷地、西毓顺等小庄子。但郭姓等大的庄园主并不在德茂庄生活，而是将庄园地亩交给雇用的总管来料理，时称“掌柜的”。据说，因德茂庄地亩广阔，庄园主雇用了两位“大掌柜”分管南半部和北半部的地亩，因此，德茂地区才有“南大柜”和“北大柜”地名之称。

1949 年 1 月北京和平解放后，当时的华北人民政府组建起“华北农业机械垦殖管理处”，负责接管平南（北京南郊）地区的敌伪农场及军用土地筹建国营农场。

首先在南苑镇北的六合庄成立了“六合庄农场”。紧接着，根据北京市长远的发展需要，决定在南海子里没收官僚资本家和部分地主庄园的土地上，相继组建成立了“天恩庄农场”（场长刘振刚）、“和义庄农场”（场长孔庆阶）、“钱庄子农场”（场长李恭文）、“南同顺农场”（场长凌邦伟）、“合作农场”（负责人马鹏云）、“黄村农场”（暂由林校代管）和“德茂农场”（场长吕福才）七个国营农场。

据《南郊农场志》记载，1949 年 8 月“根据上级指示，吕福才进驻德茂地区，接管了德茂庄郭姓地主和积善庄地主段华庭的土地 132.33 公顷。1950 年 3 月，正式组建成德茂农场。”隶属市郊委京郊国营农场管理局。1953 年，上级又对德茂农场进行了调整，改称“南苑畜牧场”，并确定了“以饲养奶牛供应首都用奶为主并开展多种经营，农业种植水稻、棉花、饲料，为国家增产粮棉的方针”。同年 9 月，在德茂庄东南侧二里许的“中立堂”庄址上建起了德茂牛场（将“中立堂”十几户村民南迁至“姜家场”西侧）。共建有牛舍 13 栋，相继将接收的西苑牧场、新华牛场及私人奶牛近 400 头奶牛运到德茂牛场养殖。

1954 年 10 月，北京市政府决定，将南苑畜牧场（德茂农场）及五里店农场、和义农场合并组建成一个大型的国营农场——南郊农场。1957 年，南郊农场将原来的作业站划为四个分场：德茂地区为一分场、亦庄地区为二分场、和义地区为三分场、旧宫地区为四分场。后来，又在金星地区组建成立了五分场。其中一分场（德茂）设有 5 个生产队（3 个农业队、1 个奶牛队和 1 个猪兔队）。在这一时期，为了统筹规划，经上级批准，将分散在德茂地区内的杨庄子（位于西广德村南侧）、冯庄子（位于南街东侧）、党庄子（位于德茂庄西北侧）、三顷地（位于德茂庄西南侧）、西大柜（位于南小街南侧）、洋房子（位于南小街南侧）、西毓顺（位于南小街南侧）和五福堂（位于南小街南侧）等一部分住户不多的小庄子拆小并大，西移至原称“鲍庄子”的旧庄址上。新建起的村庄开始称“聚民庄”，后来改称“居民区”，最后又改称“金星庄”。同时拆迁到此的还有金星地区的四合庄、大麦庄、双河庄等小庄子。这样，德茂地区基本成了国营农场范围。

1958 年 6 月，实施场（南郊农场）社（五乡五社）合并为南郊农场，实行“以场带社”国营带集体的体制，不久又成立了“红星人民公社”。下设农牧结合的生产

南苑昆仑石

大队，管辖若干个生产队。“德茂大队”为大队一级，除管辖德茂地区的国营单位外，还负责管理南小街村、西广德等农村集体所有制生产队。

1972年，红星公社（南郊农场）将所属九个农村大队改为八个农村分场（也称管理区），并将国营企业分为两个分场，即“工业分场”和“畜牧分场”。德茂为畜牧分场的场部，负责南郊农场国营体制的奶牛、生猪等畜牧业的生产管理。

1983年，南郊农场又改称“红星农工商总公司”，下辖牛奶公司等十个专业公司，德茂为牛奶公司所在地，主要负责全农场奶牛养殖及牛奶深加工企业的生产管理。

1998年9月，南郊农场实行场、乡体制改革，八个农村乡移交大兴县直接管辖。并组建“南郊农场奶牛生产管理中心”等管理机构。德茂仍为奶牛管理中心的办公地。

1999年4月，北京农工商总公司因组建“北京三元种业股份公司”，决定将南郊农场所属的南郊牛奶公司并入三元种业公司。公司负责奶牛专业的“绿荷公司”的办公地仍设在德茂。除此之外，南郊农场下属的德茂物业公司、西毓顺农业公司和兴红仓储公司等单位也设在了德茂。

值得一提的是，在德茂西侧，即是历史上南海子著名的“饮鹿池”景区，乾隆御制“南苑昆仑石”在此出土后即矗立在这里。现在，这里已被规划成一座郊野公园。

如今的德茂，早已不是一座“庄园”的概念。它北邻航天部，南靠南五环，东为南海子公园，西为规划待建的万亩森林公园。104国道从区域中心穿过，地铁8号线在区域内设有“五福堂”和“德茂”两座车站。优越的地理位置和便捷的交通条件，使这里变成了城南一处宜居宜业的繁华地区。

5. 老三余庄

老三余庄位于团河行宫以北四里许，东隔团河路与寿宝庄为邻；西偏南隔渠与新三余庄相望；东南里许为大白楼村；北与南苑镇接壤，现为大兴区西红门镇所辖行政村。

清光绪二十八年（1902年），官准南海子（南苑）招佃垦荒，一家住北京草帽胡同（位置大约在人民大会堂西侧，现已无存）人称“草帽金龛李记”的内务府造办处李姓官员在此置地三顷，交给家住南苑槐房村的亲娘舅于家代为管理。因于家兄弟三人，就把所建起的庄子定名为“三于庄”，后来被写成了“三余庄”。不久，在西南侧不远处又建起一个小庄子称“新三余庄”，原有的三余庄也就自然被相对称为“老三余”了。据于家后人于嘉义说，因当初建庄时，一部分木料用的是从旧殿宇拆下来的还带有红漆的柱子，所以又被当地人称“红杠子庄”。到20世纪30年代，南苑镇富豪常凤岭（曾任南苑商会会长）也在庄子北侧置地建起一座“常家大院”，因为紧挨着老三余，人们还是把这里统称为老三余。多年以后，最初建起的老三余（红杠子庄）已无存，如今健在的八十岁以上老人所记忆的老三余，实际上是后建的常家大院。

当时的大院分前后两层，后院北正房七间，东、西厢房各三间，东厢房南侧开有东门，西厢房南侧开有西过道。前院北正房七间，东、厢房各三间，院中开有南大门，大门东、西两侧，各建有南正房三间。

庄园的主人住在南苑的豪宅，这里的大院里，住的都是分别来自山东平阴、河北南宫等地的佃户。据邱继荣老人回忆，前院东侧南正房分别住有何作春（后人何树友、何树香）、董考江（后人董铁柱、董霞、董凤、董玲）。前院东厢房分别住有高家贵、胡振祥（后人胡双喜、胡继发、胡继和、胡继友、胡继爱、胡继苹）、胡振宇（后人胡连香、胡连贵、胡连云、胡连芳、胡铁柱）；前院西厢房东厢房分别住有

与参加老三余庄村史座谈会的全体村民合影

（根据王长祥、刘来生、郭瑞丰、刘学柱、邱继荣、于振华、邱仲武、谢书玉、孔宪荣、梁肇荣、邱继友、高远金口述整理）

张占凯（后人张亚东、张拴柱、张拴锁）、陈洪胜（后人陈瑞忠、陈瑞华、陈瑞凤、陈瑞云、陈瑞香）。前院北正房分别住有陶树训（后人陶善柱、陶秀文、陶秀兰）、陶树德（后人陶善庆、陶善朋、陶善强、陶敬文、陶又文、陶义文）、刘岩奎（后人刘来生、刘秋来、刘学柱）、俄守义（后人俄宗田、俄宣）、俄守信。后院西厢房分别住有郭衍福（后人郭启文）、从长运（后人从基茂、从基英、从基凤）。后院北正房分别住有陶志祥（后人陶续珍、陶续芬、陶续江、陶续玲）、邱化海（后人邱继生、邱继荣、邱继友、邱继丽、邱继格）和刘承美等户。

此外，解放以前就来到老三余落户的还有：刘柱奎（后人刘春生、刘秋生、刘冬生、刘学良、刘学顺）、邱化泗（后人邱继轩、邱继祥、邱继营、邱继玲）、邱化江（后人邱继香）、陶志兴（后人陶续荣、陶续宝、陶续柱、陶续成）、孔兆发（后人孔宪荣、孔宪福、孔桂兰、孔秀兰）、梁仁芳（后人梁兆发、梁兆荣、梁兆星、梁兆香）等户。

在老三余西北侧里许，原还有个“合顺庄”，曾住有几户人家。后来，除王春发（后人王学志、王桂英、王桂芬）、肖续亭（后人肖传祥、肖传宝）两户迁至老三余外，其余户迁往了西红门村。

在老三余正南里许，曾经还有个“大麦庄”，仅住有杨云生（后人杨平三姐妹）、王志和（后人王中禄）、赵家干（后人赵国华、赵国侠、赵月莲、赵凤英）三户人家，于20世纪50年代中迁入了老三余。到21世纪初，老三余已发展到近180户，600余口人。

老三余庄1946年属河北省大兴县团河乡。1952年属北京市南苑区南同顺乡。1958年属北京市大兴县红星公社金星大队。1984年属金星乡。2000年属西红门镇。

6. 宝善庄

大兴区亦庄镇原行政村宝善庄，位于镇域的南端。南与瀛海镇的四合庄接壤，西与瀛海镇的钱庄子（南海子公园）相连。《大兴县地名志》中记载，宝善庄是由宝善庄、清合庄和力田庄三个小庄子组成。经走访当地老人，其实不止这三个庄，还有李庄子、宝隆庄、康庄子、朱庄子、岳庄子、三义庄、同合庄和乐耕庄等数个小庄子。只因大多是仅有一两户人家的小庄子，后来都拆小并大而相继消失了。在这些庄子中，最大的当数宝善庄，在民国时期的北京城南地图上，就标有宝善庄。

清光绪二十八年（1902 年），官准南海子招佃垦荒。一位叫吕二的皇宫差役（估计也不是一般差役），择址在此置地建庄，定名"宝善庄"。据当地老人说，当初吕家占地甚广，周边的地亩多为吕家所有。除宝善庄外，在海子里还建有福善庄、乐善庄，均是吕家开的庄子，最后仅剩下了宝善庄。在宝善庄园里，曾建有棋盘心五高两矮两厢的四合院。据说，吕家在京城里还开有大买卖，实属殷实大户。在吕二的孙辈中，吕会明、吕会昌和吕会宝三人在当时都是有学问的人。尤其是吕会明和吕会昌，在京城上学期间就加入了进步组织，后来又参加了革命。北京解放后，曾分别在市政府和税务部门里任职。

到 20 世纪 40 年代中期后，吕家由盛转衰，遂将宝善庄的大部分地亩变卖。因此，土改时给吕家所定成分并不高。吕家在宝善庄的后人吕会宝还曾当过宝善庄第一任党支部书记。后来，到宝善庄落户的韩、奚、刘等户人家，大都是来自河北河间、任丘等地区扛活的农民。

清河庄是并入宝善庄的主要庄子，其位于宝善庄的北侧偏东，这里原本是南海子的"六号"位置。在一张绘于清末的《南苑图》上，南海子里以"号"为地名的，仅标有这个"六号"。清宣统年间，有一京城布商胡氏在此置地建庄，始称"清合

走访宝善庄村民孔德山、杨凤启

庄”。从此，“六号”地名才被埋没了。清合庄的胡学增、胡少增、胡若增均是胡氏的孙辈。

在清合庄东侧原有个李庄子，这里居住有李姓李润生（后人李福龙、李福璋、李福田、李福兴）、李润亭（后人李锁成、李福海、李福柱）、李润德（后人李福良、李福永）、李润凯（后人李福岭、李福昌、李福坡）；苗姓苗广禄（后人苗金花、苗金英）；杨姓杨宝山（后人杨彦河、杨彦发、杨大玲），杨宝忠（后人杨铁生）；周姓周书成（后人周庆华、周庆山）、周振海（后人周庆春、周庆来）、黄姓黄双明（后人黄发启、黄发河、黄发海）几户人家，后来又陆续迁来王、许姓等人家。也大多是到海子里扛活而来自河北、山东地区的贫苦农民。后来，李庄子并入了清合庄。到20世纪80年代初，宝善庄西侧的立田庄、康庄子、三义庄、同合庄、乐耕庄等数个小庄子里的孔、张、李、韩等姓人家也都相继迁入了清合庄或宝善庄，最终形成了宝善庄一个行政村。

1960年，南郊农场（红星公社）占用清合庄土地建起了鹿圈牛场，将26户清合庄村民划归了鹿圈牛场。

宝善庄清属顺天府大兴县。1928年属河北省大兴县。1946年属河北省大兴县鹿圈乡。1948年先后属北平市23区、14区、11区。1956年属南苑区鹿圈乡。1958年属大兴县红星公社太和大队。1965年改属鹿圈大队。1984年属鹿圈乡。2000年属亦庄镇。于21世纪初因北京经济开发区征用被拆迁。村民移居到原村南侧新建起的“南海家园”社区。在原村址的西侧，已建起了南水北调东干渠蓄水池和亦庄水厂。

（部分内容根据孔德山、杨凤启、李金玉口述整理）

除以上清廷“官宦旗人”在南海子置地建庄园外，还有清末总管内务府大臣，曾任过奉宸苑卿的继禄置办的“积善庄”；被誉为白马将军依尔根达罗置办的“海晏庄”；八旗将领张姓统领置办的“万聚庄”；清廷户部命官安宗衡置办的“万义庄”；清宫“镇殿将军”吴能置办的“三畲庄”；以及清廷命官朱垂福置办的“吉程庄”，耿增奎、吴久龄置办的“大有庄”，吴炳璋置办的“吴梁庄”等。这些庄子都早已在20世纪五六十年代因拆小庄并大村时就不存在了。

NAN YUAN

南海子

第五章

Chapter 5

太监的庄园

来南海子置办庄园的成员中，上层太监占有相当比例，宦官也属内务府官员，他们利用在宫中侍候主子的特殊地位，收敛了大量的钱财。光绪二十八年（1902年）官准南海子招佃垦荒时，便纷纷来南海子置办土地，建起了一处处的『老公庄』。

1. 下十号

在南海子里，历史上以“号”为地名的有几个。究其来源，民间有三种说法：

一说源于“马号”的序号。历史上，称官家养马的地方为“马号”。晚清时期，为应对内忧外患的加重，清廷将大量马匹集中到南海子牧放，供前线八旗军队挑选。即在凉水河两岸，设立一处处的“马号”。因此，留下了以“号”为名的地名。

另一说源于“砖窑”的排号。在乾隆年间，为把海子土筑墙改为砖砌墙及加固马驹桥两侧河堤，需用大量的砖，即在附近凉水河两岸，就近设置了十几处以号排序的临时砖窑。因此，旧窑址上留下了以“号”为名的地名。

还有一种说法是，清末官准南海子招佃垦荒，将凉水河两岸一部分荒地以号排序，因此留下以“号”为名的地名。

“下十号”位于新凤河南岸。地处以“号”排序的最南端，按北上南下的习惯，被称为“下十号”。其南与瑞合庄毗邻；东与千顷堂接壤；村西为一条通南北的公路。被拆迁前，属瀛海镇一个行政村。

小德张像

“下十号”是清光绪二十八年（1902 年）官准南海子招佃垦荒时，大太监小德张在南海子置办的庄园。曾定名“大祥庄”，但没被叫开，人们仍习惯称之“下十号”。

小德张（1876—1957）生在天津静海县一贫寒之家。12 岁那年，随母到一有钱的姑母家拜年，只因摸了一下姑母家的大车，受到了表兄的呵斥，嘲笑他家这辈子也买不起这样的一辆大车。小德张一怒之下跑回家，用镰刀自宫。三年后进宫当了一名小太监。因他长得眉清目秀，被选中在宫廷戏班学唱武生，他聪明好学演技好，深受酷爱京戏的慈禧太后的赏识。光绪二十八年（1902 年）随慈禧太后西逃回銮后，被升任御膳房掌案三品顶戴要职。慈禧太后在临终前，向隆裕太后懿旨举荐小德张接任李莲英为总管太监。

升任总管太监后，小德张拼命地敛财。虽仅任总管三年，所敛之财比当了四十年总管太监的李莲英还多。史料记载，小德张于 1913 年辞去总管太监后，在天津置有洋楼 12 座；在北京置有“永庆号”和“永存号”当铺二座；在老家静海置地 17 顷；在南苑（南海子）置地 20 顷，其中就有下十号。

据当地老人说，小德张所占“下十号”，其地呈东西条形状，东至十二号，西至海晏庄西，并在庄园内建有砖坯结构房屋近百间。分为三个院落。其中南房北房各十间，北房为明五暗十为库房。东西厢房各五间，西厢房长工居住，东厢房存放草料。并在庄园四周圈建起长宽各约 200 米；高约 2 米的土围墙。

因小德张与瑞合庄的唐二先生沾亲，就将下十号交由唐二先生管理，后来又让侄子张书玉顶替唐二先生管起庄园。因此，唐、张二人的一些亲戚都相继投奔到这里来租地打活，最兴盛的时候，这里所雇用的长工、短工近百人。下十号逐渐形成了海子里的一个自然村落。

到 20 世纪 30 年代中，下十号被小德张的败家继子张彬如变卖，被瑞合庄杨庆堂（杨瑞宣）从中渔利近五百亩地，成为瑞合庄有名的大地主。小德张侄子张书玉得了一部分土地。

走访下十号庄村民陈发启、刘国栋等

最先到下十号落户的是河北肃宁玉皇庙村的陈宪庭（后人陈庆龙）。之后又来了肃宁青山村的田贺年、田浩年、田永年兄弟。陈记和田记把家的土房建在了小德张庄园院落的西侧。后来，相继又有刘、齐、耿、张、赵、房、郑、解、杨、李、刘等姓氏人家在下十号庄园里落了户。到21世纪初，下十号已发展到过百户，三百余口人。

下十号1946年属河北省大兴县四海庄乡。1948年先后属北平市23区，14区，11区。1952年属北京市南苑区瑞合乡，为乡政府驻地。1956年属红星集体农庄太和乡。1958年属大兴县红星人民公社太和大队。1984年属太和乡。2000年属大兴区瀛海镇。2012年因北京经济开发区征用被拆迁。村民被移居至南海子公园东南侧新建起的“南海家园”社区。

（根据陈发启、刘国栋口述整理）

2. 大粮台（俊德庄）

“大粮台”是大兴区亦庄镇原辖管的一个比较大的自然村，已于 2002 年因北京经济开发区征地拆迁。村民搬至距原村址西侧不远的“天宝家园”小区。在旧村址上，已新建起了格林小镇生活区。

查阅史料，“粮台”是清代专门负责军粮的重要机构。设有“文案所、内银钱所、外银钱所、军械所、火嚣所、侦探所、发审所、采编所”共八所。在南海子所设的“粮台”位于凉水河东岸，与西岸的鹿圈村隔河相望，属神机营军需处。因东北侧里许另设有一处管理机构用房，所以被当地分别相对而称为“大粮台”和“小粮台”。清光绪二十六年（1900 年）“庚子国变”后，随神机营而撤销，遗址也随之荒废。

清光绪二十八年（1902 年），官准南海子（南苑）招佃垦荒，引来“内务府官员”“上层太监”和“绅商富豪”等权贵，纷纷到这里置地办私家庄园。其中“粮台”遗址及周边土地即被大太监李三顺看中，在此建起了一座在南海子里首屈一指的硕大庄园。

李三顺原本是慈禧太后身边的一个小太监，因为由他引起的一场轰动朝堂的“庚辰午门案”，使他因祸得宠，成了慈禧太后最宠爱的太监之一。

事件发生在清光绪六年（1880 年）的中秋节，慈禧太后命时年 15 岁的李三顺带另外两个小太监，出宫前往位于太平湖畔的醇王府给胞妹（光绪生母）送几盒糖饽饽（月饼）。按清律，太监出宫只准许走旁门。可人送外号“李三嘎子”的李三顺，仗着慈禧太后之势，非要硬闯午门。结果遭到午门护卫的坚决阻拦。双方发生了激烈的争执。在争执中碰翻了食盒。李三顺见罢就哭着跑回宫，来了个恶人先告状。慈禧太后盛怒，非要将午门两名护卫处死，引起朝堂上下一片哗然。此事惊动了时任翰林院左庶子的张之洞和右庶子的陈宝琛，二人联名上疏争谏。慈禧太后自知理亏，只好改判两位门军流放边疆。为了表示公允，也判了李三顺杖责之罚。从此，李三顺更受慈禧太后另眼相看，成为慈禧身边的心腹太监。

清光绪二十八年（1902 年），官准南海子（南苑）招佃垦荒，这时的李三顺已近不惑之年。为了给自己留后路，即用多年收敛的大量钱财，在南海子凉水河东岸置办上百顷良田，并在大粮台遗址上建起了硕大庄园，定名“俊德庄”。又在小粮台遗址上建起了“俊德堂”。

据大粮台村老人回忆，俊德庄占地 170 亩，庄园四周建有高一丈，长约 3 里长的土围墙。辟有南北两座庄园大门，围墙四角建有岗楼，墙外还挖有护庄壕沟。李家宅院建在庄园的西北隅，建有三进院落磨砖对缝瓦房 114 间，约占整座庄园的四分之一。为了储存粮食，还建有一座七间高大的铅板楼，被风水先生称为“龙头”。在庄园中间偏东位置，挖有一个约 30 米见方的蓄水池，被风水先生称为“龙腹”。水池向西修有通往庄园墙外的泄水沟，水沟通往庄外的凉水河，被风水先生称为“龙尾”。在庄园的东北侧，是一块场院，在庄园的东南侧和西南侧是两块菜园。庄园内打有一大两小三眼水井，大井供庄园饮水，小井用于浇菜。此外，庄园内还设有磨房、碾房及牲口棚、大车棚、更房、长工屋等。

慈禧太后病死后，李三顺来到俊德庄颐养天年，住在道西的一所大四合套小四合的宅院里。每个四合院都建有一座高大门楼。推开大门，迎面是正房，两侧分别是东、西厢房。李三顺和他的三太太就住在这所宅院里。民国六年（1917 年）李三顺病死在这里。

笔者小时候曾听本村当时为李三顺丧事搭棚的苏永和老棚匠说过：李三嘎子的丧事足足办了六十三天，在俊德庄办了二十一天，在北京城里办了二十一天，在北郊坟地又办了二十一天。整个庄子都要见白（带孝），连他们这些棚匠、厨子、吹鼓手等也都发了孝带子。棺材用的是金丝楠木，桃红浆的里子，铺蓝绸子底子。出殡的时候更是“盛况”空前，灵柩是六十四人抬的龙头凤尾杠。前面有殡仪队、开路鬼、纸人纸马、松狮松亭等接连不断。后边有和尚、老道、哭丧队吹吹打打、哭哭啼啼。俊德庄这边灵柩还没起动，最前边的仪仗已经到五里开外的小红门了。

李三顺死后，财产由他的养子李洪年（李三秃）继承。李三秃为富不仁，是当地有名的恶霸地主。俊德庄曾发生过李三秃无故枪杀拾麦穗贫民吕四妹的命案。事后李家买通官府，最后，法官竟以“试”枪误杀定案，判李家赔给受害者家一些银圆了事。可见当时俊德庄势力非同一般。

到俊德庄应招为佃的，大都是来自河北南皮、涿州、清河等地区的贫苦农民，相继在这里落了户。据当地老人回忆，最先来此落户的有：刘俊宝（后人刘恩、刘慧、刘忠）、李凤祥（后人李文生、李文明、李文禄）、赵庆山、赵洪臣、赵洪祥、肖清顺（后人肖进财、肖金贵、肖文海）、徐珍（后人徐凤友、徐凤才、徐凤来、徐凤英）、王振山（后人王慧金、王慧民、王慧恩）、张富（后人张连祥、张连文、张连海）、张永泉（后人张德禄）、王国良（后人王德祥）、王文正（继子王德明）、王有义（后人王凤明）、李景生（后人李振江、李振荣）、李景文（继女李振英）、王子明（继子王顺义）、周子明、桑俊亭（后人桑玉柱、桑玉良）、安洪臣（后人安书静、安书友、安书礼、安书兰）、安洪奎（后人安书恩、安书昆）、杨宝山（后人杨祥林、杨森林、杨树林）、陈永祥（养子陈景波）、周广永（后人周朝聘）、刘朝弼（后人刘守柱、刘守财、刘守华、刘守明）、赵春成（后人赵玉海、赵玉江）、张玉荣（后人张宝志）、后殿轩（后人后俊海）、张正仓（后人张凤来、张凤起）、杨广亮（后人杨万林、杨万山、杨万水）、孙宝元（后人孙忠利、孙忠福、孙忠华）、孙宝祥（后人孙忠来、孙忠卫、孙忠文）、周邦祥（后人周振生、周振海）、白树山（后人白瑞尧、白瑞祥、白瑞文、白瑞友、白瑞生）、宋继华（后人宋福全）、庞启富（后人庞广德、庞广恒、庞广树）等。

走访大粮台村民桑玉柱、杜国利

到20世纪40年代初，李家逐渐开始衰落，陆续将地亩财产转卖他人。李家大院先是落到俊德庄管家，人称“邓扒皮”之手，解放后被人民政府没收，成了大粮台小学校址。小学迁出后，这里成为村委会办公的地方。直到 20 世纪 70 年代才被拆除。

新中国成立前，大粮台村的人口显著增多，已发展成海子里地区较大的自然村落。到 21 世纪初，已发展到三百余户，超千口人。

俊德庄清属顺天府大兴县；1928 年属河北省大兴县；1946 年恢复大粮台名；1948 年先后属北平市 23 区、14 区、11 区；1956 年属北京市南苑区鹿圈乡；1958 年属大兴县红星公社天恩大队；1962 年改属亦庄大队；1984 年属亦庄乡；2000 年属亦庄镇，直到拆迁前。

（部分内容根据桑玉柱、杜国利口述整理）

3. 小粮台（俊德堂）

“小粮台”与“大粮台”是相对而称，原本是清代精锐部队神机营的军粮机构。“小粮台”只是“大粮台”“军械所”等八所中的其中一所。清末官准南海子（南苑）招佃垦荒后，被大太监李三顺占有“大粮台”时，同时占有并建起了“俊德堂”，实际上是整个庄园上百顷地亩的庄外管理用房。新中国成立后，“大粮台”（俊德庄）和“小粮台”（俊德堂）在体制性质上发生了很大变化。“大粮台”成为一个集体所有制的农村行政村。而“小粮台”成了国营南郊农场的下属全民所有制单位。但在日伪时期，“小粮台”曾被日本侵略者占用，并在此成立了“河野洋行”，这可能就鲜为人知了。

“七七事变”后北京沦陷，日本人为了掠夺中国的农业资源，在北京建起了“华北棉产改进会”，并在南海子成立了“南苑棉场”，推介种植“斯字”棉。李三顺的远房侄子李洪年（李三秃）为了讨好日本人，就将“俊德堂”（小粮台）的土地转给了日本的河野洋行。“河野洋行”以经商为名，种植和收购本地区所产棉花运往日本。

据当地两位耄耋老人李振兴、李文库回忆，“河野洋行”占地约四百亩，大部分都种的棉花。有骡马大牲口近二十匹；建有各种用房三四十间，其中有一座专存棉花的大库房。“洋行”由一个叫木村的日本人料理。聘用海子外一个叫陈三的当管家。当时的木村四十岁上下，长得是典型的五短身材。每到收棉花季节，他就来到棉花地旁，板着面孔看着附近百姓为洋行摘棉花。管家陈三显得比木村还神气，骑着高头大马围着棉花地转悠，生怕有人把棉花偷回家。这个陈三，为了向木村献殷勤，还把自己姘头的闺女给木村做了外室夫人，还为木村生了个男孩儿，当地人都戏称之为“小日本儿”。

走访当地村民李文库、李振兴

1945年日本战败，木村在小粮台已如惊弓之鸟，惶惶不可终日。一天夜里，洋行里的十八匹马竟神不知鬼不觉地从马棚里失踪（当地百姓传说是八路军武工队干的）。木村更感到事情不妙，竟撇下眷属，自己逃之夭夭回日本去了。

海子外各村成百上千的穷苦百姓，也不知从哪得来的口信，都不约而同地奔向小粮台，对“河野洋行”进行了哄抢。开始是抢明面上的东西，大到马车碌碡，小到叉耙扫帚，接着就开始扒房扛檩，拆砖揭瓦。不到两天功夫，“河野洋行”就被抢得片瓦无存。在当地被称为“抢小粮台”。至今，亦庄地区八十岁以上的老人对此仍记忆犹新。

新中国成立前，小粮台土地被收为官地。新中国成立初的1950年，在此组建成立了“天恩庄农场”。1954年归属南郊农场。1957年属南郊农场二分场三队（蔬菜队）。1958年3月，南郊农场决定对二分场适度扩大，将海子里时属鹿圈乡广德庄所辖管的双桥门、北辛庄、南辛庄和牛、闫场四个小自然村庄，连人带地划入南郊农场。农村户口转为居民户口，农民转为农场工人。其中的南辛庄即划入了二分场的三队，改称“小粮台生产队”。1972年，南郊农场将国营企业分为“工业分场”和“畜牧分场”，小粮台属畜牧分场，直到20世纪末被北京经济开发区征用而解体。如今，在小粮台旧址上建起了开发区管委会的“博达大厦”，成为亦庄新城的核心地区。

（部分内容根据李振兴、李文库口述整理）

4. 东广德庄

在南海子里，有两个广德庄，即东广德庄和西广德庄。西广德庄位于南海子西部的五福堂东侧，属旧宫镇管辖。东广德庄位于南海子东部，亦庄镇政府南侧，属亦庄镇辖管。相关史料记载，两个广德庄均是清末官准南海子招佃垦荒时，清宫总管太监李莲英置办的庄园。李死后，即被家人转卖给了他人。然而，东广德庄庄园主的后人邢文敏、邢为民却不认同这一说法。他们说，东广德庄的确与一位宫里太监有关。但并不是李莲英，而是慈禧身旁的另一位大太监李三顺。可能是后人把李三顺误传成了李莲英。

东广德村是由广德庄、仁义堂、宏仁堂、西营子、东营子、王槐庄和亦庄七个小庄子而形成的行政村，而广德庄是七个庄子中较大的一个。

庄子的主人是邢长贵（后人邢树先、邢继先）、邢长儒（后人邢孝先）、邢长玉（后人邢少先）三兄弟，祖籍河北省南皮县莲花池乡冯庄村。据邢家后人说，在清朝末年，老大邢长贵十八九岁时，扛着一条扁担来北京闯荡。由于学过面案手艺，做得一手好面点。因此，很快就在北京落住了脚，成为京城一家大饭庄的面案师傅。后来，因与清廷名臣张之洞同是河北南皮老乡，就托其关系，进入宫里御膳房专做面点。由于手艺精，人缘好，善交往，结识了慈禧身边的大太监李三顺，这为以后开办广德庄留下了契机。

光绪二十八年，官准南海子招佃垦荒，大太监李三顺嗅出南海子是块肥肉，即在凉水河东岸大粮台置地上百顷，建起了硕大的“俊德庄”庄园。

大清帝国垮台后，邢长贵所在的御膳房也走到了尽头。走投无路的他想起了已在南海子“俊德庄”颐养天年的李三顺，即来到了俊德庄求助。财大气粗的李三顺就将俊德堂北侧的一百亩上好土地租给了邢长贵。邢感到身单力薄，就从南皮县老家叫来了邢长儒和邢长玉两个弟弟一起干。为了与李家把关系搞得更近乎，邢长贵和李三顺的继子李延年拜了把兄弟。

经过兄弟三人吃苦耐劳的苦心经营，再加上李家的照顾，没几年的时间，就把这一百亩地盘了过来。即在此建起了一座庄子，定名广德庄。据邢家后人描述，广德庄东、西长约 120 米；南北约 150 米；占地约三十亩。庄子房屋为青砖蓝瓦砖木结构，正房三间，东、西厢房各五间。东南角为院门，西南侧是碾房。整个庄园圈有二米高土围墙，庄子大门朝南。土墙外挖有壕沟，被称为“营沟子”。

兄弟三人越干越起劲儿，就这样先租后买，最后竟从李家盘下了土地一千三百八十亩，成为南海子里的又一个大地主。

老家的穷亲戚、穷乡亲听说邢氏三兄弟在北京发了家，纷纷来到广德庄投靠，成为邢家的佃户。其中有邢文禄（后人邢长海、邢长山、邢长水、邢长深）、邢长生（后人邢立春）、邢立德（后人邢宝忠）、何学官（后人何全胜、何长江）、何学安（后人何国印）、何振明（后人何国营、何国增）、何振兴（后人何国利、何国强、何国发）、冯立达（后人冯树森、冯树荣）、冯焕然（后人冯桂兰）、于会和（后人于庆顺）、于会深（后人于庆祥、于庆生、于庆山、于庆华）、李庆林（后人李培华）、李庆茂（后人李培军、李培明、李培东）、李庆深（后人李树武）、杜学礼（后人杜铁柱、杜铁梁、杜铁刚）、杨丙全（后人杨连甫、杨连印）等户。还有卖猪肉的河北文安人曹森林和教书的宋先生（后人宋瑞安、宋瑞良、宋瑞祥）及园头张书贵（后人张仲奎、张仲元、张仲生、张仲义）等近二十户。形成了后来的广德庄村。

后来，邢氏三兄弟分了家，老大邢长贵、老二邢长儒占广德庄，老三邢长玉在广德庄西侧又建起一座庄子，定名“仁义堂”。从此，当地人分别称邢氏三兄弟为“邢头号”“邢二号”和“邢三号”。哥儿三个比着发家致富，又分别在京城各置办了一座四合院。

邢家后人人丁兴旺，邢头号之后邢树先（后人邢文甫、邢文博、邢文渊、邢文全）；邢继先（后人邢文清、邢文志、邢文刚、邢文饶）。邢二号之后邢孝先（后人邢文涛、邢文吉）。邢三号之后邢少先（后人邢文谨、邢文敏、邢文浩、邢文秋、邢文群、邢文虎），仍为广德庄较大家族。

西营子，位于广德庄的东侧，原本是一座清代神机营（番号“奕字营”）的部队营盘旧址，因处于两座营盘占西，故被当地人称为“西营子”。西营子占地面积与广德庄基本相当，也筑有土围墙和挖有壕沟（营沟）。这里的住户要比广德庄多些，大部分祖籍都是河北南皮或大城县。据说最早来此定居的是董胜昆（后人董其和、董其顺、董其平、董其安）、董月昆（后人董其仁、董其义、董其礼、董其志、董其信）兄弟俩儿。后来又来了白瑞启、白瑞臣（后人白志华）一家。再后来，又陆续移来邢培玉（后人邢焕楼、邢焕兰）、邢焕军（后人邢小五）、李玉朋（后人李全有）、赵连仲（后人赵国栋）、唐东然（后人唐文增、唐武增、唐永增、唐胜增）、王文海（后人王国会、王国英）、李久希（后人李宝龄）、白宝田、白宝祥（后人白文甫、白玉甫）、白宝善（后人白相甫、白元甫、白贵甫）、白宝德（后人白双振）、李玉田（后人李树海）、李连会（后人李会龄）、杨德山（后人杨敬仁）、杨德龄（后人杨守礼、杨守志、杨守信、杨守栓）、杨德才、周义成（后人周如春、周迎生、周森林）、白瑞起（后人白长河、白长海、白长江、白长龙）、白瑞臣（后人白志会、白志华）、于德泉（后人于书明、于书贵）、王世瑶（后人王聚彦）、臧青连（后人臧洪禄）、蔺春儒（后人蔺志明等兄弟九人）等二十余户人家，也多来自河北南皮等县。

东营子，位于西营子东侧，也是清代一座神机营（番号“密字营”）部队营盘旧址。据当地老人说，东营子仅住有刘忠俊（后人刘尚武、刘尚义、刘尚勤）和王德才（后人王少元）、马德奎（后人马长江、马长海）几户人家。1957年，南郊农场在东营子以北组建了“二分场”，占东营子建起了农场职工家属宿舍，马家等户迁到了西营子。后来，又建起了东营子小学校。

仁义堂，位于广德庄的西北侧，是邢氏三兄弟分家后，由邢三号邢长玉建起的庄子。据邢长玉的后人邢文敏说，当时的仁义堂，仅是用土坯垒起的四合院。整个庄子也建有土围墙和挖有壕沟。因东侧是“广德庄”，便相应称之“仁义堂”。

据当地老人说，祖籍山东菏泽的李文秀（后人李学亮、李学全、李学柱、李学民）是最先随父来仁义堂扛活的。随之而来的是河北大城的邵金声、邵金荣和邵金山（后人邵全喜、邵全福）三兄弟。接着，陈永明（后人陈广庆）、郭先生（后人郭宝奇、郭宝信）、徐凤启（后人徐瑞华、徐瑞增、徐瑞林）、李新（后人李印清、李印亭）、吕春志（后人吕书祥）、杨长江（后人杨全省、杨贵军、杨贵武）、孙国栋（后人孙青山）、王书堂（后人王德宾、王德福、王德才、王德俊）、何云清（后人何文营、何文喜、何文成、何文海）、何银全（后人何振生、何振水）、陈继武（后人陈国基、陈培基）、臧金海（后人臧振东、臧振平）、臧金成（后人臧振生、臧振国）、臧金明（后人臧振安）、臧金林（后人臧振龙、臧振虎）、李殿甲（后人李永庆、李永昌、李永波、李永信）、刘春义（后人刘来顺）、杨凤启（后人杨大和）、郭品荣（后人郭建、郭庆）、杜金才（后人杜贵荣）等姓氏人家相继到此落户安家，解放初，杜家迁往大粮台村，将房基转让给了其表亲程明生（后人程留锁、程留全、程留群、程留江），逐渐形成仁义堂村。

宏仁堂，位于仁义堂西北侧，是个不大的小庄子。庄子主人刘宏斌是个京城商人，取自己名字中的“宏”字和儒家五常的“仁”字，定堂号“宏仁堂”。不过，刘宏斌也并不常到宏仁堂，将庄子交给一刘姓本家刘克勤（后人刘书朝、刘书元、刘书田）管理。后来又迁入了宗俊锋（后人宗福、宗寿林）宗姓人家。解放后，宏仁堂房产被没收，其中一部分用做广德小学和供销社的用房。

亦庄，位于宏仁堂东侧，也是个不大的小庄子。庄子主人姓祁，也是个不常到庄子来的京城商人。聘用了仁义堂的何银全为园头来代管庄子地亩。因这里曾建有“奕字营”的统领房，初定庄名“奕字庄”。后来逐渐被人们简而化之，成了现在的“亦庄”。后来划归了南郊农场二分场，成了职工家属宿舍。听曾在此住过的老人说，当时这里还有当年存粮食的库房，并有一座二层的用于瞭望的碉楼。庄子外边是壕沟，夏季积满水，成了蛤蟆坑。

王槐庄，位于亦庄的东北侧约里许，仅住有王德禄一户人家，是其祖辈于清末民初来这里投亲建起的庄子。因家门前植有一棵大槐树，故得名“王槐庄”。

就这样，新中国成立后，将广德庄、东、西营子、仁义堂、宏仁堂、亦庄和王槐庄共七个小庄子融合成了东广德一个行政村。

令人想不到的是，七个小庄子很不起眼的“亦庄”，因其位置紧靠一条旧宫至双桥门的砂砾公路（即现在大致的亦庄北环西路），又处在大粮台、东、西营子、广德庄、仁义堂、娘娘庙、富源庄、董家场的中心地带，交通和地理位置显得十分优越。因此，

走访东广德庄村民邢文敏、邢为民、何国利

新中国成立后，当地政府就将小学校、粮店、煤场和供销合作社都设在了这里。这使亦庄的名声陡升。正因为此，后来才有了“亦庄牛场”“亦庄大队”“亦庄乡”“亦庄镇”“亦庄开发区”“亦庄新城”等一系列响亮的名称。

东广德庄村，清属顺天府大兴县。1928 年属河北省大兴县。1946 年属河北省大兴县鹿圈乡。1949 年后先后属北平市 23 区、14 区、11 区。1952 年属北京市南苑区。1956 年属南苑区鹿圈乡。1958 年属大兴县红星公社天恩大队。1962 年改属亦庄大队。1984 年属亦庄乡。2000 年属亦庄镇。于 21 世纪初被北京经济开发区征用，村民搬进了新建起的广德苑小区。在原广德庄旧址上建起了“境界”小区；在“西营子”旧址上建起了“中央公馆”小区；在“东营子”旧址上建起了“一栋洋房”小区；在“仁义堂”旧址上建起了“广德苑”小区；在“宏仁堂”和“亦庄”旧址上建起了“贵园东里”小区；在“王槐庄”旧址上建起了“小独栋”小区。原来的那些庄子，连点影子都没有了。

（部分内容根据邢文敏、邢为民、徐瑞增、何国利口述整理）

5. 二号村

大兴区亦庄镇原有一个“二号村”，与“头号村”一个在河北岸，一个在河南岸，隔河相望。别小看这个“二号村”，在未被开发区征用前，可是北京南郊有名的水果之乡。当时，全村有果园 450 亩（其中苹果 350 亩，梨 100 亩），年产水果 35 万余斤，供应北京市场。

“二号村”本是一个老公庄子。清末官准南海子（南苑）招佃垦荒时，掌管光绪皇帝库银钥匙的大太监孙崇合与另一位鲁姓太监一起购得龙票来此置办庄园，遂成村落。当初起名“定丰庄”，但始终没有被叫开，人们仍习惯称之“二号”。甚至这里七八十岁的老人都不知道这里还曾叫过“定丰庄”。

听当地民俗专家杜宪庭先生讲过，这位孙老公当时利用在光绪身边重要职务之便，没少敛财。从宫里出来后，除了在“二号”置地近 700 亩外，还在固安县买地 700 亩和一座戏楼。并在京城置办有 24 处房产。为了虑后，就在老家的侄子辈里过继了三个孙子，这就是后来“二号村”的孙景瑞、孙景荣、孙景昌“景”字辈的三位老人。

1940 年，孙崇合去世，三位过继来的孙子每人卖了一顷地用以发丧孙老公。据当地老人说，孙老公的丧事办得极其奢华排场。不但在京城兴隆寺内停灵四十九天，每天做道场诵经外，还在“二号”庄园里，每天摆“三八席”（即八盘、八碟、八碗）来招待宾客。不管身份高低贵贱，只要随 5 毛钱份子，就可以领一身孝袍坐席用餐。

孙老公用的是金丝楠木四五六放样的大棺材，埋葬在了河北省平山县他生前找风水先生选定的坟地。20 世纪 60 年代，由于当地平整土地，因孙老公的坟碍事，才由“二号村”的孙家人将坟迁至“二号村”重新下葬。有人看到，虽已埋葬二十多年，可孙老公的棺木仍完好如初，连颜色都没有改变。孙老公生前曾娶了一位宫女为妻，他死后，这个女人一直守在城里一处大宅院里直到病故。孙家人把她的尸骨接到了“二号村”与孙老公并了骨。

走访二号庄村民鲁全发

与孙老公一起来“二号”开庄子的鲁老公叫鲁永安，是河北献县鲁庄人。据说是李莲英的徒弟，也梳得一手好头，深得慈禧太后喜欢。官准南海子招佃垦荒后，与孙老公一同来到“二号”置办庄园。在孙老公宅院的南侧，建起了一座三进的深宅大院。听当地老人说，鲁家宅院又高又大，与附近庄房子比，非常的显眼。为了冬暖夏凉，把房墙砌的有近一米厚，外窗台上都能躺个人。为了虑后，就从老家过继来一个时年 7 岁的侄子为继子，将来好为他养老送终并继承家产。这就是“二号村”的鲁厚林。后来的鲁全友、鲁全发、鲁全弟等，他们都是鲁老公侄辈的后人。

“二号村”清属顺天府大兴县。1946 年属河北省大兴县鹿圈乡。1948 年先后属北平市 23 区、14 区、11 区。1952 年属北京市南苑区西五号乡。1958 年属大兴县红星公社天恩大队。1962 年属鹿圈大队。1984 年属鹿圈乡。2000 年属亦庄镇。于 21 世纪初被北京经济开发区征用拆迁。村民被移居到亦庄贵园南里小区，过上了城镇化的生活。在原村址上，建起了一座污水处理厂，这里成了环境优美的滨河公园。

（根据鲁全发、李汝珍、袁培武口述整理）

6. 隆盛场

现在的年轻人肯定不知道，在 20 世纪六七十年代，地处南郊红星公社的隆盛场村可是北京郊区家喻户晓的农村大队。1963 年，隆盛场村在党支部书记郭凤兰的带领下，率先实行“将农活包到组、到人、评工记分，对超产者奖励”的农业生产责任制。收到了非常显著的效果。当时的北京市委对隆盛场的“生产责任制”表示充分肯定，并被树为先进典型，号召全市农村学习隆盛场的先进经验。隆盛场成为当时北京郊区的一面旗帜，并被评为了全国农村十二面红旗之一。

然而，到了“文革”时期，隆盛场的“生产责任制”却被定为“修正主义”进行批判，郭凤兰也遭到了批斗。当时有个非常有名的单弦联唱《铁打的骨头，举红旗的人》里的道白中，就有走资派“在一个生产队搞了一套黑经验”，而这个生产队指的就是隆盛场。

1978 年 12 月 5 日，大兴县委做出《关于为隆盛场经营管理经验平反的通知》，彻底否定了“文革”中的错误做法，并给隆盛场村原党支部书记郭凤兰恢复了名誉。

隆盛场村位于亦庄镇东部，在南海子东海墙毕家湾角门内西二里许。原本是南海子的海户地，是“千户李记”的场院。形成村落后，因村内有一条自西北流向东南酷似龙形的河，以“龙”谐音“隆”，取“兴隆昌盛”之意，取名“隆盛场”。据村里人说，河的两岸风水好，凡在河两岸建宅的都日子好过。因此，隆盛场的大户人家都把宅院建在了河的岸边。后来，又将村北的“合家场”与村南的“小地儿”两个小庄子也并入了隆盛场。

1924 年，冯玉祥发动“北京政变”，将末代皇帝溥仪赶出了紫禁城。同时，宫里最后一批太监也遭遣散。有李老公（继子李锦华）、张老公、闫老公（继子闫永先）、郭老公（继子郭殿荣）、金老公（继子金洪儒）、孙老公（继子孙凤岐）六位太监来到了隆盛场。别看他们都是太监，个个都娶有媳妇。他们分别在隆盛置地约四十亩，大都从老家侄儿辈中过继了儿子，在隆盛场落脚并颐养天年。

走访隆盛场村民李怀斌

后来，随着时代的更迭、变迁，隆盛场及周边的大部分土地都集中到侯姓（侯德山）、樊姓（樊志忠、樊志和、樊志善）、李姓（李万青）、孟姓（孟召义）、张姓（张恩波）、王姓（王兆明）、高姓（高凤山）、杨姓（杨克全）等大户人家手中。

一些从河北来的穷人相继来到隆盛场给大户人家扛活为生，后来也都落户到了隆盛场。其中有丙茂修（后人丙振清）、刘森（刘熙静）、刘东（后人刘熙忠）、刘向（后人刘熙祥）、刘雪（后人刘熙纯）、朱广明（后人朱德山）、朱广清（后人朱德刚）、郭宝之（后人郭贵菊）、郭宝连（后人郭金栋）、郭宝泰（后人郭金恒）、赵庭书（后人赵国秀）等。

值得一提的是，隆盛场村曾居住一位教私塾的邢先生。因附近十里八村都有他的学生，所以在村里很有名望。于20世纪40年代末，处理了在隆盛场村的家产，举家搬进了北京城里。1968年，邢先生的女儿高中毕业，正赶上"知识青年上山下乡"，他就将女儿送到了隆盛场插队务农。小邢在劳动之余，经常给社员读报纸念宣传稿。她那清脆的嗓音和带有磁性般的音质，很快就被鹿圈大队（后来的鹿圈乡）广播站看中，即被调走当上了专职广播员。不久，又被上一级的红星公社广播站发现，再次被调走成为公社的专职广播员。在一次中央电视台到红星公社录制专题节目时，无意中被中央电视台的工作人员发现，认为小邢是一位非常难得的播音人才。就这样，她很快被中央电视台调走，成为《新闻联播》的一名主播。这位曾在隆盛场插队多年的邢先生女儿，就是在中央电视台《新闻联播》中主播三十多年的金牌播音员邢质斌。

隆盛场清属顺天府大兴县。1928 年属河北省大兴县。1946 年属河北省大兴县鹿圈乡。1948 年先后属北平市 23 区、14 区、11 区。1952 年属北京市南苑区西五号乡。1958 年属大兴县红星公社天恩大队，1962 年改属鹿圈大队，1984 年属鹿圈乡。2000 年属亦庄镇。于 21 世纪初被北京经济开发区征用，在原村址上建起了隆盛工业园。村民被移居到亦庄贵园南里小区，过上了城镇化的新生活。

（部分内容根据李怀斌口述整理）

7. 天恩庄

天恩庄正处在南海子东部地区的中心位置。早在 1950 年，在这里就建起了国营天恩庄农场。还曾作为红星公社下属的一级管理机构，辖管过现在亦庄镇的大部分地区。1958 年，红星公社所设瀛海、旧宫、金星、太和、德茂等十个大队（相当于后来的乡）中，就有“天恩大队”。1959 年，又合并为六个大队，仍有“天恩大队”。当时这里就设有机耕队、大车队和园田队等专业生产单位。直到 1962 年，才将“天恩大队”拆分为“鹿圈”和“亦庄”两个大队。从此，天恩庄退出了作为“大队”一级的管理建制。

天恩庄位于亦庄镇的中部，西北约 2 里是大粮台，东南约 3 里是隆盛场，西南界凉水河。新中国成立前，全村有耕地 50 余顷，是个地广人少的富裕村庄。

天恩庄原本也是个“老公庄子”。清末官准南海子（南苑）招佃垦荒，宫里一位姓盛的太监，购买了“龙票”在此建起了庄园，称“盛庄子”。民国时期又转手倒卖给了河北省河间府泥洞村暴发户富豪王庄怀、王庆怀和王英怀三兄弟，并将“盛庄子”更名为“天恩庄”。他们从老家河北的河间和肃宁一带雇来老乡为其种地，遂成村落。那时，南海子里土匪横行，“富不聊生”。“天恩庄”庄主为防土匪打劫，一是“高筑墙”，把庄子的土圈墙建得又厚又高，并在四角设有岗楼，每天有庄丁站岗放哨。二是“不宿庄”，就是庄园的主人一般不在庄子里过夜，而是住在城里，由专门雇用的管家掌管庄园。当时所雇管家是来自河北肃宁县的闫文斌。三是“置备好枪”，就是准备一定数量的枪支弹药，防备土匪抢劫。

有一天，庄园主王庄怀因故没走，留宿在庄子里。为了安全起见，特意让管家闫文斌陪他住在一起，并把防身的枪里压上子弹。谁料想，庄子里有内线早已通风报信给了土匪。半夜，土匪真的来了，目标当然是要绑庄子的主人王庄怀。

管家闫文斌为了庄主的安全，一直没敢合眼。到了半夜，突然发现房上已经有人“压顶了”（行话，即房顶上站上了人）。他赶紧叫醒庄园主，端枪躲闪在墙旮旯里。这时，从房上跳下一个土匪，正要走到窗根儿时，被王庄怀“砰”的一枪打中倒地。这时，又从房上跳下两名土匪，王庄怀又一连开了两枪，感觉又打中了一名土匪。闫文斌知道，庄园主枪里的子弹已经打完。他清楚家里的子弹就藏在屋子八仙桌子底下的坛子里，就猫着腰往八仙桌旁移动。突然，窗外一声枪响，正打中了闫文斌。这时，听外边有人喊“放水”（土匪黑话“撤退”），土匪们就跑得无影无踪了。

王庄怀赶紧喊来庄丁，把闫文斌抬上一块门板，急速跑向小红门去就医。结果，只跑到半道儿，闫文斌就断了气。据闫文斌嫡孙闫宝成对笔者讲，王家厚葬了闫文斌，并赔了不少钱，棺材用的是杉木十三圆的木料，送回了肃宁老家安葬。

过去，天恩庄里仅建有庄园主王氏庄怀、庆怀、英怀三兄弟的房产，佃户们都住在天恩庄四周，后来形成了几个小庄子。其中天恩庄西侧有个“来顺庄”，住有闫文斌（后人闫恩波）、赵凤如（后人赵大春）、王玉山（后人王力普）、李金元（后人李贵宗）、乔文会（后人乔清杰）、张如（后人张启元）、于光显（后人于宝仓）、吴树春（后人吴思年）等十来户人家。庄子北约一里还有个“六合庄”，住有张宗正（后人张大福）、张宗礼（后人张大龙）、张宗厚（后人张帅）、张宗凤（后人张铁柱）、张廷海（后人张连荣、张连华）、都福德（后人都玉山）、孙大夫（后人孙宝）等人家。天恩庄的东侧还有个“三义庄”，仅住有赵氏三兄弟，只知道赵老大的后人赵振华，赵老二的后人赵振江，赵老三的后人赵振波。再往北点还有个“四合庄”，后人早已搬到了天恩庄而没有了人家。在“三义庄”的东边还有一个仅有三

走访天恩庄村民闫宝成夫妇

户人家的小庄子，也没有正式的名字，被当地人戏称为“三大店”。这些小庄子都是初始在地头搭窝棚，后又打小板土墙盖起简陋土房。新中国成立后，都拆小并大到了天恩庄。

天恩庄清属顺天府大兴县。1928 年隶河北省大兴县。1946 年属河北省大兴县鹿圈乡。1948 年先后隶北平市 23 区、14 区、11 区。1952 年属北京市南苑区鹿圈乡。1958 年属大兴县红星公社天恩大队。1962 年改属鹿圈大队。1984 年属鹿圈乡。2000 年属亦庄镇。于 21 世纪初被北京经济开发区征用拆迁。村民被移居到亦庄新城西环北路西侧的贵园南里小区。在原庄址上，建起了合资企业“中芯国际”。

（部分内容根据闫宝成口述整理）

8. 常庄子

亦庄镇原有个行政村常庄子，位于镇域中部，其南临凉水河；往东二里许为隆盛场；往西北二里许为天恩庄。

常庄子村原是由“崔庄子”“付庄子”和“常庄子”三个老公（太监）庄子组成的行政村。

清光绪二十八年（1902 年），官准南海子招佃垦荒，清宫上层太监崔老公、付老公和常老公三位要好的太监，了解到南海子是块机会难得的“肥肉”。为了后虑，仨人合计用自己多年收敛的钱财，一同在南海子凉水河东岸置地建庄。分别建起了“崔庄子”“付庄子”和“常庄子”。三个庄子坐落呈三角形，崔庄子靠北，常庄子靠东南，付庄子靠西南，相互距离均约不足里许。

在三个庄子中，要数崔庄子最大，占地约 80 亩。其次是付庄子，占地约 30 亩。最小的是常庄子，占地仅约 20 亩。都各自建有青砖蓝瓦的四合院。据当地老人说，三个庄子当初都建有围墙，被称为“土围子”，围子外还挖有壕沟。20 世纪 50 年代初，土围子残墙尚存，上面长满了花椒树和酸枣棵子，是村里小孩秋后解馋的好地方。

三位太监，除崔老公是河北河间人，付老公和常老公都是河北冀县人，而崔老公的姥姥家也在冀县。因此，三位老公之间多少都能牵扯上点关系。这也是他们一起来南海子开庄子的缘由。后来，付老公从老家的七个兄弟中，每家各过继了一个儿子，七个继子都来到了付庄子，常老公也从侄子辈中过继了一子常玉文。崔老公死后，其房产卖给了老家亲戚金世春（后人金宝禄、金宝官、金宝军）。

后来落户崔庄子的村民，大部分都是从冀县投奔这里扛活的贫穷老乡。其中有宋姓宋凤文（后人宋瑞岚、宋福臣、宋福祥、宋瑞军、宋和平）、赵姓赵百山（后人赵福成、赵福来、赵福安、赵福兰、赵福琴)、张树荣(后人张连生、张德银、张秀莲)、马殿左(后人马世清、马世书、马世月、马世奎、马世学)、马殿右(后人马世荣)、李文华(后人李春田、李春耕、李春桥、李春海)、刘姓老哥仨(其中刘老大的后人刘春发;刘老二的后人刘孔军、刘祥军、刘文军、刘培军;刘老三的后人刘万均)等姓氏人家。

来付庄子扛活落户的村民仍以冀县人为主。有郭姓(后人郭振清)、张姓张文元、张智启(后人张耀和)、朱姓朱有旺(后人朱来福、朱来顺、朱来华、朱来国)、陈姓陈殿青(后人陈福来、陈福贵)等十来户人家。还有一位叫付金郎的佃农,孤身一人,他为付家扛活了一辈子。

常庄子规模最小,仅住有常姓和史姓两户人家。因常老公的继子常玉文后来把常庄子卖了搬到了北京城里。所以这里住的常振岩(后人常雨勤、常建勤、常锦勤)是新庄园主派的管事的。后来又搬来史姓(后人史万恒、史万祥、史万英、史万霞)一家。常玉文把庄子转卖给了河北大城县同是太监继子的常姓本家亲戚,这位常姓太监与另一位唐太监在南红门行宫的西北侧,共同置办了"同心庄"。后来买下常庄子后,因位于"同心庄"以东,又相对而称之为"东庄子"。不过,并没有被叫开,当地人仍称之"常庄子"。

民国二十八年(1939年),南海子里土匪横行。他们绑票、砸明火,几乎没有庄子未遭土匪掠劫。笔者曾走访一位原住崔庄子已98岁高龄的马老太太,她就亲身经历了叔公马殿右、丈夫马士杰、小叔马士书叔侄三人同被土匪绑走的事。爷仨被绑到海子外马驹桥东边的一个村边,被关进一个事先挖好的地窨子里。由于地窨子太小又不透气,差点把他们憋死。多亏家里及时交来了一头牛、一头猪和几袋粮食等赎资,父子三

走访常庄子百岁老人马老太太

人才得救。类似这样的事例，当时的海子里几乎天天发生。

新中国成立后的土改合作化时期，当地政府将常庄子与付庄子组成了一个合作社，称为常庄子社。崔庄子单独为一个社。1958 年，成立人民公社时，又将常庄子社与崔庄子社合并为常庄子生产队。当时，三个庄子数常庄子空地、闲房多，就将供销社、医务室以及大食堂设在了常庄子。所以合成的行政村就统称为常庄子，直到开发区征用拆迁。

常庄子村，清属顺天府大兴县。1928 年属河北省大兴县。1946 年属河北省大兴县鹿圈乡。1948 年先后属北平市 23 区、14 区、11 区。1952 年改属南苑区西五号乡。1958 年属大兴县红星公社天恩大队。1962 年属鹿圈大队。1984 年属鹿圈乡。2000 年属亦庄镇。于 21 世纪初被北京经济开发区征用拆迁，村民被移居到亦庄贵园南里社区。如今，在原村址上，建起了同仁医院。

（部分内容根据宋瑞岚、李广祥口述整理）

9. 同心庄

“同心庄”位于南海子晾鹰台西北侧，拆迁前与南宫村为同一个行政村。是个不大的小庄子，仅有六七十户人家，近三百口人。

清光绪二十八年（1902 年）官准南海子招佃垦荒，慈禧太后身边太监常润峰、唐观卿共同在此置地 60 顷建庄。二人以同心协力之义，取名“同心庄”。

常老公是河北大城石家务村人。建起同心庄子后，即以给 60 亩地为代价，从老家把侄子常振华叫来代他管理庄子。常振华把庄子管理得井井有条。后来，常老公又从常姓本家亲戚手中盘下了南海子凉水河东的另一处太监庄子“常庄子”。从此，常振华负责管理常老公在海子里的两个庄子，分别被称为“东庄子”和“西庄子”。

唐老公是河北河间人，建起同心庄后，从老家侄子辈中过继了一个继子。但此人后来染上了大烟瘾，使唐家走向败落。

后来，到同心庄落户的崔、赵、蔡等户，除了常、唐两家的族亲外，要么是购得土地的新主人，要么就是从河北老家到这儿投亲靠友逃荒而来的贫苦乡民。其中有个姓高的壮汉，就是常老公和唐老公雇来看家护院的。他曾三拳打死一匹来同心庄核实地亩差役所骑的马，为东家解除了麻烦。后来也就落户在了庄子里。就这样，逐渐形成了同心庄自然村。

同心庄在海子里仅是个普通的小庄子，但从这里却栽培种植出一种享誉京城的名优蔬菜“五色韭”，就令人刮目相看了。

五色韭

五色韭，又称“丁韭”“盖韭”“芽韭”，据说是清朝末年由一位丁姓农民在同心庄最先栽培种植的，因此才被称为“丁韭”。（还有一种说法是清末从山东来南海子的一位杨姓农民在德茂庄始种植“五色韭”，后定居瀛海庄，在瀛海庄逐渐推广）。

五色韭是用大白马兰韭在冬季常温下露天种植，为了防风保温，需用秫秸挟风障，以麦糠覆盖。经过闷白、捂黄、出绿、晒红、冻紫过程，从根儿到梢儿颜色依次为白、黄、绿、红、紫五种颜色，故称“五色韭”。在上市前，将刚割下的韭菜捆成大拇指略粗的小把儿，就像野鸡的脖子五彩分明。因此，人们又给它取了个非常形象的名字：“野鸡脖”韭菜。瀛海镇文化人李瑞义在《五色韭赋》中所写：“闷白如玉；捂黄似金；出绿赛青；晒红近赤；冻紫胜黛。闻香飘然欲醉，观色渺渺若仙，看形亭亭玉立，尝味馨馨缠绵。”据说，五色韭刚一面市，即被慈禧太后相中定为贡菜。更成为各王府餐桌上的上乘佳肴。因此，五色韭在当时只能供应皇宫、王府和京城知名的饭庄，街面上很少见到。

到民国时期，五色韭在瀛海庄一带广泛种植，种植面积多达数百亩。当地曾流传有一句顺口溜：“瀛海庄，三大能，国祥、佩玉、曹跃恒。”是赞誉当时三位种植五色韭的菜把式：冯国祥、宋佩玉和曹跃恒。

到新中国成立之初的合作化时期，南海子地区成为北京市民的“菜篮子”。其中，瀛海庄的“五色韭”与西红门的“心里美”萝卜；小红门的“大青口”白菜和新宫的“拧心白”贩菜，成为供应北京市场的四大特色蔬菜。

走访同心庄村民常树成、赵春利等

不过，五色韭与其他大路菜有所不同，由于生产程序复杂，生长条件要求苛刻，因此产量低、成本高、价格贵（时价为猪肉价的两倍）。所以仅能供应京城里的高级宾馆和大饭店。一直到 20 世纪 80 年代，终因市场销售问题而在瀛海地区停止了种植。至今，瀛海地区凡吃过五色韭的人，都还十分怀念曾是瀛海庄地区特产的蔬菜五色韭。最近传来好消息，瀛海庄刘德才在已 91 岁高龄的老父亲刘浩谭指导下，又成功地培育出“五色韭”。

同心庄曾于 1976 年前与邻村四义庄合为一个行政村。1976 年后独立为行政村。1995 年以后，又与南宫村合为一个行政村，直到 2015 年因瀛海镇旧村改造拆迁。现村民已移居到南海子公园东南侧的南海家园社区。

（部分内容根据常树成、赵春利口述整理）

10. 小白楼

清末京南郊庄园小楼

小白楼村位于南五环路南侧，大兴机场快速路东侧。以东二里许为双泡子村；以西偏北里许为金星庄；偏西南二里许为团河宫；以北二里许为大白楼。南苑机场的飞机跑道正对村东，每次降落的飞机从村边由南向北低空呼啸而过，震耳欲聋。真不知村民们多年来是怎样适应这种噪声的。令人高兴的是，大兴国际机场即将通航，南苑机场将结束历史使命而停航，小白楼也将终于解脱噪声环境。

据《大兴县地名志》记载，清光绪末年，南海子荒废，官准招佃垦种，清宫刘姓太监在此置地建庄，称“吉程庄”。后来又易主一位袁姓京商，再后来又转卖给了一位庙姓商人。庙家在京城另有买卖和家产，并不到此经营庄子，就把吉程庄交给其“一担挑”韩宝三管理。因此，“吉程庄”又被人称韩家大院。

村北有个“育德庄”，因庄子房上建起了一座用于瞭望的二层小碉楼，外墙是用白灰抹成，很是显眼，因此，被当地人俗称“白楼村”，而渐渐地却把原名“育德庄”给淡忘了。

后来，“吉程庄”也在韩家大院的房上建起了一座类似的白碉楼，因比“育德庄”所建白楼略小，就被当地人称为“小白楼”。北侧的白楼村也就自然被相对而称为“大白楼”了，而原庄名“吉程庄”也同样被“小白楼”渐渐地取代了。

据村中张泽林、张泽明和王良巨老先生回忆，“韩家大院”分前后两院，共有正

走访小白楼村民张泽林、赵桂成等

房七间，东、西厢房十间，并建有库房、磨房、碾房和牲口棚。后院住韩宝三，前院住的都是佃户。

到小白楼村的佃户大多都是来自山东冠县和河北沧州地区。其中来得最早的有王春富（后人王月明、王月启、王月华、王月兰、王月梅）、王玉春（后人王广兴、王广禄）、裴守明（后人裴留锁）、张登祥（后人张福举）、王成叶（后人王良巨）、张一清（后人张泽钧、张泽林、张泽明）、王守业（后人王良启、王良发、王秀琴）、张永贵（后人张福祥、张福龙、张福莲、张福玉、张福敏）、张永常（后人张福泉、张福生、张福顺、张福琴）、师宗安（后人师长禄）等。

在小白楼东侧里许，原还有个“小积善庄”，是与“张庄子”合并而成的小庄子，共有地一百余亩。庄子原来的主人现在已难以说清，只知由张永贞代管庄子。当时这里仅住有六户人家：张永真（后人张福海、张福江、张福河、张福敏、张福春、张福秀、张福梅）、张有柱（后人张书生、张书立、张秀琴、张秀银）、张兰柱（后人张书清、张书亮、张书成、张秀珍）、赵文广（后人赵培印）、孙相岐（后人孙禄海、孙禄河、孙桂英、孙桂莲）和一户无儿无女的张林怀老两口。后来他们也都并到了小白楼。现在，全村已发展到180余户，近500口人。

小白楼原本是个地多人少的村庄，解放初期，由于附近的团河村地少人多，人民政府就将村南的六百亩地划给了团河村。

小白楼1946年属河北省大兴县团河乡。1952年改属北京市南苑区南同顺乡。1956年为金星高级农业合作社。1958年属大兴县红星公社金星大队。1984年属金星乡。2000年属西红门镇。

（部分内容根据张泽林、张泽明、赵桂成、王良巨、孙凤奎口述整理）

11. 西广德庄

西广德村隶属旧宫镇的一个行政村，是由西广德、富家庄和玉善庄三个小自然村庄组成。其位于104国道东侧，东邻大有庄，东南二里许为德茂庄，西与南街村隔路相望，北靠东营房。

李莲英像

清光绪二十八年（1902年），官准南海子招佃垦荒，内务府主管太监李莲英乘机在此置地建庄，取名“广德庄”。后因凉水河东侧有一处大太监李三顺置办的庄园也称“广德庄”，所以，当地人就把两个广德庄分别相对而称“东广德庄”和“西广德庄”。

李莲英（1848—1911），河北河间府大城县李家村人，咸丰七年（1857年）由郑亲王端华府送进皇宫当太监，是晚清一个著名的太监。李莲英在清宫长达五十二年，是慈禧太后最宠信的贴身太监，也是清代品位最高、权势最大、财富最多，任职时间最长的一位大宦官。

李莲英贪财众所周知。据说他死前对其财产进行分配，四个继子各得白银达40万两，另还有一大口袋珠宝。其他侄儿各分得白银20万两。他的两个继女各分得白银17万两。而这些财富只是他敛财的一部分，还未包括数额巨大的多处地亩、房产，其中就有在南海子置办的西“广德庄”。

其实，官准南海子招佃垦荒时，李莲英已年过五旬，威风不再。特别是随慈禧太后西逃回銮后，他感觉到连慈禧太后都不怎么待见他了。而他手下徒弟辈儿的如小德张、李三顺这些太监已取代他成了慈禧太后的新宠。因此，对到南海子置地建庄园之事，他的信息并不甚灵通，也并不太上心。后来，仅在“万字地”东南侧置地十余顷，建起了这个不大不小的“西广德庄”。

李莲英死后，西广德庄就被他的侄子将地亩分别转卖给了多户京商。新中国成立前，在这片土地上，除已有的“西广德庄”外，向东又相继建有“蔺庄子”“玉善庄”“付庄子（也称富庄子）”和东南侧的“路庄子”。据当地九十高龄的李凤山老先生说，这些庄子都很小，大的十来户，小的仅有一两户。当初，西广德庄仅住有张、楚、刘、牛等几户；蔺庄子仅住有马姓一户；玉善庄仅住有刘姓一户；路庄子仅住有路姓一户；富庄子仅住有付姓几户。解放初合作化运动后，“蔺庄子”并入“玉善庄”，“路庄子”也因建德茂牛场迁到西广德。仅存的“西广德庄”“玉善庄”和“富庄子”三个庄子，组成了西广德行政村。

据《南街村志》记载，到 1998 年，西广德村已发展到 150 户，370 口人（其中包括富家庄 18 户，45 口人；玉善庄 38 户，215 口人）。

2003 年，因修建南五环路占用玉善庄，将村民搬迁上楼。在旧村址上建起了南五环德茂桥。

2017 年，因该地区实施旧村改造，西广德村与西侧的南街等村一起已全部被拆迁。在村东的德贤路东侧，正规划建设新的居民楼社区，社区建成后，将把集贤地区和南街地区已被拆迁的村民集中移居到这里，村民将过上城镇化的新生活。

（部分内容根据李凤山口述整理）

另据西红门镇原副镇长，年过八旬的吕宝华老先生讲，北通顺原是一处老公庄子。他小时候那里还是一座正房五间、西房三间、东房五间的大院落。院内住有太监出出进进，还养有漂亮的京巴儿狗。院后不远，有几座埋有太监的土坟。据说这是冯玉祥将军发动“北京政变”，把清朝末代皇帝溥仪驱逐出紫禁城后，遣散的最后一批太监的其中几位。看来，这里是他们早已为自己准备好的最后归宿。大概是在光绪二十八年（1902 年）南海子官准招佃垦荒时，几位在后宫稍有地位的太监合计共同出资到南海子置办了这处庄园，打算老了来此居住，相互照顾，死了就在此入土为安。不料真的遇上“北京政变”而遭遣散，他们带上自己所侍候主子撇下的京巴儿狗，来到了这处早就为自己备下的最后归宿。

除以上清宫太监在南海子置办了庄园外，还有任老公置办的“志善堂”；马老公置办的“积德堂”；崔老公置办的“藕合堂”；另一崔老公置办的“毓顺庄”；秦老公置办的“合家场”；常老公置办的“吉庆堂”等大大小小几十座老公庄子。这些庄子，要么后来被军阀强占，要么因小被拆并入附近较大的庄子，大都早已遗迹泯灭，连点影子都没有了。

第六章

Chapter 6

绅商的庄园

绅商是晚清时期开始形成并迅速发展起来的，具有『绅士』与『商人』的双重身份。官准南海子招佃垦荒，也把绅商列入其中。他们也纷纷来南海子置办土地，建起了一处处的私家庄园。

1. 笃庆堂

南海子在清末招佃垦荒后建起的近二百座地主庄园中，以姓氏定名的庄子屡见不鲜。如姜家场、董家场、牛家场、常庄子、付庄子、大生庄等。而以人名定庄名的却仅有一个，这就是“笃庆堂”。

笃庆堂位于大兴区瀛海镇政府南侧；南大红门北侧；104 国道东侧。距南海子著名的晾鹰台以东仅有三里许。

庄园的主人叫李笃庆，当时是京城同顺号当铺的老板。清光绪二十八年（1902 年），官准南海子招佃垦荒，按清政府“认垦之人，即以八旗内务府以及顺直绅商仕民人等”的规定，李笃庆是典型的京城绅商。因此有资格购买“龙票”（《南苑督办垦务局执照》），到南海子招佃垦荒置地建庄。

李笃庆祖籍是河北省武清县，古代武清又称为“雍阳”，因此，李笃庆就把庄园的名字定为了“雍阳庄”。并从老家招来了六户乡亲为佃户，帮他垦种并照看管理庄园。这就是最早来此落户的张明（后人张焕清）和张禄、张柱（后人张维卿、张世卿、张瑞卿）、王庭章（后人王振岭）、杨万生（后人杨清）、肖永珍（后人肖玉书）及李丹贵、齐老二两户，被称为“老六户”。

据村中老人张福林（94 岁）、臧勤（85 岁）回忆，当初雍阳庄建有两层砖木结构的瓦房大院，有房四十余间。庄子四周建有土围墙，墙外挖有壕沟。“老六户”都住在庄子里，由张明的父亲为“大了”，代管庄子事务，每年秋后到城里向东家缴纳地租。

李笃庆不愧是位绅士，他从不为难这六户佃农乡亲，也从不计较缴租数量。他规定，收成好时就多缴点儿，收成不好时就少缴点儿，收成坏时就一点儿不缴。因此，这六户佃农乡亲都对李笃庆怀有感激之情。

更让老六户感恩不尽的是，李笃庆最后留下遗嘱，当他不在人世时，就把“雍阳庄”全部分给这六户乡亲。就这样，大约在民国二十年，老六户被告知老东家已经不在了。李家后人即按李笃庆生前遗嘱，把雍阳庄的财产全都分给了老六户。经大家协商，把雍阳庄的财产分为十四股（每户两股，张姓实为两户）。事毕，大家为了不忘老东家李笃庆的恩德，并让后人永远记住李笃庆的名字，一致赞成把雍阳庄更名为“笃庆堂”。

后来，笃庆堂又相继有白玉峰（后人白松亭、白松林）、臧成（后人臧得本）、季秀川（后人季春轩）、程玉山（后人程振环、程振刚）、金德隆（后人金宝善）及李玉春等户来此落户。除李家以外，大都来自河北武清县。

其中的李玉春是个戏剧性的人物。原本在城里拉洋车的李玉春因会做饭，被一位有钱人包去拉车带做饭。1937 年卢沟桥事变后，这位有钱人为避战乱，决定迁居香港。临走时，把刚买的一张彩票送给了李玉春。可万也想不到，这张彩票竟中了八十块现大洋的大奖。李玉春不敢铺张了这笔钱，听说南苑买地便宜，就到这里置办了几十亩地，并雇用两个长工耕种。就这样，李家落户到了笃庆堂。结果，解放初期土改时，李家被定为了地主成分，成了笃庆堂唯一的一家地主。

笃庆堂的四合院分给老六户后，都各自先后拆掉，分别在庄子里择址另盖了。后来，又相继有人来笃庆堂安家落户。因庄子里已经盖满，只能在庄子围墙外盖房。其中在庄外的住户有薛姓、宋姓、黎姓、王姓、陈姓、郝姓、赵姓等人家。就这样，笃庆堂的人口逐年增多，到 20 世纪末，笃庆堂已发展到近百户，四百来口人，成为瀛海镇的一个行政村。

笃庆堂是个地多人少的村庄，解放初就有耕地 3700 余亩。不过，由于地处南海子龙河水系的龙爪湾地域，地势低洼，夏秋两季常闹涝灾。新中国成立

走访笃庆堂村民张福林、白立华

后，改种了水稻，才使笃庆堂的粮产有了显著的提高。由于地多人少，公社化以后，把相当一部分土地划拨给了附近地少人多的村庄和国营南郊农场。村东建起的“新村”和村西建起的“笃庆牛场”，就是南郊农场在原笃庆堂的土地上建起来的。

值得一提的是，李笃庆的两位后人曾于十年前来过笃庆堂追溯其祖辈的足迹。是笃庆堂村党支书杨国林接待的，他们还带来了李笃庆当年的一张老照片。据杨国林回忆，从他们的言谈话语中可以看出，这两位李笃庆的孙辈后人，对其祖辈的身世也知之甚少。

笃庆堂 1946 年属河北省大兴县四海乡。1956 年属南苑区红星集体农庄。1958 年属大兴县红星公社瀛海大队。1984 年属瀛海乡。2000 年属瀛海镇。于 2015 年被拆迁。村民已移居到南海子公园东南侧新建起的南海家园。

（部分内容根据张福林、臧勤、金凤启、白立华、杨国林口述整理）

2. 太和庄

太和庄是南海子里主要庄园之一，曾经是太和乡政府所在地，是大兴区瀛海镇的一个行政村。位于南海子东南部，其北临南六环；西临瑞合庄；东临石太庄；西南临五海子。

据《大兴县地名志》记载：清光绪二十八年（1902年），南海子荒废，官准招佃屯垦，河间籍王姓富商在此置地建庄，因其在京城有专为宫廷做首饰的首饰炉，以故宫太和殿之声威而取名“太和号”，故将庄名定为“太和庄”。这段历史因已久远，当地人谁也说不清。不过，现在的太和庄村民，绝大多数原籍都是河间的临县肃宁，这是否与王氏首饰富商有啥关联，还需要继续挖掘弄清。但有一点是明确的：“太和庄”与“瑞合庄”的关系紧密相连，都牵扯到一个曾经在南海子地区的重要人物——杨庆堂。

杨庆堂（又名杨瑞轩），原籍河北肃宁梁村镇北曹庄人。清光绪年间官准南海子招佃垦荒后，与同籍八户（时称“穷八家”）老乡一起来到南海子置地垦种，共同建起了瑞合庄。

在瑞合庄北侧是“下十号”庄，是清宫最后一任总管太监小德张的庄园。后来，被其挥霍无度的继子张彬给卖掉了，在出卖“下十号”二十顷地时，中间人正是杨庆堂。由于张彬卖地心切，杨庆堂从中渔利，净赚了五顷地，摇身变为了当地的财主。杨庆堂本来就不是等闲之辈，发了这笔财后，想的是以后如何飞黄腾达。他一方面四处钻营拉关系走通官府，一方面从老家肃宁招来族亲乡邻来南海子落户，增加自己的族亲势力。就这样，没过多少年，杨庆堂已成为海子内外不可一世的人物，不但当上了伪国大代表，还当上了大红门伪警察局长。

也就是在这个时候，太和庄易主转给了杨氏家族。形成“一个杨庆堂，一手罩两庄”的局面。据村里老人说，那时候，附近庄里人在海子外遇到土匪打劫，只要说是瑞合庄或太和庄的，土匪立刻放行，可见杨庆堂的权势非同一般。

太和庄里主要住有杨、邱、刘三姓人家。其中杨姓兄弟杨庆增（后人杨召然、杨玉然）、杨庆甫（后人杨义然、杨兴然、杨寿然）、杨庆春（后人杨端然、杨乃然、杨显然）、杨庆安（后人杨素然），与杨庆堂是一爷之孙，共有地七百亩。

邱家是杨庆堂的四姐家，邱家掌门人邱云鹏（后人邱树芳、邱树堂、邱树林、邱树深、邱树凯）在太和庄有地上百亩。

刘家虽是外姓，但刘家与杨家是干亲，两家关系极好。所以，杨家的事务交由刘家掌门人刘巨福（后人刘贺明、刘贺甫、刘贺岭、刘贺林）总管。刘家在太和庄也拥有近百亩土地。

据村中老人回忆，当时的太和庄是个基本呈正方形的庄子，四边均约长400米，周围建有近2米高的围墙，墙外挖有壕沟。仅杨、邱、刘三户住在庄子的内院里。村中老人清楚记得，内院大门两侧各置有一块大方石，被庄里人称为上马石。并两边各植有一棵两搂粗的大槐树，显得非常气派。

在太和庄土围墙的外围，也逐渐盖起了间间土房，住上了人家，他们绝大部分是来自河北肃宁县梁村镇，都是杨家的穷乡亲。他们或是应招为佃，或是投奔扛活，纷纷来到太和庄，相继在此落了户。

其中有刘台增（后人刘俊琪、刘俊杰、刘俊之）、刘坦然（后人刘国英、刘国增、刘汉增、刘国光、刘国亮）、刘泰然（后人刘国辉、刘国奇、刘国丰）、刘凤刚（后人刘天然）、刘树杞（后人刘国兴、刘国民）、刘树发（后人刘勤学、刘兴建、刘跃进、刘继进）、刘树英（后人刘爱民、刘显民、刘利民）、刘福利（后人刘书庆、刘连庆、刘建军）、刘东利（后人刘庆生、刘建生）、刘俊杰、冯俊奎（后人冯月花、冯桂云）、尹子欣、刘大韦（后人刘俊明、刘俊清）、赵**（后人赵汝珍、赵席珍）、赵玉珍（后人赵德义、赵德昌）、李贵方（后人李俊夫、李俊廷）、侯显章（后人侯天亮）、侯志杰（后人侯天民、侯天军）、刘珍重（后人刘双和、刘顺和、刘义和）、刘珍明（后人刘庆和）、刘佩珍（后人刘双燕、刘双桥）、李国才（后人李福来、李福申、李福贵）、侯亚卿（后人侯继承、侯续承）、

孙 **（后人孙贵生）、赵宏飞（后人赵秀岭）、刘清源（刘志民）、刘志国（后人刘桐林、刘秀忠、刘桐生）、刘体新（后人刘志刚）、杨德然（后人杨勤建、杨兵建）、周 **（后人周东和）等户。

走访太和庄村民张文殊、刘国增等

在太和庄的南侧二里许，还曾有个小庄子叫“富谷庄”，住有董河深（后人董义恒、董义清、董义兰、董义芬、董义英、董义玲、董义珍）、王维田（后人王国安、王国明）、王海生（后人王长禄、王长坡）、续生堂（后人续长泉、续兴学、续兴陶）等十来户人家。因地处偏僻，常有土匪骚扰，后来也搬到了太和庄。

史料记载，太和庄从 1937 年的 19 户，近 100 口人，到 21 世纪初，已发展到近 330 户，1200 多口人，成为海子里较大的自然村。1965 年被分为太和南、太和北两个行政村。1968 年又被划分为太和北、太和东、太和西三个行政村。

太和庄 1946 年属河北省大兴县四海乡。1953 年改属北京市南苑区瑞合乡。1955 年设太和乡，为乡公所驻地。1958 年属大兴县红星公社太和大队。1984 年置太和乡。2000 年属瀛海镇。2010 年因北京经济开发区扩区征用被拆迁，村民搬迁至南海家园社区，过上了城镇化的新生活。

（部分内容根据张文殊、刘国增、扬志国、杨志连口述整理）

3. 宏农庄

宏农庄位于历史上南海子东南部。北接南六环路，西南接壤青云店乡北店，东与瑞合庄毗邻，东南侧不远就是五海子。拆迁前为大兴区瀛海镇的行政村。

宏农庄是由邻近宏农庄、永盛庄、蔡庄子和宏隆庄等几个小庄子组成的自然村。原本各叫各的庄名，直到新中国成立后，当地政府为了便于管理，才被统一称为“宏农庄”。渐渐地，人们就将原来的小庄子淡忘了。笔者为写此文，特意走访了宏农庄、永盛庄和蔡庄子的后人孙有生、李友才、蔡连瑞三位老先生，从他们那里领略了宏农庄的一些历史概况。

据孙有生先生讲，他们孙家祖籍河北武清县。十几岁的孙继先（后人孙德忠、孙德庆、孙德云）随父孙玉奎初始在运河上以拉纤为生。清同治年间，改为来北京做生意，主要是倒卖鸡蛋。由于精明能干，与内务府人员拉上了关系，专门给宫里御膳房供应鸡蛋，赚了一些银两，被人称“鸡蛋孙记”。后来与一位奥地利的外国商人相识，二人合伙在东交民巷开办了一家洋行，后在花市小市口办起一家绢花作坊，又做起绢花的出口生意，赚了许多洋钱。因孙继先本来就识文断字，又常和洋人一起学会了德语。因此，在宫里又谋上了个小文职官员。当时南海子已大部分荒废，主管南海子的官员乘机“浮开地亩”私自招佃垦种。也就在这个时候，孙继先疏通宫里主管官员，在海子里置地二十顷，建起了“宏农庄”。雇用本家姑爷宋财林（后人宋殿中、宋殿臣、宋殿卿）管理庄园事务。据孙有生听其长辈说，当年孙家竟敢与时任的九门提督，在回城门里因土地纠纷打过一场官司。虽然以败诉告终，但也说明了当时孙家不菲的经济实力。后来，由于炒牲口料不慎，着了一把大火，仅骡马牲畜就烧死十八匹，整个庄子被烧成了一片废墟。孙继先就把宏农庄卖给了京城一刘姓商人。接着就分了家，把前妻所生的两个儿子：老大孙德忠、老二孙德庆以每人六十亩地分了出去。老大、老二即在宏农庄西南里许所分地上，各建起了一座院子，将庄子定名“永盛庄”。而孙继先携续妻和三儿子孙德云搬到了海子里的南宫东侧一个叫“牛场”的地方。孙继先病故后，孙德云一家又搬到了“蔡庄子”。而管家宋财林一家仍住在宏农庄旧址上，一直住到 2013 年拆迁。

“蔡庄子”是与“宏农庄”前后建起的庄子，位于宏农庄的东侧二里许，也是官准南海子招佃垦荒之前所建。据蔡家后人蔡连瑞先生说，蔡家祖籍是北京房山人，后迁到门头沟。清同治年间其祖爷爷蔡景龙、蔡景凤兄弟二人又在南海子外的北店落了脚，经过苦心经营，蔡家成了当地的殷实富户。借当时南海子官员“私开地亩”之机，置地建起了蔡庄子。蔡家至今还按传承下的家谱辈分排序“元、景、士、德、振、连”起名。后来，在蔡庄子周边，又相继有侯姓（侯玉祥）、靳姓（靳德海）、步姓（步云刚）、孙姓（孙德云）建起一家一户的小庄子，由于太小没被叫开，都被当地统称为“蔡庄子”。

据李有才先生说，他们李家祖籍河北任丘梁召镇。当年，他的曾祖父李宝春（后人李海瑞）是义和团里的一位先生，1900 年“庚子国变”义和团惨遭八国联军镇压后，李宝春所幸逃到了西山。先在煤窑挖煤，因能写会算，后来谋上了往宫里送煤管账的差事，从中敛得了一些钱财。正赶上官准南海子招佃垦种，就托宫里关系购得一张“龙票”来到海子置地。先是落脚在“蔡庄子”，后在与“永盛庄”一沟之隔的自家地里，建起几间土房落了户。不久，在李家西侧，又来了一户倪姓人家，对外也称“永盛庄”。

到了清末，一位京城回民商人杨子良（后人杨大几）因与瑞合庄的杨四聊为本家叔侄关系，在其叔父的撮合下，在宏农庄西侧半里许又置地建起了一座庄园，定名“宏隆庄”。据当地老人回忆，“宏隆庄”比起“宏农庄”“蔡庄子”和“永盛庄”等几个先建的小庄子，面积既大且设计规矩。据当地老人回忆，“宏隆庄”是一座长、宽各约 150 米见方的庄子。四周建有土围墙，围墙外挖有壕沟。庄子里，杨家建有北房 7 间，东、西厢房各 5 间。大约在 20 世纪 30 年代，杨家后人决定搬回城里，将房产卖给了十几户人家。其中有李海泉（后人李俊银、李俊福）、靳守义（后人靳有为）、孙老开（后人孙宝银、孙宝恒）、刘田普（后人刘熙文、刘熙顺）、倪玉

走访宏农庄村民孙有生、蔡连瑞等

荣（后人倪金堂、倪宝堂）、步云刚（后人步连成）、袁书堂（后人袁宝华）、刘云山（后人刘铁库）、刘海瑞（后人李俊岭、李俊山、李俊岩、李俊峰、李俊坡、李俊刚、李俊兰）、倪庆堂（后人倪耀东）、高殿施（继子高宝山）、苗启绅（后人苗振龙、苗振发）、靳福荣（后人靳春林）、刘玉贞（后人刘福生）和刘小辨等户。后来，因“宏隆庄”与“宏农庄”仅一字之差，且又谐音，再加上相距很近，就被当地人习惯统称“宏农庄”了，而“宏隆庄”就渐渐地被淡忘了。

在宏农庄东侧，还有一处被称“宏农小街”的地方，也曾住有十来户人家。其中有王守仁（后人王发祥）、董佩臣（后人董尚亭）、王清泰（后人王长生）、孙凤州（后人孙俊玲）、孙凤山（后人孙有生）、孙凤鸣（后人孙有君、孙有福）、步连恒（后人步宝林）和步连章等户。

新中国成立初，当地新政府为了便于管理，将几个小庄子统一归到宏农庄为一个行政村。后来又拆小并大，各小庄逐渐迁到了宏农庄。到 21 世纪初，全村已发展到近 160 户，约 650 口人。

宏农庄，1946 年属河北省大兴县四海乡。1952 年属北京市南苑区瑞合乡。1955 年属南苑区红星集体农庄。1958 年属大兴县红星公社太和大队。1984 年属太和乡。2000 年属瀛海镇。2010 年被北京经济开发区征用，村民迁至南海家园社区。

（部分内容根据孙有生、蔡连瑞、李友才口述整理）

4. 怡乐庄

瀛海镇原行政村怡乐庄，位于镇政府以东四里许。三太路由西向东穿村而过。是由怡乐庄和所辖的六合庄及大兴庄三个自然村庄组成。后来又相继迁并了何家楼、弗林庄（孤丁孙）、刘锅伙、白房子、东坛、怀德庄等几个小庄子，使怡乐庄一下子成了海子里人口最多的行政村。拆迁前，村民已达近 1700 人。

据当地老人说，清光绪二十八年（1902 年）官准南海子招佃垦荒时，最初是一位京城名妓在此置办庄园，始称“娱乐庄”。后来又转让给了“广善木厂”的老板，才更名为“怡乐庄”。

怡乐庄当初建庄时，四周圈建有土围墙。到 20 世纪 50 年代，土围子的残墙还在。围子的庄园里住有杨（后人杨敏千）、姜（后人姜怀敏）、冀（后人冀宝群）、周（后人周刚强）、赵（后人赵启祥）、周（后人周永禄）、贾（后人贾自成）、姜（后人姜宝善）、张（后人张庆福）、李（后人李永欣）、葛（后人葛树林）、郝（后人郝进福）、贾（后人贾学仁）、张（后人张品三）、金（后人金克明）、孙（后人孙占山）、荣（后人荣书国）、赵（后人赵普）、刘（后人刘思敏）、孙（孙占元）、谭（后人谭俊峰）等二十几户人家。除谭家外，他们大部分都是以租种庄园主土地而落户到怡乐庄的佃农。

怡乐的庄园主很少来庄子，由一位人称“贾二爷”的管家全权处理庄园事务。这位“贾二爷”在北京城里有家宅并有两房太太，因此也常住在城里。所以他又指定谭家代行管理庄园地亩，人称二管家。

“贾二爷”在怡乐庄所住的一座四合院，是全庄子最好的宅院。在宅院北头建有一座角楼，用于看家护院。此岗楼于 20 世纪 60 年代初还存在。土改以后，该四合院还曾经当过怡乐庄乡小学校和乡卫生所。

怡乐庄里另有一处较好的院落是谭家的宅第，土改后由姜、荣、贾等户搬进院子里。

据现已八旬年纪的怡乐庄老支书郭锡才说，这位“贾二爷”在南苑解放后就没有回怡乐庄。直到 1966 年初闹“文革”时，才被红卫兵连同他的小太太一起押送回怡乐庄。由于这里已经没有了他们的住处，就把他俩安置在生产队一间大车门道里居住，直到病死。他的小太太后来又改嫁给了南郊农场一位姓王的退休老干部。

“六合庄”属怡乐庄的一个辖村，位于村东二里许。这里被疑曾是清代一座墓地，因这里的住户在挖菜窖或打坯时，曾多次挖出装有骨灰的黑色坛罐，还曾挖出过棺材。当时这里建有一处砖瓦结构用于看坟的四合院。后来，陆续住进了李、孟、邢、黄、郭等姓人家。庄里曾住有一位黄老太太，曾用一杆家里自制的镖枪，面对夜里来抢劫的土匪毫不畏惧，竟隔着窗户扎死了一个土匪，受到附近村民暗暗称赞。后来，她为躲避土匪报复才搬到了怡乐庄。1958 年，六合庄被拆迁，村民被并入了怡乐庄，在旧址上建起了一座养猪场。

“大兴庄”是怡乐庄又一辖村，位于村的东北侧。庄子主人姓李，因此全庄十几户人家均为李姓。其中笔者的一位小学老师李亚明就是这庄李记的后人。笔者专门走访了已 83 岁高龄的李老师，才知道是他祖父于清末卖掉河间老家的 30 亩地，来这里购置荒地 100 亩，建起了大兴庄。李老师现已随怡乐庄村民移居到南海家园六里小区。

后来先后并入怡乐庄村的几个小庄子简况是：

“何家楼”，位于怡乐庄西南侧。何人所建现还无从查考到，后来仅留下了一处“何家楼”地块儿的名字。

“刘锅伙”，位于怡乐庄的西北侧。这里原本是几户穷苦佃农合伙垦荒时，用于暂时食宿栖身而搭建的几间简易棚房。后来成为住有周姓等几户人家的小庄子。

“东坛”，位于怡乐庄东南侧，六合庄的正南。何人所建现还无从查考到。

“白房子”，位于怡乐庄以南，东坛南侧。何人所建现还无从查考到。后来被划归给南郊农场。

“怀德庄”，位于怡乐庄西南侧，何人所建现还无从查考到。当时仅住有张姓等

走访怡乐庄村民郭锡才（左图）、李亚明、沈俊学等人（右图）

几户人家。

“弗林庄”，位于怡乐庄西侧，这里仅住有孙姓一家。据孙家后人孙长永说，弗林庄最初是慈禧太后身边掌管库银钥匙的马姓大太监在南海子置办的庄园。由于他在北苑还另置有更大的地亩家产，就把南海子仅有百余亩地的弗林庄让给了祖籍河北沧州西圈子村的姐丈，也就是孙长永的曾祖父孙天申。后来孙天申染上抽大烟恶习，为了填补吸毒的费用，就常去赌博。急于赢钱的他，总压孤丁一门。因此人送外号“孤丁孙”。渐渐地，人们淡忘了弗林庄，就称这里为“孤丁庄”了。

这些小庄子虽然都先后并入了怡乐庄，可庄子名字却久久不能消失。直到拆迁前，怡乐庄村民还把这些原有小庄旧址的地块儿，仍习惯称为“刘锅伙”“何家楼”“东坛”等。

由于怡乐庄是由周边多个庄子拆小并大而成，因此，村民的籍贯也来自四面八方。经调查，村民分别来自河北、山东、山西、河南、天津等省市，甚至还有的来自内蒙古。当然，还是以来自河北省的居多，他们分别来自肃宁、河间、武清、任丘、饶阳、冀县、宝坻等县。

怡乐庄 1946 年属河北省大兴县四海庄乡。1952 年改为北京市南苑区置怡乐庄乡。1956 年属红星集体农庄。1958 年属大兴县红星公社瀛海大队。1984 年属瀛海乡。2000 年属瀛海镇。2015 年因瀛海镇城镇化建设而被拆迁，村民被移居到位于原村址东北侧新建起的南海家园社区，过上了城镇化的新生活。

（部分内容根据郭锡才、李亚明、李亚军、沈俊学、孙长永口述整理）

5. 头号村

南海子里曾有十余个以“号”定名的村庄，这些村庄是怎么来的呢？后人众说不一。

一说，清末官准南海子（南苑）招佃垦荒，将此处地亩按序排号，因此而得名。

另一说，清晚期朝廷在南海子（南苑）牧养大量备用军马，在凉水河两岸设有多处马圈。因古称官家马圈为“马号”，故按马圈排序而得名。

再一说，清乾隆年间治理南海子，将土筑海子墙改为砖砌墙，并重修马驹桥及河堤，需用大量的砖，即在海子里凉水河两岸临时筑起十余座土窑烧砖，以砖窑排序而得名。

笔者倾向于第三种说法。因后人在马驹桥砖砌护堤的砖头上，发现有“头号窑制”“二号窑制”“三号窑制”等不同号窑的戳记。所以，以砖窑序号遗址定庄名的可能性较大。

“头号村”就应该是在排序第一号址上建起的庄子。

不过，后来的“头号村”是由“头号”“三合庄”“李家场”和“东五号”四个小庄子合并而成的行政村。

据当地老人说，“头号村”最初是清代最后一个总管太监小德张置办的庄园。史料记载，小德张依仗隆裕太后对他的恩宠与纵容，拼命敛财。当结束宦官生涯离开皇宫时，仅当了三年大总管的小德张在天津就置办洋楼 12 座，又在老家静海置地 12 顷，还在南海子（南苑）置地 20 顷，“头号”地块就是其中的一部分。听说不久，就被他的嫖赌成性的过继来的儿子张彬转手倒卖给了京城珠宝商于志学（后人于治安）及李家起（后人李永年、李永春）、李家兴（继子李永安）、王焕章（后人王炳全、王友全）、张守忠（后人张文清）、马 **（后人马振海、马振江）、陈宝轩

（后人陈良义、陈良方）等九家京商了。

于志学原籍山东黄县（今龙口市）东沙埠于家村，十几岁时闯京谋生，在一家珠宝店当学徒。由于聪明好学、为人老实，被只有独女的老板相中招为女婿。后来他继承了岳父的家产，成为京城有名的珠宝商，并与皇宫内有密切联系。听说小德张在南海子的一处地产要出手，即联手几位商家朋友一起将这块“头号”地亩盘了下来，始建起了“头号村”。现在的于永蕃、于永华、于永甫、于永茂即于志学的后人。20 世纪 70 年代初，于永茂曾回过一次老家寻根，才知道沙埠于家村是当地的大村落，全村 1000 多户人家，全都姓于。

“三合庄”，即三家合办的庄子。查阅史料，建庄要早于“头号”，应始于清嘉庆时期。因当时南海子（南苑）管理松弛，出现了“私开地亩”“违规建庄”的现象。据史料《录副奏折》记载，当时所建起的庄子中，就有“三合庄”。因当时就属违规而建，所以一直也没发展起来，多少年来，这里仅住有任德魁（后人任华平、任华山、任华禄）、谭对芝（后人谭世明、谭世亮）、孟兆海（后人孟宪荣、孟宪华、孟宪富、孟宪贵）、丁东甫（后人丁世勉、丁世灏）、郑观坤（后人郑光明）、李希江（后人李德才）、李希海（后人李德勇）、杜德胜（后人杜顺华、杜顺兴、杜顺才、杜顺海）、张学增（后人张文祥、张文啟）、杨兆江（后人杨凤山）等十来户人家。

“李家场”位于头号偏西北侧，原本是“三合庄”地主家的一处场院，形成村落时间也早于“头号”村。据李家场后人李茂宽老人说，李家祖籍京西泥洼村，大约在清光绪初年，祖爷爷李义兄弟二人来到南海子里的“三合庄”，租下了庄园主四十亩地，哥俩就借住庄园主的一间场房安顿下来。后来，由于弟弟实在受不了这份苦，就离开哥哥跑到海子外的“大屯”另谋生路去了，这才有了大屯李记一支。

从此，李义就在“三合庄”扎了下来，在此娶妻生子。后来，又在场房旁建了几间土房，逐渐形成村落，被人称“李家场”。现“李家场”的后人，除谢姓（后人谢全海）、王姓（后人王德富）、马姓（后人马振龙）和李姓（后人李宏福）四户外姓人外，均是李义的后人。其中有：李忠贵（后人李茂荣、李茂田、李茂顺、李茂恒）、李忠和（后人李茂仓、李茂才、李茂宽）、李忠魁（后人李茂龙、李茂庆、李茂余）、李忠清（后人李茂成、李茂华、李茂明）、李忠元（后人李茂勤、李茂平、

走访头号庄村民李茂宽、李学阳

李茂信）、李忠海（后人李茂珍）、李忠全（后人李茂坤）、李忠*（后人李茂深、李茂盛、李茂庭）、李忠*（后人李茂福）、李忠峰（后人李茂禄、李茂寿）等。现在的李学强、李学金、李学岩、李学啟、李学阳、李学淼、李学仁、李学义、李学刚、李学常、李学民、李学斌、李学朋、李学军、李学山、李学甫、李学世、李学玲、李学文、李学良、李学宝、李学贵、李学前、李学海等都是李氏家族之后。

“东五号”是晚于“西五号”后而建起的小庄子，因位于“西五号”的东侧，所以相对而称“东五号”。是个仅住有闫、祝、张、刘不多几户姓氏人家的小庄子。

新中国成立后，当地政府把上述四个小庄子合并成了“头号”一个行政村。

“头号村”位于凉水河南岸（今青年公寓东侧）。清属顺天府大兴县。1946 年属河北省大兴县鹿圈乡。1948 年先后属北平市 23 区、14 区、11 区。1952 年属南苑区西五号乡。1958 年属大兴县红星公社天恩大队。1962 年改属鹿圈大队。1984 年属鹿圈乡。2000 年属亦庄镇。于 21 世纪初被北京经济开发区征用拆迁，村民移居至新建起的鹿海园小区，过上了城镇化的新生活。

（部分内容根据李茂宽、于永茂、李学阳口述整理）

6. 西五号

“西五号村”位于南海子（南苑）凉水河南岸。东与“头号”相望；西距“清合庄”不远；南与“九号”毗邻。现在的位置应在青年公寓西侧泰河园小区北部。

清末官准南海子（南苑）招佃垦荒，惊动了与皇宫内务府关系密切的于尊祖、姜太清、姜熙敏、王存厚几位在京城开粮行的绅商。他们都是山东黄县（今龙口市东）人，于光绪初年来到北京做粮食生意。由于经营有方，很快就在京城站住了脚。于家在新街口弘善寺和后海开有两家店铺，商号为“和兴粮行”。姜家在西单和西四牌楼也开有两家粮行，商号分别是“增盛永”和“海兴诚”。他们的粮行都是前店后厂，即粮行店铺的后院就是碾磨房。由于磨面质量好，人又会办事儿，与皇宫内务府搭上了关系，承揽了为皇宫碾米磨面做香油的好买卖。因此生意越干越火。当他们得知南海子许可招佃垦荒后，立刻意识到这是机会难得的一块“肥肉”。就买通了内务府，又联络上同是山东老乡的王存厚、姜颐敏一起来到南海子，选定了“五号”这片地亩，立即购买了“龙票”，分别置办了地亩，共同建起了“五号庄园”。后来，又有一位京城粮商随后赶来，就在“头号村”的东侧建起了一个小庄子，称为“东五号”。因此，已建起的“五号”也就自然称为“西五号”了。

于尊祖、姜太清真不愧是经营高手，他们几家山东老乡来到“西五号”不久，就把这里搞得红红火火。他们一边继续经营京城里的粮行生意，一边开发“西五号”庄园。他们想起了老家的特产“龙口粉丝”，就一拍即合，决定把“龙口粉丝”引到“西五号”来生产。就这样，于、姜两家就在“西五号”分别各建起一座粉坊。于家粉坊字号为“西和合”，姜家粉坊字号为“东和合”。由于他们朋友多、路子广，所生产的粉丝大部分运经天津塘沽港出口国外。据说每天能赚一个大“元宝”。正因如此，才有了“富五号”之说。

走访西五号村民王大力

在西五号，数姜姓之后姜允俊（后人姜永平、姜和平、姜永忠、姜永奇、姜永善、姜奎善等）和于家（后人于英洵、于英清、于英川、于英浩、于英年）为大户。后来到西五号落户的大都是投奔姜、于两家的山东老家的老乡。也有的是从山东聊城、河北南皮、乐亭及海子外等地来此处为佃扛活的农民。除姜、于姓大户外，相继而来的老户有郭姓（后人郭玉成等）、白姓（后人白金贵、白金生、白金明、白金荣等）、朱姓（后人朱伦远等）、范姓（后人范隆生等）、张姓（后人张守恒等）、侯姓（后人侯玉岭等）、肖姓（后人肖明等）、屈姓（后人屈玉忠等）等姓氏人家。到新中国成立前，西五号村已有50余户，近200口人。

在西五号的西北侧，原有三个小庄子：马庄子、赵庄子和三间房。其中马庄子住有王、白、李三户人家；赵庄子住有包、白两户人家；三间房住有李、苏、王三户人家，于20世纪60年代末迁入了西五号村。到21世纪初，西五号村已发展到240余户，约930口人。

“西五号村”清属顺天府大兴县。1928年属河北省大兴县。1946年属河北省大兴县鹿圈乡。1948年先后属北平市23区、14区、11区。1952年改属南苑区。1955年属北京市南苑区西五号乡。1958年属大兴县红星公社天恩大队。1962年属鹿圈大队。1984年属鹿圈乡。2000年属亦庄镇。于21世纪初因北京经济开发区征用拆迁，村民被移居到旧村址西侧新建起的鹿海苑小区。

（根据杜宪庭、王大力、姜水口述整理）

7. 中兴庄

要写中兴庄，必先写宁佑庙，因为中兴庄就在宁佑庙的东侧百米许，肯定是先有的宁佑庙后有的中兴庄，而中兴庄的“中”字也与宁佑庙相关。

清《日下旧闻考》记载：宁佑庙（清道光年改称安佑庙）位于南红门北十里许，雍正八年（1730 年）建。庙内供奉南苑安禧司土地神像，是皇家最大的土地祠。乾隆年间在庙山门内恭立“宁佑庙瞻礼碑”，碑上镌刻乾隆皇帝御笔《海子行》诗和《宁佑庙瞻礼》诗。《海子行》诗概述了南海子的地理概貌和历史颠末。《宁佑庙瞻礼》诗简述了宁佑庙的位置和功能。其中诗句写道：“海子居中地，灵祠奉祀虔。”明确标明了宁佑庙位于南海子皇家苑囿居中的地方。当时，宁佑庙北通旧宫，南达南宫，西至团河宫，东到东红门，都修有御道，供皇帝游幸南海子出行方便。直到现在，在旧中路、团中路和 104 国道上，还能看到当年御道的影子，而中兴庄就建在这样的中心位置上。

中兴庄行政村是由“中兴庄”“裕德庄”“小太和庄”“曾泰庄”和“小德茂庄”几个小庄子合成的。

中兴庄：清光绪二十八年（1902 年）官准南海子招佃垦荒，先是由一位京城周姓富商在宁佑庙东北侧庙产土地上置地招佃垦荒。在此建起青砖蓝瓦房八间和土坯东厢房五间。取宁佑庙御制碑上乾隆诗句“海子居中地”的“中”字和“兴旺发达”吉言的“兴”字，定名“中兴庄”。据说周姓财主曾在清廷朝中做事，有钱有势。置办中兴庄后，因久居京城很少到庄里来。庄子地亩之事就由其管家张经甫（外号“大白薯”）一手料理，当时他就住在那八间房最东头的两间。大约在 20 世纪 20 年代初，周财主将中兴庄转手卖给了一张姓人家（后人张东第）。原管家张经甫仍然住最东头两间，张东第住中间三间。最西边三间是仓库，后来由佃户王德生和郎立身两家借住。另外五间东厢房由孟宪德和马继庭借住，一直到新中国成立前。

据村里老人回忆，除管家张经甫外，最早来中兴庄的佃户有：肖姓（后人肖永和等）；李姓（后人李增祥、增文、增瑞、增凯兄弟），苑姓（后人苑存柱、存祥兄弟）；齐姓（后人齐兴龙、兴义、兴海兄弟），丁姓（后人丁百川），纪姓（后人纪春奎）；李姓（后人李清涵），王姓（后人王增凯、增文兄弟），杜姓（后人杜呈祥），张姓（后人张省三、省忠、省珍、省仁兄弟），及李增泰、姚文德、孙占均和袁姓等十几户人家。还有一位从山东平原县拉家带口逃荒到此的农民王玉宏（后人王德臣、德生兄弟），在宁佑庙西南侧百米处垒起三间土房。因会烙烧饼，就在此开了个小茶馆维持生活。到日军占领南苑时期，土房被日本鬼子强行拆除，王家也就迁到了中兴庄。

裕德庄：位于宁佑庙北侧偏东里许，中兴庄西北侧。是京城孟姓绅商于清光绪年间在此置地建庄，交由管家赵占魁料理。后来将庄园地亩转手给了赵占魁（后人赵宝印、宝生、宝中兄弟）。据老人回忆，先后到裕德庄定居的有李清太、霍景祥、霍景瑞、陈福庭、李瑞云、邓茂林等几户人家。

小太和庄：位于中兴庄东侧，与中兴庄八间房仅一墙之隔，是一个不大的小院。原本就称太和庄，为了有别于南海子东部的太和庄，才称为小太和庄。小太和庄最早谁人建庄已无人知晓，据当村老人回忆，先后来小太和庄落户的有张姓（后人张维地、兴地、瑞地兄弟），郑姓（后人郑春荣、春旺兄弟），郎姓（后人郎立身、立成兄弟），于姓（后人于书田）；缑姓（后人缑西岐），马姓（后人马克壮、克强兄弟）等十几户人家。

曾泰庄：位于宁佑庙西侧偏北里许。最初建有土坯房两个院：南院由财主载云亭建，有北房三间、西厢房两间，并建有院墙。周边地亩属载云亭所有。最早来此居住的为刘振台（后人刘金刚、金成兄弟）及刘润章等人家。北院又分前后两个小院，由财主贾西古建立。据老人回忆，前小院最早居住的有宋连生（后人宋长明）；李明顺（后人李广运）等人家。后小院最早来居住的为杨姓（后人杨凤山、凤岭、凤岐、凤鸣兄弟）。后来，又陆续有袁姓（后人袁明善、明新、明德、明发、明庆、明来等兄弟）和杨姓文礼、李姓茂林等佃户。

曾泰庄的两位建庄主人载云亭和贾西古并不住在庄子里，庄子南半部土地属载云亭，北半部土地属贾西古。

小德茂庄：位于中兴庄南侧，也就是现在红星医院的位置。当时这里仅住有许姓（后人许殿宾）一家。

走访中兴庄村民王希元等

中兴庄村民与周边村庄一样，大都是河北、山东地区逃荒而来的贫苦农民。在“四十里苦海”里深受地主、土匪、军阀的欺辱，过着饥寒交迫的苦日子。在南苑一带曾流传有一段这样的童谣：“中兴庄，一听打枪就心慌。中立堂，一听打枪就喊娘。”这是当时那年头对中兴庄地区人民生活的写照。随着时代变迁，小庄并大庄，曾泰庄、裕德庄、小太和庄和小德茂庄都先后并入了中兴庄为一个行政村。

1958 年，成立红星公社时，因中兴庄位置也是公社范围的居中地，就将公社的社部建在了中兴庄的南侧小德茂庄位置。后来，公社社部又移到了四分场（现在旧宫物美北侧），就把原社部改成了红星医院。

和海子里其他村庄一样，该庄经历了土改、互助组、初级社、高级社和人民公社。到 1984 年组建经济合作社，2000 年改为股份经济合作社。

中兴庄 1928 年属河北省大兴县。1946 年属大兴县四海乡。1948 年先后属北平市 23 区、14 区、11 区。1952 年属北京市南苑区。1954 年属南苑区红星集体农庄。1958 年属大兴县红星公社瀛海大队。1984 年属瀛海乡。2000 年属瀛海镇。2010 年因修建南海子公园而被拆迁。村民移居到瀛海庄村西，黄亦路南侧新建成的瀛海家园社区。

在中兴庄村西的宁佑庙遗址上，于 20 世纪 70 年代中建起了中兴庄变电站。在变电站院内，现在只有那通乾隆御制“宁佑庙瞻礼碑”还顽强地屹立在那里，见证着中兴庄历史的沧桑变迁。

（部分内容根据张玉兰、郭学凯、纪振盈、张省珍、刘金钢、张士良、王九龄、王希元、侯义口述整理）

8. 大生庄

大生庄位于黄亦路北侧，正东二里许为南五环路的饮鹿池桥，南侧里许为志远庄，西北侧二里许即南苑机场。现为大兴区西红门镇一个行政村，是由大生庄、宁海庄、永丰庄和小四合庄的一部分组成的。

大生庄以姓得名，是山东平阴县生聿丰、生聿振在此置地十余顷而建起的庄园。平阴县生家是当地的大地主，所在庄名就称大生庄。后来兄弟分家，就在大生庄旁边又建起了个小生庄，逐渐形成了两个家族。后来，大生庄一支的家境越过越富有。而小生庄一支却过得越来越贫穷。到清末官准南海子招佃垦荒时，大生庄的庄园主认准这是发展的好机遇，即让两个少东家生聿丰、生聿振来到南海子置地千亩，又建起了一座大生庄，成为南海子里远近闻名的大地主。

据当地老人说，大生庄生家建有青砖蓝瓦三进三出的四合大院，院墙四周设有岗楼。生家拥有十几杆大枪，有钱有势，方圆几十里无人敢惹。生家雇有长工、短工几十个，其中还雇有专门喂狗的长工。该村曾两次被评为北京市劳模的苏树业，就曾是生家雇用喂狗的长工。新中国成立后不久，生聿丰因罪行累累被人民政府镇压。生家大院被没收后，成了金星粉丝厂的家属宿舍。

后来到大生庄落户的，大都是从山东到这里为生家扛活而来。其中就有从老家小生庄而来的生姓本家生世林（后人生贤顺、生桂兰、生桂新、生桂云）一家。还有张新然（后人张道成、张道良、张桂荣、张桂芝、张桂春、张桂菊）；董学振（后人董文平、董文香、董文华）；王金魁（后人王景泉）等。据张桂荣老人讲，她父亲张新然当年就是背着一袋煎饼一包盐，从山东老家千里迢迢步行来南海子大生庄的。

后来，到这里扛活的山东老乡越来越多，就在村西搭起简易土房落了户，这就形成了后来的宁海庄。最早来宁海庄落户的有苏树业（后人苏道英、苏道友、苏道庆、苏道朋、苏秋冬、苏秋兰、苏秋红）；李金才（后人李武成、李武魁、李武秋、李武生、李武江、李素兰）；李金友（后人李秀兰、李连随、李连义、李连焕、李武勇、李武刚）；董广元（后人董敬贤、董敬芳、董改新、董继贵、董继荣、董继庆）；张公然（后人张道生、张道全、张道田）；张思田（后人张永和、张福才、张福祥、张福忠）等十来户人家。民国初期，宁海庄被军阀李占林占有。于20世纪50年代中并入大生庄为一个行政村。

在大生庄西北侧二里许还有个永丰庄，这里紧挨着南苑机场，日本占领时期，这里建有一座飞机窝和一个碉堡，直到现在，碉堡还在，成为日本侵华的罪证。

永丰庄是地主张子义（后人张凤林）置办的庄子。张是南海子墙外侯村人，在此置地建起永丰庄。相继到此落户的有王振武（后人王海峰等），冯德洪（后人冯淑美、冯淑兰），张培金（后人张成、张松彩、张桂元），刘凤常（后人刘来会），刘文炳（后人刘来强），于振海（后人于占鳌、于长岭、于长山）等十来户人家。1969年，因南苑机场南扩被征用而并入大生庄。

在大生庄的西南二里许曾有一个四合庄，因小于南海子东部的四合庄，而被称为小四合庄。听村里年逾九旬的王桂明老人说，四合庄原本是直隶保定府绅商戴云亭置办的庄子。后来，由于戴的后人吃、喝、嫖、赌败光家产，才转卖给了地主李树培。李树培并不到此居住，而是由其内弟董先生（后人董世林）来管理。

小四合庄于20世纪60年代，被当地政府一分为三，一部分划给了志远庄，一部分划给了振亚庄，另一部分划归了大生庄。其中划归大生庄的有王桂明（后人王泽民、王春英、王春玲、王春生、王春荣），郝文才（后人郝立斌），郝秀才（后人郝玉昆），钟振玉（后人钟自修、钟自奇、钟自立、钟自泉），钟振四（后人钟自昌、钟自文）等。

走访大生庄村民王桂明、丰淑兰等

就这样，大生庄经过拆小庄

并大村的整合，到 21 世纪初的 2010 年，全村已发展到近 110 户，370 余口人。

2016 年，作为北京市大兴区新农村的试点，大生庄实施完成了旧村改造，在原村址上，政府为每家每户建起了新式四合院住宅，共建起了 108 套。每户住宅里，客厅、卧室、厨房、卫生间等布局合理；自来水、天然气、有线电视等设施齐备，让人感到既豁亮又舒适。加上整齐的街道，优美的环境，令城里人羡慕不已。

大生庄 1946 年属河北省大兴县团河乡。1952 年属北京市南苑区志远庄乡。1958 年属大兴县红星公社金星大队。1984 年属金星乡。2000 年属西红门镇。

（部分内容根据王桂明、丰淑兰、张桂荣、兰秀珍、马永芝、张道成口述整理）

9. 新三余庄

“新三余庄”位于黄村东北十里许，南邻团河农场，东北侧为“老三余庄”，东南侧为“大白楼”村。是与“三乐庄”合并而成的行政村，属大兴区西红门镇。

有史料记载“新三余”与“老三余”和“小三余”为同一庄园主。可笔者走访的村中老人，却并不认同这一说法。他们一致认为，只是因为成村在“老三余”之后，所以才相对而称“新三余”的，并非同一个庄园主。

据村中老人李冠和说，“新三余”的庄园主是一位有官僚背景的京商，在京城有买卖和豪宅。只因为一个非常受宠的儿子得了精神病，成天疯疯癫癫，搅得家里不得安宁。无奈之下，就在南海子置地几百亩，建起两座宅院，把疯儿子安顿到这里，并让一位叫赵启云的先生跟着过来照顾他的疯儿子，又雇了河北滦县人赵汝珍（后人赵桂清、赵桂启、赵桂忠）为管家料理庄园。因东北侧里许已建有一座“三余庄”，就随意把新建起的庄子相对而称为“新三余”庄了。而原有的“三余庄”，自然就被称作“老三余”庄了。

后来凡到新三余落户的，大部分都是到庄里打活的佃户。其中有崔少卿（后人崔德海、崔秀山）、曹世文（后人曹运启）、陈玉林（后人陈漫丽、陈凤丽）、赵柏林（后人赵秀成）、赵柏森（后人赵秀山）、李俊启（后人李建华、李建国、李建全、李建峰）、李俊才（后人李建忠、李建宽、李建明）、李守香（后人李俊峰）、李汝州（后人李金泉）、江小亭（后人江铁柱、江铁成、江铁汉）、吴卫刚（后人吴春耀、吴秋耀）、杨化方、姬德泉（后人姬来顺、姬淑琴）、杜希田（后人杜立锁、杜立明）等二十几户。

在新三余西南侧，原来还有个“三乐庄”（又称小三余庄），是个仅住有五六户人家的小庄子，后来并入了“新三余”庄。其中有赵柏林（后人赵秀成、赵秀芬、

走访新三余庄村民李冠和、杨清海等

赵秀芝)、赵柏森(后人赵秀山)、邵玉梅(后人邵双星、邵德昌)、刘生明(后人刘玉珍、刘玉兰)、马兰藻(后人马章柱、马代启)、孙连元(后人孙桂生、孙桂臣、孙桂强、孙秀芝、孙淑珍、孙淑琴)等户。

到21世纪初,“新三余”庄已发展到100余户,300多口人。祖籍有的来自河北沧州、威县、固安、任丘,有的来自山东曹县、平阴,还有的就来自南海子外的黄村和十八里店等地。

“新三余”庄1946年属河北省大兴县团河乡。1952年属北京市南苑区南同顺乡。1958年属北京市大兴县红星公社金星大队。1984年属金星乡。2000年属西红门镇。

(部分内容根据李冠和、杨青海、赵热国口述整理)

10. 寿宝庄

寿宝庄位于团河路东侧，西与老三余庄隔路相望；东侧与北侧即南苑机场；南二里许为大白楼村，现为大兴区西红门镇的一个行政村。

寿宝庄，也被写成“寿保庄”，因创建的庄园主是段姓家族，所以当初称“段庄子”，而寿宝庄是后来改称的。

据段庄子创始人段发科的嫡孙段正春先生说，段家祖籍山东济南平阴县。清光绪末年，农民段文禄只身来闯北京，在西四落了脚，谋到了走街串巷送水的营生。

那年头没有自来水，富人自家备有水井，平民百姓用水只能靠街头巷尾有数的官井，被称为“水窝子”或“井窝子”。后来，随着北京人口的增多，城里的官井逐渐由私人承租，北京开始出现送水人，被人称“水三儿”。送水人多为山东人，他们所用的送水工具是一种独轮车，左右各横放一个大木桶，桶的下端开有一放水的圆孔。他们推着水车走街串巷，或零卖，或包月，虽挣钱不多，但足以养家糊口。

段文禄站稳脚跟后，就接来妻子宋氏和六个儿子：老大段发旺（后人段学海）、老二段发青、老三段发科（后人段学文、段学传、段淑琴、段淑兰、段淑英、段淑贵）、老四段发志（后人段学滨、段淑英）、老五段发臣（后人段学木、段学龙、段学才）、老六段发友一起来到北京，共做送水的买卖。由于他们父强子壮，勤劳肯干，不久便从只送水发展到租下了“井窝子”，买卖越做越好，逐渐积累下了财富。后来听说南海子有位前清内务府官员要廉价出卖位于南海子（南苑）里的数百亩土地，当时段家的当家人段发科意识到这是发家致富的好机遇，即决定如数买下。就这样，在南海子西部建起了段氏庄园——段庄子。

据当地老人回忆，当时的段庄子是一处前后两层的院子。前院有北房五间，东、

走访寿宝庄（段庄子）后人段正春

西厢房各二间，南房是牲口棚。院里住的是庄子的管事人员。后院有北房五间，东、西厢房各二间，院里曾住过段家主人段发科、段发臣、段发明、段学海、段淑荣、段淑俊、段淑云、段学宏。此外，还曾住有段家的亲戚，包括段家媳妇的娘家人：朱名祥、张赵兴、刘宝银、王庆林、孔宪荣、宋志平、王孝成、王玉东、王玉春等外姓人。

在院的东北角曾建有一座二层小雕楼，用于看家护院。段庄子北面是一条向西的土路，东侧是场院，西侧为农田。据段家后人说，当时段家所买南海子（南苑）土地还包括附近的老三余、大白楼等部分地亩。

段庄子建起后，一些段家的近族远亲从山东老家投奔而来，相继在段庄子落了户。有的租种段家耕地，有的帮助段家料理庄子事务。据说，段庄子的老户都与段家沾亲带故。

据段家后人说，段文禄老人病故在山东老家，段发科等后人将其棺木运到北京，安葬在了段庄子段家坟地里。

不料，民国初年，北京闹起了军阀混战，南苑地区成了各系军阀争夺盘踞的要地。大小军阀们以“旗地变民产”为名，将南海子里已建起的上百个私人庄园强行“买下”，成为他们的“摇钱树”。段庄子也未幸免，被时任北洋政府财政部要职，后来成为日本大汉奸的殷汝耕强行买下，段庄子被更名为“寿宝庄”。

段家无奈，只好又从南苑置地另建了一处宅院（南苑镇西街 17 号）。继续耕种在南海子的段家的其余地亩。据段家老人回忆，地处南苑镇的段家大院，也分为里、外两层院子。各院均建有北房和东、西厢房，并建有牲口棚和大车棚。段氏家族便搬到此处居住，其中警备路 11 号铁路边的两间，就是段发科曾住过的房子。其间，段发科曾任过保长、乡长之职，在南苑地区称得上是个有头有脸的人物。而警备路 20 号的房子，是段发志儿子段学滨曾住的房子，现在早已物是人非了。

如今，段家后人仅有段学木、段学龙、段学才、段正林四户仍居住在寿宝庄，其他段氏都已另迁别居。值得一提的是，家住南苑镇的段发科嫡孙段正春，为了段氏家族的传承，已整理出段家的六代家谱，笔者就是参考段氏家谱的部分内容写成的此文。

新中国成立后，寿宝庄从互助组、初级社、高级社到人民公社，发生了翻天覆地的变化。人口也显著上升，到 21 世纪初，全村已发展到近 230 户，660 余口人。

寿宝庄，1946 年属河北省大兴县南苑区团河乡。1952 年属北京市南苑区南同顺乡。1958 年属大兴县红星公社金星大队。同年，村南的北同顺并入了寿宝庄。1984 年属金星乡。2000 年属西红门镇。

（部分内容根据段正春提供的材料整理）

11. 烧饼庄

“烧饼庄”是大兴区瀛海镇原所辖的一个行政自然村。原村址东与通州区马驹桥镇接壤，西距四海村 2 公里，北距西五号村 1 公里，南邻南六环路。不过，这都是几年前的状况了。如今该庄早已被北京经济技术开发区征用，在原庄址西侧建起了北京奔驰汽车生产基地。

史料记载，在烧饼庄的位置，清代皇家曾在此设有“乳饼圈”。“乳饼圈”，是清代为皇宫加工“乳饼”提供鲜牛乳而专门设置的养牛圈。

乾隆三十五年（1770 年）“奏准南苑三牛圈每日应交牛乳一百二十斤，酌减一半，令交乳饼圈牛乳六十斤”。

“乳饼”是一种以牛奶为原料制成的食品。清朝皇室作为北方的游牧民族，入关后仍将牛乳视为美味佳肴和保养食品。由于皇室痴迷牛乳及乳制品，朝廷还按身份和地位配给乳牛数量。史料记载，康熙年间规定，皇帝、皇后共用乳牛 100 头；太皇太后、皇太后各 24 头；皇贵妃 7 头；贵妃 6 头；妃 5 头；嫔 4 头；贵人 2 头；皇子福晋 10 头；皇子侧福晋 5 头。除供应鲜乳汁外，还有奶饽饽、奶酪、乳酒，需求量最多的是乳饼。另外，每到皇家举行祭祀活动时，也需大量“白乳饼”。所以皇家对“乳饼”需求量很大。为了保证皇室需求，故在南海子（南苑）设置了专门供应制作乳饼的“乳饼圈”。

一幅绘制于清康熙年的《南苑全图》上，标有三所牛圈，其中一所即在“烧饼庄”的大概位置。据“烧饼庄”村老人说，他们小的时候，村南地里曾立有一通二米多高的龙首石碑，这块立碑地的四周，还立有四根界石，那是不准后人占用这块立碑之地。碑上镌刻有乾隆皇帝的御笔题字，虽然现在已记不清碑文内容了，但都传说“烧饼庄”过去是专门给皇上制作贡品“大白饼”（乳饼）的地方，碑文很可能与此有关。后来，因这块地是没有主的官地，附近村民就在此取土，日久天长，这里成了一块洼地。周边的四根界石，在海子里闹土匪时，成了他们练习枪法的靶子而被击毁。那块御制碑也不知什么时候没了踪影。有人说，可能倒后被埋在了地底下。

走访烧饼庄村民张殿海

据《大兴县地名志》记载，清光绪二十八年（1902 年），官准南海子（南苑）招佃垦荒，马驹桥东店郭姓烧饼铺老板在此置地建庄，初称“万兴庄”。因此处曾是“乳饼圈”旧址，而庄园主又是卖烧饼起家，所以，当地人都把“万兴庄”称为“烧饼庄”。

据久居“烧饼庄”年逾八旬的张殿海老先生说：烧饼庄始于清光绪年间，皇宫有两个为皇帝和后宫专做大白饼（乳饼）的郭姓兄弟俩，大哥叫郭凤岐，小弟叫郭凤茂。由于手艺好，很受光绪皇帝赏识。官准南海子招佃垦荒时，兄弟俩用多年的积蓄，乘机购买了“龙票”，在此置地数顷，招佃耕种，起名“万兴庄”。并在南海子（南苑）东海墙外马驹桥东店鸡市旁分别置办了砖瓦房宅院。因大家都知道他们置办的地亩原是皇家“乳饼圈”，是专给皇上做贡品“大白饼”（乳饼）的地方，就被当地人俗称“白饼庄”。后来又来了个山西人在此开了个烧饼铺，因此，又被后人叫成了“烧饼庄”。

在“烧饼庄”村西北侧还曾有“律庄子”和“郭家场”两个小庄子。“律庄子”是一位律姓太监（继子后人律连增）置办的庄园；“郭家场”原是郭家的场院，后来转手给了于姓（后人于梦斌、于梦彦）人家。这两个小庄子，早已于 20 世纪 60 年代拆小并大合并到了烧饼庄。

据当地老人说，“烧饼庄”和“律庄子”最初都建有土围子，但却未建有住宅，仅建有几间园房或场房。最先来这里应招为佃的是从山东武城县来的张一勤（后人张金贵）一家，就住在一间园子房里。后来，又相继来了刘姓（后人刘司亭）、郑姓（后人郑润基）、林姓（后人林全德）、韩姓（后人韩登山）、张姓（后人张起）、徐姓（后人徐庆华）等人家。他们有的来自通州永乐店地区的半截河，有的来自河北或山东地区，使烧饼庄逐渐形成村落。到 20 世纪末，已发展到 110 余户，460 多口人。

“烧饼庄”1946 年属河北省大兴县四海乡；1952 年属南苑区石太乡；1955 年属南苑区红星集体农庄；1958 年属大兴县红星人民公社太和大队；1984 年属太和乡；2000 年属瀛海镇，直到被北京经济技术开发区征地拆迁，村民搬至新建起的南海家园小区。

（部分内容根据张殿海口述整理）

12. 亦　庄

亦庄，原本是一个很不起眼儿的地方。1992 年，北京经济技术开发区确定在这里兴建，亦庄才开始受世人瞩目。经过近三十年的开发建设，这里已是座座高楼拔地而起，幢幢厂房鳞次栉比，昔日的皇家苑囿里。一座现代化新城落人间，亦庄已成为首都北京一颗璀璨的明珠。

亦庄的具体位置在亦庄新城北环西路南侧（现亦庄镇政府办公楼东侧不足百米处），几十年前，这里还是个仅有几户人家的小庄子，后来与附近的仁义堂、广德庄、鸿仁堂、东营子、西营子、王槐庄、合并成广德为一个行政村。那时的亦庄，因太小，很少有人关注它。那么，亦庄的名声为什么发展到现在如此之大呢？这与历史的发展时代背景和亦庄所处的地理位置密切相关。

亦庄，位于宏仁堂东侧，仁义堂北侧。庄子主人姓祁，是位不常到庄子来的京城商人。聘用了附近仁义堂的何银全（后人何振生、何振水）为管家（又称园头）来代管庄子的园田地亩。因这里曾建有“奕字营”的统领房，故定庄名“奕字庄”。后来逐渐被人们简而化之，从“奕字庄”变为“亦字庄”，又被写成了后来的“亦庄”。解放初的土改时期，庄园主的土地和房产被国营农场接收，后来，房子用作了几户农场职工的家属宿舍。笔者曾听在此住过多年的吴柳桥老人说，他们几家所住的房子，是当年庄园主的储粮库房，当时庄子周边还有土围残墙，墙角处还建有一座用于瞭望的二层小碉楼。墙外边是壕沟，一到夏天就积满了水，成了个蛤蟆坑。

亦庄的北侧，历史上是一条经常过皇帝辇车的御道，御道的东端即是南海子九座苑门之一的双桥门——清代帝王东陵祭祖回跸南海子的必入之门。入门后经御道先到永佑庙（娘娘庙），因该庙是康熙十七年（1678 年）康熙皇帝为其生母慈和皇太后祝釐敕建的皇家庙宇，所以，后来的帝王谒陵回跸至此，都要来拈香小憩，然后再过凉水河至旧宫驻跸。这也是在御道旁设立八旗安防部队“奕字营盘”的原因。

在20世纪50年代初，当地政府在这条御道的基础上，修建了一条砂砾路，成为这一地域由东到西主要的一条交通公路。使亦庄处在了交通相对优越的地理位置上。正因为此，新中国成立之初，地方政府才把供销合作社、粮店、煤店和小学校都设在了亦庄村附近，就连当时广德村的行政办公室也设在了亦庄。这样一来，亦庄的名声不经意地高过了广德庄。

1955年，红星公社（南郊农场）决定在亦庄村东北里许兴建一座大型的国营奶牛场，不但基建筹备处设在了亦庄，而且牛场的名称也被定为了“亦庄牛场”。从此，亦庄的名声更加响亮起来。

1958年，大兴县划归北京市，同时取消了南苑区，亦庄随广德村属大兴县红星人民公社（南郊农场）天恩大队。1961年底，上级又将天恩大队划分为亦庄和鹿圈两个大队。

当时的大队相当于后来的乡，大队下设生产队。把鹿圈定为大队一级不难理解，因为鹿圈村本来就是南海子里较大的自然村。新中国成立前，鹿圈村就是乡公所所在地。而将亦庄也定为大队一级就令人匪夷所思了。因亦庄当时仅是从属广德庄行政村的一个小自然村。按理说，大队应以“天恩庄”或“广德庄”定名才合乎常理。就是因为亦庄的名声已经高过了广德庄和天恩庄，而所处的位置又是大队地域的中心地域。因此，才把大队之名定为亦庄大队。

亦庄大队刚成立的时候，还没来得及建大队部，暂时借用亦庄牛场的前排房屋暂为办公室。就这样，亦庄作为大队一级管理机构，被堂而皇之地确定下来。开始管辖广德庄、富源庄、娘娘庙、董场、大粮台和1958年从通县划入大兴县的南双桥、碱庄及1963年从朝阳区划入大兴县的大羊坊、小羊坊和康村共计十个集体所有制行政村（生产队），并负责管理南郊农场二分场所属的亦庄牛场、双桥门猪场及亦庄农业队（一队）、双桥门（二队）、小粮台（三队）等全民所有制单位。

1972年10月，红星公社（南郊农场）将所属大队改为管理区（也称分场），亦庄大队相应改称亦庄管理区（也称亦庄分场）。因全民所有制企业分别归属了新组建的畜牧分场和工业分场，亦庄管理区就仅负责管理集体所有制的农村大队了（生产

北京经济开发区开工典礼照片

队已改制为大队）。1984年5月，亦庄正式建立起大兴县亦庄乡人民政府。

亦庄处于大兴、朝阳、通州三县交界的“三不管”地区，交通条件及经济发展相对比较落后。到20世纪80年代末，京津塘高速公路建成通车，给亦庄地区带来了千载难逢的发展机遇。高速公路北京收费站即设在亦庄乡东部的大羊坊村西，亦庄成了北京东南重要门户，其区位优势立即被凸显出来。这里背倚京城，面向渤海，连接津沪，通达全国。加上即将修通的南五环和规划修建的南六环将从亦庄地区和南侧横穿而过，亦庄乡一下子成了发展外向型经济的优越位置。

1991年8月，北京市政府经过缜密调研、考察，最终决策确定在亦庄乡兴建北京经济技术开发区。1992年4月，北京经济技术开发区正式在亦庄破土动工兴建，因开发区一期规划征用约15平方公里均在亦庄乡范围内，所以又被称为“北京亦庄开发区”。4月8日，北京经济技术开发区奠基典礼在亦庄九支渠西侧（今荣华路与北环路十字路口）隆重举行。时任国务院副总理邹家华、国务委员罗干及北京市的主要领导为开发区奠基。邹家华副总理当场欣然命笔，题写了“亦庄工业开发区腾飞”九个大字，标志北京经济技术开发区在亦庄正式诞生。

13. 和义庄

“和义庄”，位于南苑镇北侧，北京南中轴延长线西侧。是新中国成立之初，由当时的华北人民政府在北京南郊，历史上的南海子皇家苑囿里组建的首批国营农场之一。因在这一地域内，当时建有和义庄、益顺庄、新林庄、德义庄、嘉禾庄、花场子、东地、赵王庄、龙河庄和新进庄等多处官僚、地主、绅商的庄园，位置以和义庄居中，即将农场定名为“和义农场”。

和义庄是旧中国五大银行之一的“盐业银行”置办的庄园。

史料记载，盐业银行成立于 1915 年 3 月，由民国盐务署拨官款，是一家官商合办的银行。时任中华民国大总统的袁世凯，指定曾任清末盐运使的张镇芳任总经理。

张镇芳，清光绪年进士，清末盐运使，民国初河南督军、总统府顾问。他还有个身份，是袁世凯的兄嫂之弟，是“民国四公子”之一张伯驹之父。张镇芳凭借盐业垄断的经济条件和袁世凯北洋军阀的政治背景，顺利发展业务，扩张势力，迅速发展成为与当时的“金城银行”“中南银行”“大陆银行”并驾齐驱的北方四大银行之一。袁世凯病死后，张失去了靠山，盐务署撤回官款，完全改为商办。不久，张镇芳因参与张勋复辟而被捕，盐业银行改由天津造币厂厂长吴鼎昌担任总经理。其业务发展更为迅速，金融触角遍及全国。1928 年，出狱后的张镇芳弃政从商，出任盐业银行董事长。

盐业银行总行初设北京，于 1928 年移到天津，1934 年又迁至上海。新中国成立后，盐业银行于 1951 年 9 月参加“北五行”“联营联管”，又于 1952 年 11 月加入金融业公私合营而终结。

盐业银行何时在南海子置办的“和义庄”，笔者未找到相关史料。经与南郊农场几位退休老干部探讨分析，应是在“盐业银行”成立初期的 1915 年至 1917 年之间经由张镇芳置办的。一直到新中国成立前，“和义庄”所属地亩，一直归“盐业银行”所有。

据《南郊农场史》记载：新中国成立之初，华北人民政府在南海子（南苑）里，没收部分官僚地主所占庄园，筹建京郊第一个国营农场（时称“五里店农场”）不久，即根据北平城市今后发展需要，决定在该地区再继续建立若干个国营小农场。垦殖管理处依照指示于 1949 年下半年即在当地区委的大力协助下，确定了增建新农场的位置及范围，并组织干部纷纷进驻各点。其中孔庆阶、姚义杰、柴旺等进驻和义庄接管了原盐业银行在和义庄的土地及附近龙河村的土地共 2230 余亩，1950 年 3 月，正式建立起了“和义农场”。不久，又合并了德义庄、嘉禾庄、新进庄等私人小庄园，使土地面积扩大到 3000 余亩。加上已接收的“大泡子”水域，使和义农场的总面积已达 6000 余亩。

和义农场的位置范围：北起久敬庄，南到三营门；东至树桥、南场，西连槐房、大泡子。除已知和义庄原属盐业银行，德义庄原属亨德利钟表业，大泡子原属伪大兴县县长李希曾的地亩外，其他小庄子的原主人因时间久远，现在已很难有人说得清了。在一张绘于 1980 年的和义农场土地分布图上，从土地名称上，还能依稀看出点历史痕迹来。其中清楚标有前桑园、后桑园、八大排、三角地、赵庄子、西杜家、南八十、花场子（松庄子）、大泡子、小泡子、三顷地、果园、九大排、藕地、新进庄、德义庄、东地、西地、北地等地的名称。据久居和义的 85 岁老干部陈起喜先生说，20 世纪 50 年代初，当时接收和义原庄园主的各种砖瓦结构房屋有 30 多间，后来都被农场改作他用了。

和义农场成立不久，由于劳动力严重不足，相继从河北唐县、河南光山县等地招来一些青壮年为农业工人。1957 年以后，又从城里接收了一批批从各行各业下放来的知识分子。他们有的来自教会，有的来自学校，还有的是一些社会无业游民。据说，和义农场的从业人员籍贯来自全国 13 个省份。

别小看和义这个地方，历史上在此发生的许多事情足以载入史册：

1937 年 7 月 27 日，在“南苑保卫战”中，国民二十九军副军长佟麟阁和前敌总指挥赵登禹两位将军和数千官兵就战死在和义地域。

1949 年 1 月，北平和平解放。中国人民解放军从南苑机场大营门出发，经和义进永定门浩浩荡荡开进北平城。

1957 年 4 月，毛泽东主席和刘少奇、周恩来、朱德等党和国家主要领导人的车队从纵贯和义的大红门南路，到南苑机场迎接苏联苏维埃主席团主席伏罗希洛夫。

走访最早来和义庄工作的陈起喜

1960年6月21日，时任国务院副总理的习仲勋率领中直机关干部到和义参加麦收劳动。

1961年10月，贺龙、陈毅两位元帅视察和义农场并在大泡子垂钓。

1965年，八一电影制片厂拍摄电影《雷锋》，其中“雨夜送老人”的片段就是在和义拍摄的。

和义，自1949年8月至1950年3月接管盐业银行的和义庄等地主庄园成立国营和义农场，到1954年北京市政府决定组建国营南郊农场时，和义农场和五里店农场、南苑畜牧场、新华奶牛场一并归属了南郊农场。和义农场先改称“和义作业站”，后又被定为“第三分场”。1983年属南郊农场畜牧分场，一直到20世纪90年代初。

如今这里已经建起了居住有数万人的和义小区，分和义东里、和义西里，原来的和义农场，早已时过境迁，物是人非了。

（部分内容根据陈起喜口述整理）

除以上绅商在南海子置办的比较有名的庄子外，还有付姓绅商置办的“富家庄”，于姓绅商置办的“育善堂”，京城布店绅商置办的“清合庄”，王姓绅商置办的“泰丰庄”，孟姓绅商置办的“宝丰庄”，魏姓绅商置办的“裕德庄”、刘姓绅商置办的“宏仁堂”、祁姓绅商置办的“奕字庄”（亦庄）等几十座绅商私人庄园。

不难看出，这些绅商（除和义庄外）与同时期来南海子置办庄园的内务府官员和上层太监相比，身份和名望都显得有些逊色。这是因为，北京乃是天子脚下，旗人盘踞之地，历来重官轻商，所以很难出现如胡雪岩、张謇这样的巨贾人物来。因此，在当时能有几十家绅商乘机来南海子置地建私人庄园，他们已经算得上是很有前瞻性了。

第七章 Chapter 7

合伙、合并的庄园

到南海子置地办庄园的，还有一些小业主。他们没有实力单独置地建庄，就几家合起来一同到南海子发展。这类庄子也不是小数目，也有几十家之多。此外，还有一些庄子虽不属合伙建庄，而是拆小庄并大庄形成的村落，也列入了本章。

1. 瀛海庄

瀛海庄位于瀛海镇政府西侧，辖四义庄、信义庄两个小庄子。因村庄较大，设瀛东一、瀛东二和瀛西一、瀛西二千个行政村，是京南郊一座较大的村庄。如今，地铁 8 号线南端的瀛海站就设在原瀛海庄的村东口。

瀛海庄成村时间并不长，仅有近一百二十年的历史。

清光绪二十八年（1902 年），官准南海子招佃垦荒，清廷权贵、上层太监和京城绅商嗅出南海子是块难得的“肥肉”，就像饿虎扑食一样争先恐后购买“龙票”，到海子里置地建庄，招佃垦荒。其中有不少籍贯是直隶河北河间府和肃宁县的太监。因而，河间、肃宁一带的众多贫苦百姓纷纷来到这里应招为佃，拓垦荒地。开始时仅是单人搭窝棚，几人开“锅伙”（一起伙着吃饭），春来冬归。后来干脆就拉家带口一同到此，搭建起简易土房，长期居住下来，遂成村落。

关于为何称为“瀛海庄”，历来有三种说法。

一是源于明代大学士李时勉的《北都赋》。赋中形容南海子“连郊逾畿，缘丘弥谷，泽渚川汇，若大湖瀛海”。因此起名“瀛海庄”。

二是源于河间府的古称。宋代即称河间为瀛海之洲，故称瀛洲，曾建有“瀛海楼”。因来南海子的佃民多为河间府人，佃民们为不忘家乡，因此起名“瀛海庄”。

三是源于“瀛州”与“海子”之合。是将河间古称瀛州的“瀛”字，与此地称南海子的“海”字合起来，就定名“瀛海庄”了。

上述三种说法，虽然第三种说法居多，但第二种说法更为可信。

就这样，瀛海庄从无到有，从小到大，仅几十年的时间，竟发展成在海子里除旧宫、鹿圈以外的大自然村。如同 20 世纪 90 年代北京城南由“北漂”形成的“浙江村”一样，“瀛海庄”应是最早在北京形成的“北漂村”，而且是永远定居下来的移民村。因到这里定居的人绝大部分都来自河间、肃宁一带，同时也带来了那一带的乡音。因此，在一代一代人的影响下，百余年来，这里的村民仍操一口浓重的河间、肃宁一带的口音，成为当地一大特色。

据当地老人说，最早到瀛海庄定居下来的共有八户姓氏人家。不过，到底是哪八家却众说不一，但是都一致认为，最早来瀛海庄落户的也就这么十几家：王姓（后人王大壮兄弟）、田姓（后人田子恒兄弟）、刘姓（后人刘景章兄弟）、宋姓（后人宋配玉兄弟）、冯姓（后人冯新营兄弟）、贾姓（后人贾汝馨兄弟）、谢姓（后人谢“斜门”）、曹姓（后人曹跃恒兄弟）、孙姓（后人孙占祥等）、潘姓（后人潘跃先等）、侯姓（后人侯俊杰等）、李姓（后人李洪恩）等。

在瀛海庄，贾家是一大户，建有前、后两个院子的大四合院，人称贾家大院。房子建的虽高大，但质量一般，均是十一层砖下碱，上为土坯，顶为小瓦。这是因为凡到南海子落户的，不论穷富，均是重地轻宅，还都想着最终是要回老家去光宗耀祖的。所以，即便成了地主，宅院也不建得多么豪华。解放后的土改时期，贾家大院被政府没收，成为小学校（南苑区第六中心小学）。

信义庄是瀛海庄的辖村，位于赢海庄西南侧，是个仅有二十几户不足百口人的小庄子。当初的庄园主是位张姓山东籍商人（后人张广兆），后招佃垦荒遂成村落。给当地人最多的记忆是那里曾栽有的十多棵桑树。后来，信义庄归瀛西二村辖管。

四义庄位于信义庄南侧，同心庄西侧。是个比信义庄略大点的小庄子，有四五十户，约一百四十口人。别看庄子不大，曾被军阀李守信占有。建有双套四合院，并建有围墙和岗楼。据说所用砖瓦均由自建窑烧制。新中国成立后，四合院分给了几家佃户群住，后来又自拆另建了。最早在这里居住的有胡家、王家、丁家、杜家四户，后遂成村落，定名四义庄。1949 年后曾与同心庄合为一个行政村。1976 年后也曾独自一个行政村，1995 年后也并入了瀛西二村。

在大约瀛东的位置，原本还有一个小庄子“利孝堂”，当时仅住有纪姓（后人纪国正、纪兰亭）、谢姓（后人谢明勋）、杨姓（后人杨白毛）等几户人家。后来，随着瀛海庄的逐渐扩大，就被自然地融进了瀛海庄，如今已很少有人知道了。

有两件事让瀛海庄人引以为豪而津津乐道：

走访瀛海庄村民刘霜降、闵红根等

一是京郊特产“五色韭”是从瀛海庄发展并闻名于京城的。五色韭虽最早栽种于同心庄（另说是清末杨姓山东梁山人最先在德茂庄培植），但大面积种植还是在瀛海庄。当地流传的顺口溜：“瀛海庄三大能，国祥、佩玉、曹跃恒”，就是赞誉瀛海庄种植五色韭的三位菜把式的。据说，当时几乎家家都种五色韭，由冯家负责收购上市。才使之成为誉满京城的极品蔬菜。

二是国家主要领导人曾视察过瀛海庄。那是 1992 年 6 月 16 日的麦收时节，江泽民、姚依林、田纪云、丁关根、温家宝、李锡铭等党和国家主要领导人视察瀛海庄瀛东一村的麦收现场。

瀛海庄 1946 年属河北省大兴县团河乡。1948 年 12 月起先后属北平市 23 区、14 区、11 区。1952 年属北京市南苑区。1956 年属南苑区红星集体农庄。1958 年属大兴县红星公社瀛海大队。1984 年属瀛海乡。2000 年属瀛海镇。2013 年因城镇化建设拆迁。居民统一移居到瀛海庄西侧新建起的“瀛海家园”社区，过上了城镇化的新生活。

（部分内容根据刘霜降、闵红根口述整理）

2. 四海庄

历史上，南海子共有五个海子：头海子、二海子、三海子、四海子和五海子。四海庄就在四海子的东侧，因此得名。据当地老人说，最早来四海庄落户的是来自河北肃宁的刘、白、于三户。

清朝末年，家住肃宁谢家堡村的刘辅廷、于逢志和白洪飞三人听说北京城南的南海子里有大片的荒地可以开荒。他们就一起合计好，徒步往北三四百里来到了南海子。到这里一看，满眼全是一望无际的荒草。他们商定，一定要找一个有水的地方落脚。忽听有水鸟的叫声，三人一听就乐了：有水鸟就必定有水。就这样，他们来到了四海子。决定就在这里“安营扎寨”了。就在海子东侧一处高坡上动手搭起了三个窝棚住了下来。

三个人说干就干，他们第二天就开始割草烧荒，深翻土地。仅十几天的工夫，就开出了十几亩地，又及时播上了种。到了秋后，虽然因草荒严重收获不多，但已经让他们看到了希望。

第二年，三人又来四海子开荒种地。由于有了上一年的经验和基础，再加上这一年风调雨顺，获得了意想不到的好收成。把粮食拉到青云店集卖了，兴高采烈地回到了肃宁的家。很快，他们成功在南海子开荒种地的事儿不胫而走。远亲近邻都来打听，都要求他们来年也带上他们的家人到南海子开荒种地。就这样，后来又有顿、梁、干、李等姓人家相继来到了四海子。开始时，大家在此建了间草房开“锅伙”（一锅吃饭，合伙干活）。到秋季收获后，按人头分粮一起运回肃宁。来年开春，再到四海子种地。后来，来的人越来越多，住处也由窝棚改成了“干打垒”的简易土房。一些人干脆就长年住了下来，逐渐形成了“四海庄”。史料记载，到 1949 年，全村已发展到近 100 户人家。

民国初年，为争夺北京政权，直、皖、奉三系的军阀闹起了混战。南苑（南海子）是军阀们争夺的重要目标。他们在这里划定势力范围，抢占地盘，相互对峙，并出于自身利益发布“旗地变民产”的政令，使清末以来南海子已形成的一百多座私人庄园，大都被迫“转让”给了大大小小的军阀头目，成了他们一棵棵的摇钱树。四海庄也在其中，大部分土地被大军阀张宗昌的副官董玉良占有。董家成了四海庄的首富。董玉良于20世纪40年代后期就病死在四海庄，大太太仅生有三个女儿，几房小太太均没有留下一男半女。

据村里老人回忆，四海庄曾经最有钱有势的八大家是：顿万瑞、梁希斋、干俊卿、李耀臣、白洪飞、于逢志、刘辅庭和董玉良。

日本投降后，南海子又处在国民党的黑暗统治下。仅1946和1947两年间，四海村遭伪大乡和“自卫团”残杀的农民就有十人之多。正如当时百姓编的顺口溜所唱：“四海庄赛北京，宋宝增（伪乡长）坐朝廷。轰轰烈烈梁家将，忠心保国干俊卿（保长）。冯兆铭（自卫队长）下命令，郭二愣（自卫队员）把眼瞪，范锡华（自卫队员）动大刑。小诸葛刘辅廷，跑跑颠颠何玉龙。只要乡长把头点，西河沟内把命坑。”这是当时国民党黑暗统治的真实写照。

1948年底，解放军四野三纵一部开进了南海子太和、瀛海一带。四海庄成了后勤医院，专门接收攻打南苑机场时负伤的解放军伤员。据目击者张洪军先生回忆，当时有十一名战士因伤势过重没能抢救过来。在四海村民的帮助下，将牺牲战士的尸骨葬在了村西海晏坡上。至今，还有七位无名烈士的忠骨长眠在这里。20世纪60年代前后，村里共青团、学校少先队组织，每年清明节都到这里扫墓。

早在国民党统治时期，四海庄一带的共产党地下组织就十分活跃。因此刚一解放，当地党组织就开始领导进行土地改革。1952年就成立了“孙广怀农业合作社”。当时参加合作社的有13户：孙广怀、马中信、顿聚兴、曹际堂、张增田、邓相山、邓相成、白月溪、刘笃教、李志清、白德宽、白守义和白守忠。社长为孙广怀，副社长为邓相山（兼生产队长）。到1955年，95%以上的村民都加入了农业合作社。1956年，随着全国农业合作化运动高潮，四海庄加入了“红星集体农庄”，被编为第8大队，由尚国良任大队长。下设12个小队（即后来的四海一队为1、2、3、4

走访四海庄老村民张红军

小队；四海二队为 5、6 小队；四海三队为 7、8 小队；四海四队为 9、10、11 小队；海晏庄为 12 小队）。当年就获得了超历史的大丰收。1958 年，四海庄随着红星集体农庄并入了红星人民公社（又称南郊农场）。直到 1998 年进行场乡体制改革，实行场、乡分离，才归大兴区直接管辖。

四海庄现属大兴区瀛海镇，辖四海庄、海晏庄两个自然村。分为四海 1、2、3、4 个行政村。1928 年属河北省大兴县。1946 年属南苑区四海乡，为乡公所驻地。1952 年属北京市南苑区四海乡。1955 年属南苑区红星集体农庄。1958 年 8 月属大兴县红星公社鹿圈大队。1959 年改属太和大队。1984 年属太和乡。2000 年属瀛海镇。于 2012 年因北京经济开发区征用拆迁，村民被移居到距原村址以北约二里远新建起的“南海家园”社区。

（部分内容根据张红军、李亚明口述整理）

3. 瑞合庄

瑞合庄村位于南海子东南部，现属大兴区瀛海镇的一个自然村。南距屈庄四里许，北与下十号，西与宏农庄毗邻。全村绝大多数村民都是河北省河间和肃宁籍人，他们约占全村人口的80%，因此，直到现在村民还仍带有浓重的家乡口音。

据村中老人讲，大约在清光绪三十年（1904年）前后，家住肃宁梁村镇的刘凤山听说北京南海子已官准招佃垦荒，觉得是个发展的机遇，就借了几百大洋，约上同镇的解清江和兴村乡油店村的刘春香一起来到北京，又相识了北京人杨四聊（回民），四人共同商定，一起到南海子认垦地亩。因当时南海子北部的地理位置好的荒地早已被清廷官宦、上层太监和京城绅商占有，他们只能来到南海子东南部，也就是瑞合庄这个地方。这里虽然距京城较远，土地条件也较差，但置办费用低且三年不用缴纳租税。因此，就决定在这里应招垦荒了。没干多久，他们觉得这里地太多人太少，实在人手不够，刘凤山又把梁村镇北曹庄媳妇娘家弟弟杨瑞轩和本家兄弟杨瑞泉及同村的侯嘉良、曹××四人也劝说来到南海子，他们共置荒地上千亩，开始在南海子垦荒。这就是瑞合庄初建庄时所称的“穷八家”。

当时南海子的东南部区域遍地杂草丛生，低洼贫瘠。穷八家在此置地垦荒第一年，他们用牛车拉着犁耙等农具来到这里。每人各搭起一个窝棚安顿下来。因侯嘉良和曹××是亲戚关系，二人在一锅里吃饭，后来才有“八间窝棚七个烟囱”之说。至今还流传有“穷三杨（杨四聊、杨瑞轩、杨瑞泉），富二刘（刘凤山、刘春江），中间夹着解老头（解清江），一锅抡马勺的是曹侯（曹××、侯嘉良）”的顺口溜。形象地描绘出当时“穷八家”的艰苦创业情景。那时候，南海子这个地方，除了一人高的荒草外，什么也看不到。开荒时，大家每人身上就系一个包袱皮儿，既能擦汗，又能遮羞。

第二年他们从老家带来玉米籽，播种在头年垦荒好的土地上，继续扩大开荒面积。到了秋后，他们把收获的玉米拉到青云店、马驹桥等大集上去卖，带着收获的喜悦返回老家。从南海子到肃宁老家足有四百多里，他们感到总是这样往返奔波不是长久之计，故商量决定，在南海子地边择址脱坯建房，把妻儿老小也都带来在此居住。就这样，他们在此建起了一户户的土房，人越聚越多，逐渐形成了一个简单的村落。大家商议要给村庄起一个名字，有人提议，八户中有两位人名带有“瑞”字（杨瑞轩、杨瑞泉），而“瑞”字又是吉祥之意，又希望大家永远合作下去，最后一致同意叫“瑞合庄”。

后来，在瑞合庄西南侧二里许，又有五家从河间、肃宁一带来南海子垦荒老乡，他们在此处也建起了土房，形成了一个南北条形的小村落，被当地人称为“一条龙”。这就是瑞合庄“穷八家”之外的“五姓村”。分别是陈相林、任凤元、赵瑞林、都孙氏、解赵氏五家。由于庄小人少，又距瑞合庄不远，也就干脆随着统称瑞合庄了。

时光荏苒，瑞合庄人口逐渐增多，大家一起动手，在庄子四周圈建起了东西长约 200 米，南北长约 120 米，高约 2 米的土围墙，瑞合庄成了南海子里一个不小的村落。虽大部分都是来自河间、肃宁的老乡，但人与人之间已经发生了微妙的变化，形成了“穷人”与“富人”的两极分化。穷八家中，也因其中的杨瑞轩意外得到一笔外财而成为大财主。

瑞合庄北侧有个庄子称“下十号”，是清宫最后一任总管太监小德张的庄子。小德张依仗隆裕太后对他的恩宠和纵容，拼命敛财。他虽然仅当了三年的总管太监，可所敛之财超过前任李莲英。史料记载，除了在北京永康胡同建有硕大宅院外，并开有“永庆号”和“永存号”两家当铺；又在天津置有洋楼 12 座，还在老家静海置地 17 顷，另在南海子置地 20 顷，建起“大祥庄”庄园（下十号）。不过，这些财产，后来都被他的继子张彬挥霍变卖。在变卖“下十号”这两千亩时，中间人正是瑞合庄字庆堂的杨瑞轩。由于张彬卖地心切，被杨瑞轩狠狠地敲了一笔。据说，卖家的条件是，只要顺利成交，只收十五顷的钱，余下五顷归中间人杨瑞轩所得。就这样，杨瑞轩白白获得了五顷地，成了海子里的一个大地主，在瑞合庄盖起

与参加座谈的瑞合庄村民合影

了有数十间砖瓦房的“杨家大院”。那是有钱能使鬼推磨的年头，财大气粗的杨瑞轩，后来竟当上了警察局长，还买了个“国大代表”的身份。他曾组织国民党地方武装“保安团”镇压共产党领导的地下革命组织，自知自己作恶多端，怕遭暗算，不敢回瑞合庄居住，长期住在永定门里粉房琉璃街，最终因罪大恶极被人民政府处决。杨家大院也被没收，后来成了瑞合小学校。

瑞合庄 1946 年隶河北省大兴县四海乡；新中国成立后，1952 年置北京市南苑区为瑞合乡公所驻地；1955 年属太和乡；1958 年属红星公社太和大队；1984 年属太和乡；2000 年属瀛海镇。为了便于管理，瑞合庄曾在 1960 年前后分为瑞合一队、瑞合二队（后改为村）。又于 1994 年，把南侧的屈庄合并到了瑞合二村为一个行政村。

2015 年，瑞合庄因北京经济开发区征用，与瀛海镇东部村庄一起实施了整体拆迁。村民搬到南海子公园东南侧新建起的南海家园社区，过上了城镇化的新生活。

（部分内容根据李文杰、李占毅、侯佩卿、解春羊、包方全口述整理）

4. 四合庄

四合庄是原属大兴区瀛海镇的一个自然村，位于四海庄北侧，怡乐庄东侧，宝善庄南侧。如今已被北京经济开发区征用拆迁。村民已移居到在原村址北侧新建起的南海家园社区。

清光绪二十八年（1902 年），官准南海子招佃垦荒，京商申昌号木厂老板购买“龙票”在此置地。后又转手让给了张、陶、顾、李四姓人家。经共同商议，定庄名为“四合庄”。

张家是满族人，原本满姓明，后改汉姓张。其后人张增华，早在 1949 年前就病故了，就靠其妻明老太太雇用长工耕种维持家业。较比另外三家，数张家地少。后来，张家的女儿嫁给了陶家，两家结为了儿女亲家。

陶家原籍是浙江绍兴陶家堰村，祖辈陶玉衡早年经商闯荡来到北京。其子陶清廉生有五个儿子，其中老三陶润波是民国初有名的大律师。史料记载，他曾是 1917 年轰动全国的一桩高官“诈财案”的三大辩护律师（陶润波、邓容、刘崇佑）之一。老四陶润章与老三陶润波是孪生兄弟，最初在京城一家茶叶店学徒，后听说南苑（南海子）招佃垦荒大有商机，便来到海子里。在陶家兄弟的帮助下，经过艰苦奋斗，几年的工夫，就扩展土地五百余亩。听当地老人说，从四合庄西到四海庄西都是陶家的地。其上建有前后两层院的棋盘心砖瓦结构的陶家大院。到了后人陶英这一辈，因正赶上兵荒马乱，再加上管理不善，陶家曾经历过穷了富，富了穷的日子。曾把大部分土地典当得仅剩下几十亩。后来因种棉花赚了钱，才又把地赎了回来。新中国成立后，陶家的大部分土地分给了佃农，房产大部分被村集体占用当了库房。

顾家的主人叫顾守仁，清末曾在翰林院里当过差。不过，在四合庄置地并不多，

走访四合庄村民梅润强、曹金铎

而且本人也不亲自到此经营庄子。都是由焦姓管家代为管理。由于顾、焦两家关系极好，后来顾家把四合庄的家产全部给了焦家。

李家的主人叫李兴武，由于他家早已在20世纪30年代就破了产，所以，现四合庄健在的老人中，没人能说得清李家的事了。

在四合庄周边，还曾有冀庄子、富有庄、宝树庄、六合庄、宝隆庄、康庄子、力田庄和宝善庄等小庄子。新中国成立后，大都并入四合庄为一个行政村，其中数冀庄子最为富有。冀家原籍是河北玉田县，北京城里的麻花胡同就是冀家的，被人称“麻花冀家”。冀家在海子里置地多达三十顷，雇用长工有几十人。由孟姓管家代为管理进行转租，被人称为“二地东”。后来，由于这位孟管家染上了抽大烟的恶习，终因疏于管理而酿成一场火灾，导致冀庄子彻底破了产。另一个较大的庄子宝善庄，于20世纪60年代中划归了鹿圈大队，与其附近的小庄子形成一个行政村。

据当地老人曹金铎先生回忆，到新中国成立前后，四合庄主要住有张姓（后人张永旺）、周姓（后人周燕春）、许姓（后人许海生）、冀姓（后人冀瑞林）、焦姓（后人焦健全）、王姓（后人王永茂、王永福）、陶姓（后人陶英）、焦姓（后人焦百川）、张姓（后人张富国）、李姓（后人李长岭）等十几户人家。到2000年，全村已发展到370余户，1300多口人。为了便于管理，被划分为四合一、四合二两个行政村。

四合庄1946年属河北省大兴县四海乡。1948年先后属北平市23区、14区、11区。1952年属北京市南苑区红星集体农庄。1958年属大兴县红星公社太和大队。1984年属太和乡。2000年属瀛海镇直到被北京经济开发区征地拆迁。

（部分内容根据梅润强、曹金铎口述整理）

5. 东合盛

东合盛位于南海子东南隅的回城门内，其南邻青云店镇；东与通州区马驹桥镇接壤，北三里许为石太庄；西偏南三里许为屈庄。原属瀛海镇最偏远的辖村，如今，因北京经济开发区南扩，村民现已随镇域东部地区的所有村庄，搬迁至南海子公园东南侧建起的南海家园社区。

东合盛是新中国成立后，由附近的马场村、公合庄、梅庄子、卢庄子、刘家庄、福善庄和回城门七个小庄子拆小并大而形成的一个行政村。

听当地老人说，早先，这里就有西合盛和东合盛的地名。

西合盛位于屈庄西侧，原本属海子外小回城一家地主的地。最初是由佃农形成的庄子。曾住有张、腾、常、刘、胡、吕等几户人家。20 世纪 50 年代中，被集体搬迁至在海子里为昌平移民新建起的“新建乡”，后来，西合盛原村址成了北京卫戍区 3689 部队的副食生产基地。

东合盛其实就是梅庄子，听当地老人甄松鹤说，当年梅家在此建庄，听了当地乡绅的建议，以西有“西合盛”为由，就相应称这里为“东合盛”了。不过，东合盛的名字始终没有梅庄子叫得响。当七个庄子合并到梅庄子后，大家认为“梅”与“没”谐音不吉利，就决定还是东合盛的庄名好，喻义合和昌盛。这一提议即得到了大家的一致赞同，从此又重新叫起了东合盛。

东合盛虽然处在历史南海子最偏远的东南隅，但这里因清康熙皇帝于康熙二十四年（1685 年）在此海子墙上又开辟了一座回城门，成为南海子的九门之一。清代帝王来南海子，经常出此门到青云店、采育一带游幸活动。因此，这里的地理位置就显得格外重要了。从一幅绘于清道光年的《南苑全图》上来看，这一地域清楚地标有“章京住房”和“兵丁住房”，证明这里曾是清代帝王经过的重地。听当地老人说，南侧不远的凤河上，曾建有“大天桥”和“小天桥”，大天桥是海子墙跨凤河之桥；小天桥是过人之桥。

“康乾盛世，嘉道中衰。”自清嘉庆、道光开始，大清帝国走入衰落，以后的各代帝王因国事日艰，宸游渐少。每次来南海子，也只是到旧宫、新宫和团河宫短期驻跸散心。回城门这一带早已没了帝王的宸迹。因此，南海子的这一地域早已被荒废了。

清光绪二十八年（1902 年），官准南海子招佃垦荒，回城门里这片荒地被清宫一位王姓大太监看中，在此置地千亩建起了“福善庄”（据说与海子里的“宝善庄、乐善庄均为王太监所置）。由其继子通州张家湾人王德厚继承，曾雇佃农几十人。后因其子王熙染上鸦片烟瘾而彻底败落。只有福善庄账房先生的后人苏元振、长工领头的后人刘会泉等一直还住在东合盛。

在福善庄南侧有个小庄子称“刘家庄”。据刘家现在的后人刘启安说，刘家本是“福善庄”王家的佃农，为耕作方便，就在负责耕种的地亩的地头盖了几间简易土房，这就是后来形成的刘家庄。其后人有刘玉金、刘玉泉、刘玉昆、刘玉增等。

卢庄子在福善庄的西侧。卢家本是通州张家湾垛子村人，清朝末年，听说海子里招佃垦荒，卢老爷子哥儿五个就来到海子里“盆窑”（同心庄）的表亲家。发现附近的福善庄地多并缺少佃农，便到了福善庄为佃。后来，他们也是在地头盖了几间简易土房，形成了卢庄子。其后人有卢永兴、卢永旺、卢永明、卢永亮、卢永庆等。

福善庄的北侧是梅庄子。梅氏家是京城富户，南池子和北池子都有梅家房产。梅家因与福善庄的主人王太监相识，梅家主人就托王太监也在南海子置地建庄。就这样，在王太监的帮助下，梅家老哥仨梅绍平、梅绍安、梅绍福就在福善庄北侧一个叫东合盛的地方建起了梅庄子。其后人有梅树春、梅树荣、梅树森、梅树岭等。

在梅庄子的西北侧是公合庄，仅住有刘姓一家。当地人对该庄来历说不太清，只知后人叫刘喜瑞，是个有文化的人，曾以教书、算卦维持生计。

在梅庄子正北侧有个庄名叫马场，因是清代养马的地方而得名。住有解姓（后人解福顺）、杜姓（后人杜文奎）、陈姓（后人陈文臣、陈文永）三姓人家。

刘庄子的南侧就是南海子九门之一的回城门。清代，在回城门里派有由满族上

走访东合盛庄村民梅永立、卢忠和等

三旗族人驻守的门君，后来也形成了小的自然村落，被当地人称为门里头，这就是回城门村。新中国成立前，这里仅住有花姓（后人花重旺）、温姓（后人温继忠）、常姓（后人常永会）等几户满族人家。

就这样，新中国成立后，为了便于管理，将以上七个小村庄集中迁到梅庄子成为一个行政村，这就是东合盛。

东合盛 1946 年属河北省大兴县四海庄乡。1952 年改属南苑区石太乡。1955 年改属太和乡，隶属红星集体农庄。1958 年属大兴县红星公社太和大队。1984 年置太和乡，属之。2000 年属瀛海镇。2010 年至 2013 年因北京经济开发区征用土地而拆迁。

（部分内容根据梅永立、卢忠和、刘启安、解志清口述整理）

6. 同义庄

同义庄原属大兴区瀛海镇所辖行政村，位于历史南海子东南海子墙内的墙根下。因大兴区与通州区在该地域是以海子墙划界的，所以，同义庄正好处在大兴区的东侧边缘上。其东、南、北三面皆与通州马驹桥镇接壤。往西四里许为千顷堂，西北四里许为烧饼庄，西南四里许为石太庄。

许多人可能不知，同义庄这个村名是新中国成立后才有的。

同义庄是瀛海镇最小的行政村。2012 年被北京经济开发区征地拆迁时，全村才只有 65 户，160 口人。而就是这样一个小村子，还是由多个小庄子组成的。

新中国成立前，在这段海子墙里散落着“头节地”“角门子”“盆窑”“靳场”“魏庄子”和“立冬营”六个小庄子。

头节地，是以海子墙里往西第一节地而得名，位于六个小庄子居中的位置。当时这里住有李姓（李慎恭、李慎先）、张姓（张玉林、张玉平）、杨姓（杨寿增）、万姓（万福来）、高姓（高士荣）五户人家。

角门子，即南海子的辛屯角门，位于头节地的东北侧，是乾隆五十四年（1789 年）海子墙土墙易砖墙时开辟的十三座角门之一，被当地俗称“角门子”。当时这里住有陈姓（陈德福）、王姓（王文魁）、徐姓（徐志忠）、边姓（边玉华）、孙姓（孙宝仁）五户人家。值得一提的是，笔者不久前曾在马驹桥镇民俗专家李思强先生的指引下，考察了辛屯角门遗址，发现角门的门道还在。有意思的是，这里的老户虽房紧挨着房，却不属同一个区，角门里属大兴区；角门外归通州区。

盆窑，位于头节地的西北侧，这里因曾建有一座烧泥盆的土窑而得名。当时这里仅住有张姓（张清孔）一户人家，而张家即是盆窑主的后人，人称泥盆张记。

靳场，即靳家场，位于头节地西侧。因当初这里曾是靳姓人家的场院而得名。

当时这里仅住有李姓（李慎宗）一户人家。

走访同义庄村民边凤亮、陈柏树、魏德顺

魏庄子，因姓得名，位于头节地西南侧。当时这里仅住有魏姓（魏振东）一家。魏家人丁兴旺，共生有茂生、茂昆、茂堂、茂德、茂良、茂亭、茂山、茂勇八个儿子。

立冬营，位于头节地东侧的海子墙根儿下，仅住有吴姓（吴云明）一户人家。因建房时正是立冬之日，因此起名“立冬营”。

新中国成立后的50年代中叶，海子里开展起轰轰烈烈的农业合作化运动，当时这里属红星集体农庄太和乡。乡政府决定将东海子墙里的六个小庄子组成一个行政村。与大家一起协商时，六个庄除立冬营未同意外，其他五庄都表示同意。当给行政村定名时，都觉得原庄名没有一个顺耳的。后来有人提议，既然大家都同意组成一个行政村，就干脆叫“同意庄”吧。大家都表示赞同，这才有了“同意庄”。后来，人们图省事儿，习惯把“同意庄”写成了“同义庄”。

听当地老人说，清末官准南海子招佃垦荒时，当初这里被一位唐姓大太监（其过继后人外号“唐疯子”）占有。当时这里的“头节地”“二节地”“三节地”都是唐太监置办的，约有地千亩，后来几易其手转让他人。不过，这个演变过程已经没有人说得清了。现在的村民老户，基本都是当年佃户之后。祖上大都来自河北、山东、山西，于清末民初时期从海子外迁入海子里，其中李姓就是海户李记的后代。

同义庄1946年隶河北省大兴县四海乡。1952年属石太乡东合盛辖村。1955年属红星集体农庄太和乡。1958年属红星公社太和大队。1984年属太和乡。2000年属瀛海镇。于2012年1月整体拆迁至鹿海园五里社区。

（部分内容根据边凤亮、陈柏树、魏德顺口述整理）

7. 娘娘庙

娘娘庙村因村中有座娘娘庙而得名，是由四个小自然村合并而成。

“娘娘庙”是个俗称，它的正名是“永佑庙”（又称仁佑庙），因庙里供奉的是碧霞元君女神，又称天仙娘娘，所以被民间俗称为娘娘庙。据说，由于庙的琉璃瓦色深似铁，所以又有“铁瓦娘娘庙”之称。其遗址位于凉水河东岸，与鹿圈村隔河相望。

可也别小看这座娘娘庙，它可是一座名副其实的皇家庙宇，是清圣祖康熙皇帝为其生母孝康章慈和皇太后祝釐而于康熙十七年（1678 年）敕建的。（“永佑庙为孝康祝釐之所”。《宸垣识略》）永佑庙落成当年的十二月十八日，康熙皇帝即奉孝庄太皇太后来此上香。（“上随太皇太后幸南苑，……太皇太后驾诣新建仁佑庙上香。”《康熙起居注》）从此，康熙以后的清代各位帝王，自东陵祭祖回跸南海子（南苑）进双桥门后沿御道先至永佑庙拜谒上香，小憩后，再过凉水河至旧衙门行宫驻跸，几乎成了规制。因此，娘娘庙曾留有清代多位帝王的足迹。乾隆皇帝于乾隆二十三年（1758 年）来永佑庙拜谒上香，还曾写有一首《永佑庙》诗：

永佑于何创，仁皇祝大任。
经翻花落昼，寺古树连阴。
雨足滋忍草，春深多雨禽。
欲寻少年迹，无处觅三心。

史料记载，永佑庙占地六亩，山门三楹，有钟楼、鼓楼。大殿三楹，奉女神碧霞元君。御题联曰：“漫教胜鬘霖花雨；应有郎伽卫法筵。”有东西配殿各三楹。东殿曰“协佑殿”，御笔联曰：“花宫具见严而妙；别室还饶清自嘉。”西殿曰“弘育殿”，御笔联曰：“沙界净因留月印；檀林妙旨悟风香。”

永佑庙于民国初毁于军阀战乱时的奉军之手。

清末官准南海子（南苑）招佃垦荒，先有清东陵修缮工头张九春兄弟建起“公合庄”；有京城印染商吕培初建起“大德堂”（土楼子）；还有镶黄旗统领之后普氏兄弟建起了“普庄子”；又有清末太监钮老公在永佑庙北侧建起了“钮庄子”。新中国成立之后，将四个小庄子合并起来组成了娘娘庙行政村。

公合庄：位于永佑庙东侧，始建于清末官准南海子招佃垦荒时。庄园主人是负责清东陵修缮的瓦工总监（相当于现在的总工程师）张九春（后人张德勇）兄弟二人置办的庄子。

据张九春的后人，已年逾九旬的张玉河老人说，他家是满族人，祖父兄弟俩都是有名的瓦匠头，专门负责清东陵的修缮。老家就在河北遵化的马兰峪。由于他祖父老哥俩是手艺高超的瓦匠，在清廷享有盛名。除了负责修缮清东陵外，还负责修建过颐和园和重修过前门楼子。据说，在颐和园门前牌楼旁边，曾立有一块石碑，上面镌刻有修建颐和园有功人员的名字，其中就有张九春兄弟俩。后来，前门楼子被八国联军烧毁，民国时期重修时，又招用张九春兄弟俩负责。因此，当时张九春兄弟也属满族富裕之户。

清末官准南海子招佃垦荒时，颐和园刚修建竣工。张九春兄弟听说南海子已官准“招佃垦荒”，而他们又完全具备认垦的条件，觉得是发家致富的好机会。兄弟俩即商定来到了南海子，相中了永佑庙东侧荒地，购置了“龙票”，在此建起了“公合庄”。后来，来自河北等地到此落户的佃农逐渐增多。由于海子里、海子外的人都称这里为“娘娘庙”，因此，“公和庄”的名字始终就没有被叫开。

走访公合庄后人张玉河

据村里老人回忆，相继来娘娘庙（公合庄）落户的有张印华（后人张宝瑞、张宝顺、张宝增)、王玉清、李春祥(后人李景海)、詹德才(后人詹玉昆、詹玉荣、詹玉凤)、李福才(后人李金生、李玉兰、李玉珍、李玉春、李玉芬)、王玉福(后人王金生、王金恒、王金明、王金成、王金荣、王金英、王金香)、孟宪增(后人孟庆玉)、李西营(后人李云山、李云水、李云达、李云贵、李云田、李云方)、周祥斌、张希才(养子李好友)等。

大德堂(又称“土楼子”),位于娘娘庙的东南侧,始建于清末官准南海子招佃垦荒时期,是京城印染商吕培初在此置地建起的一座私家庄园。

吕培初(后人吕会、吕松、吕英),祖籍河北省任丘县张家庄人,其父是清同治年的一位武举人,后在京为官。吕培初兄弟四人,他排行老三。受其父影响,从小就喜欢舞弄拳脚,也练些奇门遁甲之类,人称“吕三疯”。到清光绪年间,吕家在永定门附近开了一家染房,后来逐渐发展成一家印染厂。光绪二十八年(1902年),官准南海子招佃垦荒,吕老爷子看出这是难得的发展机遇,便走通官府,在凉水河东岸娘娘庙(永佑庙)东南侧一个称“土楼子”的地方,置地四顷,建起了“大德堂”庄园,并把庄子交给不善经商的吕培初来掌管。

据村里老人说,大德堂分内、外两层大院。外院有北房三间,南房六间,东厢房三间;房与房之间有三米多高的院墙相连。墙外挖有两米多深的壕沟。内院北房四间,西厢房两间,南房五间(其中门道一间),均为大板土墙。外套院住的是佃农,内套院住的是吕培初一家。庄子的东北角打有一眼水井,供整个庄子用水。此地虽叫土楼子,可当时早已不见土楼。笔者在查阅清代《南苑全图》时,上面确实标有“土楼子”。

吕培初身形高大,性格豪爽,乐善好施,义气当先,在当地很有威望。乡民有求他不推,官府有用他照办。就是在日伪时期,日本人为掠夺战略物资,在南苑成立“华北棉产改进会”,也把他吸收为会员,当上了一名棉种“委托采种圃”推介员。为日本人在南海子(南苑)推广种植优质棉花,收集棉种。

民国二十八年(1939年),南海子里土匪横行,他们打家劫舍危害一方。当时的日伪政府要求海子里的殷实富户采取自卫,规定每五十亩地必须自备枪一杆。因此,吕培初购置了八杆枪。为了更为安全,在农闲时节,他让佃农们就近取土脱坯,又重新建起了一座高三层的圆形土楼子。每天安排人登高望远，站岗放哨。土楼子虽然只有三层高，可在那时已算是高大建筑了。就这样，这里成了名副其实的“土楼子”，很少有人再叫“大德堂”。

1948 年 12 月，解放军开进了南海子（南苑）东部地区，建起了新的地方政权。吕培初带头把自己看家护院的枪支上缴给了当地人民政府，并积极配合土地改革，按当时政策，把多余的土地和房产分给了佃农。被当时海子里的人民政权誉为“开明绅士”。

如今，吕培初早已作古，那座土楼子也早已坍塌泯灭。“大德堂”的名称更是少有人知。但“土楼子”的名字却深深地烙印在当地人的脑海里。

普庄子位于凉水河东岸，北距康熙皇帝为其生母慈和皇太后敕建的永佑庙（俗称娘娘庙）仅约里许，也是一位普姓旗人官宦人家置办的庄园。该庄子虽然早已在 20 世纪 70 年代拆小并大到了娘娘庙村，但其因与著名的北京“全聚德”烤鸭店有着很深的渊源而值得一叙。

普家祖上是满洲赫舍里，曾经是清代四大家族之一，隶属镶黄旗。原本为“赫”氏，“普”姓是后来冠以汉姓而改称的。因其祖上在攻明入关中立有显赫战功，所以宅府才被赏赐在西城辟才胡同的跨车胡同，人称“赫老爷”。这位赫大人有一个嗜好，专爱吃前门外大街杨记熟食摊儿的烤鸭、烧鸡，这才结交上了全聚德烤鸭店的创始人杨全仁。

杨家祖籍河北冀县杨家寨。杨全仁十几岁时，因家乡荒灾，来北京谋生，开始给人帮工当伙计，后来学会了做烧鸡烤鸭。攒了点钱，就在前门外摆了个专卖鸡鸭食品的小摊。由于制作讲究，味道独特，每天都顾客盈门。而其中的老主顾就有上述的“赫老爷”。按照“赫老爷”的要求，杨全仁每天必须定时把烤鸭子送到“赫”府。从此，杨全仁成了“赫府”的常客。

清同治三年（1864 年），杨全仁在“赫老爷”的帮助下，在前门外肉市胡同盘下了一个字号“德聚全”的杂货铺，自己开了个挂炉铺，专卖挂炉烤鸭，并将原字号颠倒过来，改成了“全聚德”。“全”字内含有杨全仁的“全”字，即“以全聚德”。从此，“全聚德”的买卖越干越火，成为誉满京城的食府饭庄。而杨家与“赫”

走访普庄子后人普成凯

府的关系也是越来越好。为了好上加好，杨全仁就把自己的女儿嫁给了“赫老爷”之子当媳妇，由世交又成为姻亲。

清光绪二十八年（1902年），赫府已由其子继承，改“赫”姓为“普”姓。当时正值官准南海子招佃垦荒之时，普家便在南海子皇家寺院“永佑庙”南侧置地数顷，建起了“普家庄”。到民国初期，北洋政府实施“旗地变民产”，普家的日子由盛转衰，普家第三代普英翠、普英志兄弟俩也不得不搬到南海子的“普家庄”来生活。普英翠占北，人称“北普记”，普英志占南，人称“南普记”。兄弟俩各建有四脚硬的砖、坯结构的四合院。普英翠生有二子三女，普英志生有四子三女。

普、杨两家的关系并没有因为世道更迭而转变，反而越来越好。为了亲上更亲，双方老人决定，将普英志的大女儿普崇芬嫁给了杨家第三代杨魁荣之子杨福来。而这个杨福来正是新中国成立前后“全聚德烤鸭店”的第四代掌门人。在他的主持下，“全聚德”率先实行的公私合营。此举使这座百年老店焕发了青春，有了飞跃的发展，成为誉满全球的“招牌菜”。作为女主人的普崇芬为“全聚德”的发展起到了贤内助的作用。

南普记普英志已于20世纪40年代中，举家搬回城里，其房产地亩托人管理。解放初期闹土改的时候分给了佃户，分别住进了闫洪波（后人闫凤喜、闫凤明、闫凤民、闫凤林、闫凤山），周步生、周步仁兄弟（后人周连京、周连成、周连义、周连良）和任木匠、“王聋子”等不多几家。南北普记普英翠后人普崇喜（后人普成凯）、普崇禄（后人普成安、普成顺）一直住在普庄子。

据说，南普记的后人，有的住在上海，有的居在吉林，还有的移居海外。“文革”初期，普英志曾被红卫兵遣送回娘娘庙村，被北普记普崇喜接收。“文革”结束后，普英志移居海外的女儿还寄来过礼物送给普崇喜家，感谢他在父亲最困难的时候给予的相助。

“普家庄”早已于20世纪70年代在大搞平整土地中，与附近的“大德堂”（土楼子）“钮公庄”，拆小并大集中到皇家寺院“永佑庙”（娘娘庙）遗址上。成为娘娘庙行政村。如今，这里又建起“瀛景园”小区，全村人都住进了楼房，过上了城镇化的新生活。

钮庄子位于永佑庙偏北侧，是清宫一位钮姓大太监在此置办的庄子，因此又被称为“钮老公庄”。建有青砖蓝瓦正房五间，东、西厢土房各三间，有院墙，有门楼。与当时周边多为土房相比，已经算是豪宅了。可以看出，这位钮老公当时在宫里也不是等闲之辈。据说这位钮老公识文断字，曾在光绪皇帝身边当过“记事”太监。他利用在光绪皇帝身边的特殊地位，收敛了不菲的钱财。后来，钮老公因患有严重的眼病，几近失明。为了远虑，在南海子永佑庙（俗称娘娘庙）的北侧偏西里许置地建庄。

钮老公是河北盐山人，出宫后娶老家刘氏为妻，又从钮家侄子辈中过继了一子。钮庄子的土地由刘氏的父亲为管家，因此，又被当地人称“老丈人庄”。听当地老人说，钮老公的继子成家后生了“一堆”女孩儿，长大成人后都相继嫁了人，钮庄子更成了有名的“丈人庄子”。

走访钮庄子后人刘庆贤

钮老公晚年因双目失明活的并不幸福，为了出入方便，竟在自己所住的屋墙上向外掏了一个洞，每天从墙洞里爬进爬出。钮老公死后，就埋在了钮庄子北侧约半里许。坟地占约一亩，大坟头堆得很显眼。坟前立有一块一人来高的石碑，碑前置有石桌，石桌两侧各置有一座抱鼓石，均为汉白玉质。现六七十岁的当地老人还都记忆犹新。

因这位钮老公的“老丈人”后来染上了赌博恶习，输了不少钱财。刘家只好让其侄子刘

走访娘娘庙村民李景海、张宝瑞

富荣（后人刘春泉、刘庆贤）来钮庄子取代其料理钮庄子。

到20世纪七八十年代，钮庄子和附近的土楼子、普庄子都先后拆小并大到娘娘庙行政村。到21世纪初，娘娘庙村已发展到近100户，约360口人。

娘娘庙村1928年属河北省大兴县。1946年属鹿圈乡。1948—1949年先后属北平市23区、14区、11区，1952年属北京市南苑区。1958年属大兴县红星公社天恩大队。1962年改属亦庄大队。1984年属亦庄乡。2000年属亦庄镇。2005年在原村址上建起了“瀛景园”小区，村民们从平房住进了楼房，过上了城镇化的新生活。

（根据张玉河、张静仁、张静智、普成凯、李景海、刘庆贤、张宝瑞、崔建生口述整理）

8. 金星庄

金星庄是大兴区西红门镇一个行政村，位于团河路与黄亦路交会处。南距团河行宫二里许，北至大白楼二里许，东距志远庄四里许，西至团河农场里许。

金星庄最初称“聚民区”，后改称“居民区”，2000 年合乡并镇以后又改称“金星庄”。

金星庄是 1956 年农业合作化运动中，将散落在该地区的杨庄子、冯庄子、三顷地、党庄子、西大柜、西毓顺、北洋房、南洋房、义和庄、程新庄、四合堂、大麦庄、双河村等 21 个小庄子拆小并大而形成的。所选新建村庄地址为一个称“鲍庄子”的地方。听当地老人说，当时这里只有庄名没有庄子，是一片废墟。人民政府就选定了在这里建起了“聚民庄”，后称“居民区”，就是现在的金星庄。

杨庄子，位于西广德庄南侧。是河北大城人杨德山（后人杨凤鸣、杨凤栖、杨凤亭）当年跟随父亲挑着挑子至此，经过苦心经营，置地五十亩，建起了杨庄子。

冯庄子，位于南小街东侧。是河北大城人冯广瑞（后人冯双喜）、冯广来、冯广文（后人冯书汉、冯金凤）、冯广义（后人冯书强、冯玉林、冯玉荣、冯玉苹）、冯广清（后人冯云生）在此置地建庄。后来又引来了姑表亲宋少奇（后人宋留生、宋书利、宋书华）一家。

杨庄子和冯庄子因位于西广德庄西侧，又曾被当地人称为“小西广德”。

三顷地，位于德茂庄西南侧。是清末官准南海子招佃垦荒时，京城绅商刘殿英在此置地三顷，因此而得名。当时这里仅住有刘双振（后人刘松树、刘增田）、刘景山（后人刘同生、刘同才）和赵增指（后人赵国栋）三户人家。

党庄子，位于德茂庄西北侧。是河北省景县党姓人置办的庄子。其后人党志杰曾为黄埔军校六期学员。另一位后人党跃华，20 世纪 70 年代曾任过德茂中学校长。

当时党庄子仅住有于贺岭（后人于希明、于希良、于希环、于希苹）一户人家。

西大柜，位于南小街南侧，庄子来历已没有人说得清。当时这里仅住有张忠达（后人张永才、张永库、张永海）一户人家。

西毓顺，位于饮鹿池桥北侧。当时仅住有程、张、刘、王、董等姓人家。

北洋房和南洋房，位于西毓顺旁，原本是日本侵占南苑时期建的连体军用仓库，日本投降后就住进了人家，分为南、北两处。当时北洋房里住有姚、薛、孙、于、刘、王等姓人家。南洋房里住有毕、张、孙、沈等姓人家。

义和庄，位于金星庄东侧，是河北沧州籍吕家（后人吕炎生、吕秀生等弟兄四人）置办的庄园。吕家是南海子里有名的大地主，官家曾给他家门前悬挂有“千顷牌”（官府为奖励大地主富豪而赏赐的匾牌）。据当地老人说，吕家老太爷与任过民国大总统的徐世昌有金兰之交。其大儿子吕炎生在南苑镇曾任过伪大兴县保安大队长，可见吕家当时的家财和权势非同一般。然而，就是这样海子里有名的巨富吕家，终因其后人染上毒瘾而抽光所有家产，最后竟落得一贫如洗。

义和庄还住有一户张相臣（后人张金英、张书慎），与吕家是姨表亲，是从沧州老家投奔而来。另外还住有赵振华（后人赵宏喜）一家。笔者走访的赵子栋先生即是赵振华之孙。

值得一提的是，据义和庄老人赵子栋先生说，时任国民党第三十五军中将军长郭景云在平津战役新保安兵败自杀后，其原配遗孀赵汝英从上海只身赶到新保安为夫收尸。不料，在途中被人骗走了随身所有细软，只好借住在京城一亲戚家。后来，在走投无路的困境下，经人介绍，改嫁给了当时已丧妻鳏居的吕炎生而住到了义和庄，后来也随着村民一起迁到了居民区（金星庄）。据赵先生说，赵汝英是位干净利索的小脚女人，一眼就能看出出身不凡。赵汝英终生不育，一直在金星庄生活到去世，其丧事就是由赵子栋先生帮助料理的。

程新庄，位于义和庄北侧，是冯玉祥麾下军需处长程培堃（后人程崇训、程崇严、程崇光）置办的庄园。程有三房太太，原配程张氏，二太太马玉清，三太太闫素珍。村中老人曾听程的原配夫人程张氏说过，她曾给冯玉祥和李德全的婚礼当过伴娘。

走访金星庄村赵子栋、杨振海等

四合堂，位于寿宝庄北侧，现为丰台区与大兴区交界地带。当时这里仅住有田（田俊启）、王（王中录）、刘（刘景泉）三姓人家。

大麦庄，位于老三余庄南侧，当时仅住有程、杨、王三姓人家。

双河村，位于黄村东侧，实际在南海子九门之一的黄村门里。因附近有凤河与碱河，才起了个双河村的村名。其实，应称“黄村门村”更为确切。当时这里的住户大都是当年看守黄村门的满族旗人后代。其中有马德顺（后人马素明、马素斌）、桂 *（后人桂胜利）、米树堂（后人米国元、米国清、米国明、米国华）、付德水（后人付美容）、高培谦（后人高连勇、高连庆）、王昆（后人王书华、王书田）等。

就这样拆小并大，才形成了现在的金星庄。

金星庄 1956 年属北京市南苑区金星高级农业合作社。1958 年属大兴县红星公社金星大队。1984 年属金星乡。2000 年属西红门镇。

（部分内容根据杨振海、王月英、赵子栋口述整理）

9. 集贤村

大兴区旧宫镇有个文雅好听的地名——集贤，南四环至南五环的德贤路就是以德茂的“德”字和集贤的“贤”字合之定名的。

过去，从旧宫以西，东高地以东；南场以南，宁佑庙以北的范围里，曾散落有为数众多的小庄子。这些庄子大小不一，大的几十户，小的一两户。这些都是清光绪二十八年（1902 年）官准南海子（南苑）招佃垦荒以后逐渐形成的私家庄子。其中有万聚庄、焦王庄、吉庆庄、集贤庄、隆盛庄、马庄子、林庄子、三顺庄、大聚宝庄、小聚宝庄、张辛庄、大有庄、丰泰庄、付家庄、南侯庄、北侯庄、玉善庄、西广德庄、万源庄、小积善庄、吴梁庄等二十余座庄子，集贤庄就是其中一个不起眼的小庄子。

万聚庄，位于德贤路东侧。初为清八旗统领房。在一张绘于 1923 年的地图上，这里清楚标明为“统领庄”。后有八户人家聚此置地建庄，取名万聚庄。后被军阀邵文凯（袁世凯第十女婿）占有。由管家宋金生（河北永清人）代管，又被俗称“宋家大圈”。其子宋玉林接手后称万聚堂。后来，山东商人王永田又在此置地定居，又曾将庄名更为“茂源堂”。

焦王庄，位于万聚庄东侧。初由清宫焦姓和王姓两个太监一起置地建庄，称焦王庄。而王姓太监是半路出身，净身前已生有两子。后来，焦王庄就由王太监的儿子王克田、王克辉继承。1958 年并入万聚庄。

吉庆庄，位于万聚庄东北侧，凉风灌渠西侧。初为清宫常姓太监于此置地建庄，取名“吉庆堂”。又被当地村民俗称“常老公庄”。后由常老公过继的两个侄子常凤池、常连丰继承。后又更名过“积庆庄”，于 20 世纪 70 年代末定名为“吉庆庄”。

隆盛庄，位于凉风灌渠东侧，与吉庆庄隔渠相望。隆盛庄成名有两种说法，一说因村内有小龙河流过，取“龙”的谐音并取兴盛之意，定名隆盛庄。另说这里曾有一条御道，皇帝来南海子常于此经过。为沾龙气，取名“龙庄子”。庄子的主人是位京商，在庄内曾建有一座瓦房大院，形成庄子主体。后不断有来自河北、山东的穷人至此，遂成较大村落。

马庄子，位于隆盛庄东侧，仅住有马姓一家，后并入隆盛庄。

林庄子，位于马庄子旁侧，仅住有林姓一家，后并入隆盛庄。

三顺庄，位于旧宫村西南侧，庄子主人姓李，其后人李慕安、李万九。后并入大有庄。

丰泰庄，位于大有庄西南侧，庄子主人为张姓京商。后并入大有庄。

大有庄，位于旧宫村西南侧，东邻三海子，西邻西广德。初由一名清廷内务府杨姓官员在此置地建庄，取名大有庄。由管家耿增奎、吴久龄居此管理。后来，不断有河北等地荒民至此，遂成村落。村民主要有耿、吴、李、郭、宋、贾、王、刘、田、张、蔡等姓氏组成。1964 年将大、小聚宝庄、三顺庄、丰泰庄、张辛庄并入大有庄。

付庄子，位于大有庄西，南接德茂庄，西邻玉善庄。由一位付姓山东籍京商于此置地建庄，以姓定名付家庄。后为西广德庄辖村。

南侯庄，位于付庄子东北侧，后来仅住有楚姓、张姓两户人家。后并入西广德庄。

玉善庄，位于西广德庄东侧，东与付庄子毗邻。初始何人置地建庄不详，曾被一军阀占据，后被蔺姓商人购买。定居这里的马姓、刘姓等人家均是从河北、山东来的佃农。后并入西广德庄。

万源庄，位于现东高地三小南侧，何人初始置地建庄不详。当时仅住有李、康、冯等姓氏六七户人家。万源路就是以其庄子之名定名的。

小积善庄，位于万源庄北侧，何人初始置地建庄不详。当时仅住有任、封、王、李等十来户姓氏人家。

北侯庄，位于小积善庄西侧，与南侯庄相对而称。何人初始于此置地建庄不详。当时仅住有张、董、刘、吴等十来户姓氏人家。

吴梁庄，位于现航天部医院内，是京商吴炳璋于此置地建庄。因由其一位梁姓姑表兄弟管理庄园，故定名吴梁庄。当时这里住有吴、刘、宗、李等七八十户人家，是这一地域较大的庄子。

这一地域距南苑兵营和飞机场较近，从清末到抗战，一直是兵家必争之地。别的不说，日本侵华时期，日军在这里修建的飞机窝就多达9座。其中在万聚庄2座；在吉庆庄3座；在隆盛庄2座；在小积善庄1座；在北侯庄1座。因此，这一地域的庄民很长时期一直生活在兵荒马乱之中。

1949年2月，刚刚获得解放的海子里，即成立了北平市南苑区。其管辖范围是：东至东红门。石泰庄；南至南大红门、团河；西至新宫村、西红门；北至镇国寺、北大红门。全区共216个自然村庄。上述这二十几个庄子显然就在其中。为了有效地把这些小庄子统一管理起来，南苑区委决定，组成一个地域范围的乡级行政机构，以便对其实行统一管理。经集思广益，即以其中集贤庄之名定为集贤村。

1953年6月，上级决定，把村行政机构改为乡人民政府。集贤成为南苑区46个乡之一。

1956年3月，上级决定，把南苑区压缩调整为12个乡。将其中的旧宫乡、庑殿乡和集贤乡合并为旧宫乡。

1958年3月，河北省大兴县划入北京市，同时撤销南苑区编制。旧宫等五个乡划归北京市大兴县，集贤村属之。6月，旧宫、红星（瀛海）、鹿圈、金星、西红门五乡并入南郊农场，不久又建立了红星公社。旧宫乡改称旧宫大队，集贤与南场合为了一个集南生产队。同年，西广德庄、付庄子、玉善庄划归德茂地区。

走访集贤庄老村民李凤山

1958年6月，中央决定将位于东高地区的首都机械厂（211厂）改为航天部运载火箭研究院。按规划，需在工厂区的东侧建生活区。而属集贤村的吴梁庄及所属的小积善庄、北侯庄和万源庄正在规划建设范围内，需要拆迁。

在被拆迁村民的要求下，上级决定在吉庆庄村北侧为吴梁庄所属的四个小庄子村民建起了六排红砖红瓦的农家小院。当给新建的家园取名时，大家一致同意把谐音不吉的“吴梁庄”改称为“有余庄”。

1961 年，集南生产队又被分为七个独立生产队，直接归旧宫大队管辖。其中把集贤村分为五个队：集贤一队（吉庆庄）；集贤二队（隆盛庄）；集贤三队（万聚庄）；集贤四队（大有庄）和有余庄生产队。

从此，集贤成了名副其实的地域的名称。而生活在这里的人们，几十年来仍习惯称自己是集贤村人。

（部分内容根据李凤山口述整理）

10. 新建庄

新建庄，顾名思义即新建起的村庄。其位于海子里南部新凤河北岸，南与海子外三间房隔河相望，历史南海子的“三间房角门”就辟建在附近。是新中国成立后才在南海子里建起的一个新的村落，现属大兴区西红门镇辖管。

1956年，因国防科工委决定在昌平县南口西约30里的大山里建立占地约40平方公里的军事区，所以，将区域内的12个自然山村全部迁出。其中百峪口、白洋城、宫上、富园庄四个山村迁到区域外约5里远处新建起的新村。其余的水台、禾山铺、水涧、鳌峪、小水峪、大水峪、跳梢、王峪8个山村的408户村民，被安置迁徙至黄村东边的海子里南部边缘地带新建起的一个村庄——新建乡（时归河北省大兴县管辖）。

这些山里人，祖祖辈辈都生活在大山深处，有的老人一辈子都没走出过大山，尽管山区生活条件艰苦，但也故土难离。为了让他们很快适应由山区到平原的生活环境，地方各级政府对这次移民迁徙，做了大量的准备工作。首先选定了新建的村庄址，规划出了东西、南北各长500米呈正方形的村落。建起长20米、宽18.5米红砖灰瓦民宅独院21排。整个新村成排成行，村容整齐，街道宽敞。村内还设有学校、商店、医疗所、电磨房等生活设施，在当时那个年代，展现出了一派社会主义农村的新景象。

此外，政府为新建乡规划出土地6500亩，搬迁前即进行了机械翻耕。还挖了一条蓄水为20000立方米的水柜和20多眼竹管机井及抽水机、电动龙骨水车，并挖了数十条排灌渠。尽量为移民解决农业生产上的后顾之忧。

当时正是合作化运动时期，新建乡组建成立了光华高级农业社，由孔庆祥、马全生、张振江等组成了领导班子，孔庆祥任乡长。

1957 年新建乡被划入北京市南苑区。1958 年大兴县划入北京市辖管后，又改属大兴县红星公社金星大队，改称新建庄。为了便于管理，被分为新建一、二、三、四个生产队，其中新建一队基本由水台和禾山铺村组成，以刘、胡、沈等为主要姓氏；新建二队基本由水涧和鳌峪村组成，以马、郑等为主要姓氏；新建三队基本由小水峪和跳梢村组成，以沈、李、高等为主要姓氏；新建四队基本由大水峪和王峪村组成，以孔、张等为主要姓氏。后来，四个生产队又改制成为四个行政村。

昌平的西北山区过去是革命根据地，那里的老百姓在战争年代长期接受党的教育。因此，这里的党群关系、干群关系基础一直都很好。加上山里人本来就素有淳朴的民风，所以移民工作进行得比较顺利，很快在新建庄安顿下来。但是，天有不测风云，一场难以预料的水灾，使移民的情绪出现了反复，引起了一场不小的波动。

1959 年，京南地区遇上了严重的水灾，新建庄地处凤碱河边，地势低洼，村里村外一片汪洋。据村里老人李宗明先生说，那时，家家户户都进了水，炕下的鞋都漂了起来。从山里来的人哪见过这种境况，心中不免产生了极度焦虑和恐慌。一些本来就对移民抱有抵触的群众就联名向国务院请愿，要求返回昌平地区。上级很快派来了调查组调查，最后决定，让反映强烈的 84 户群众返回昌平。就这样，政府又在昌平军事区外新建起了两个小村，对他们进行了重新安置。

由于搬走了 84 户村民，闲置出大量的房屋。为了充分利用这些房屋，红星公社党委决定，将一些坐落在海子里边远地带的，生活不便的，只有几户人家的小庄子共计约 30 户，移居到了新建乡。其中就有南海子东南隅原有的一个小庄子“西合盛”。其余房屋，一部分用作了“敬老院”，另一部分改成了“养鸭场”。

2000 年，新建庄随金星乡并入了西红门镇。如今，随着城乡一体化进程实施旧村改造，新建庄已被拆迁，在旧庄址的北侧已规划出筹建的新居民社区。用不了多久，新建庄的村民将搬进新的住宅楼，过上城镇化的新生活。

（部分内容根据李宗明、刘亚军口述整理）

NAN YUAN

南海子

第八章

Chapter 8

军阀强占的庄园

民国初，各系军阀为了争夺北京政权而相互混战。南海子作为京畿军事要地，成为军阀的必争之地。他们在这里抢占地盘，相互对峙。借机发布『旗地变民产』的政令，把南海子里的一处处私人庄园窃为己有，使之成为他们的一棵棵摇钱树。

1. 三槐堂

王占元像

三槐堂（辖小三槐堂）是大兴区瀛海镇的行政村，位于镇政府北侧，104 国道东侧，黄亦路南侧。

清光绪二十八年（1902 年）官准南海子招佃垦荒，京商孟广泰在此置地建庄，定名“宝丰庄”。但在民国初年的军阀混战时期，被大军阀王占元占有（另说军阀王永泉）。

王占元，北洋军阀将领。1895 年投入袁世凯新建陆军，历任步兵管带、统领、都统、统制。袁世凯死后加入直系军阀，参与了直、皖、奉三系军阀混战。曾任湖北督军，在此期间，以倒卖铜圆，贩卖黄金，克扣军费等手段牟取暴利。在北京、天津、保定置有大宗房地产。就在各系军阀盘踞南苑期间，王占元占有了“宝丰庄”，并在庭院中种植了三棵槐树，以“三槐王氏”典故寓意，将庄名更为“三槐堂”。据现已年逾九旬的李振东老先生说，当年他父亲李海柱在宁佑庙遗址旁开了个小茶馆，王占元每次来三槐堂，都要到他的小茶馆喝茶歇息，后来才知道这位被人称呼王军长的就是军阀王占元。

“三槐王氏”典故源于宋代政治家王佑。在他任兵部尚书期间，宋太祖命他赴大名府察访魏州节度使符彦卿谋叛之事，并暗示他，事情办好让其任宰相之职。但经他明察暗访，察无符谋叛证据而如实上奏。引起宋太祖不满，即把他改派至襄州任职，断送了他升任宰相的前程。他在赴任前，在庭院前亲手植了三棵槐树，以“三槐”拟比“三公”。并言道：“吾子孙必有为三公者。”其用意是：别看我不能位列三公了，我的子孙定有能有成为三公的。结果还真被他言中，到宋真宗时，他的儿子王旦真的当上了宰相。从此，“三槐堂”成了王佑家族的堂号，史称“三槐王氏”。王占元借用此典故，也希望家族后人飞黄腾达。后来，王占元在天津平安街建房成巷，仍以“三槐堂”为堂号命名。

据李振东先生说，当时三槐堂有地 16 顷并建有土围墙，东南角辟有可进出马车的对扇榆木院门，分东、西两套院，均是下十一层砖，上为土坯房子。西院住有王德海、张贺亭、张品三、谢大脚、王学礼、李广顺、李守义、王志安、魏希川、于华亭、姚八壳、于凤杰、任利生等民户。东院住有王瑞祥、陈 *（卖布的）、随老 *、李俊芝、赵小辩等民户。院外还住有梁跃忠、陈宝善、李同和等户。此外，院子以外的更远处，住的都是在此搭建窝棚而暂时栖身更穷的佃户。

后来，王占元把庄园转手给了“大和恒粮行”老板。大和恒老板又从三槐堂的 16 顷地中划出 5 顷作为女儿的陪嫁，这才有了后来的“小三槐堂”。到小三槐堂最早住户是杨昆、李茂、徐 *（打铁的）、常老二、郭勋臣、张双义、张俊卿、胡老、李崇俊、佐瞪眼等户。

据瀛海镇史料记载，最早到三槐堂的二十四户佃农是：隋永安、任福禄、田老让、李树芳、曾庆和、李同和、陈宝善、王学礼、李守义、王凤林、魏西顺、于朝凯、于朝生、王瑞祥、梁跃忠、于华亭、王春祥、郝万清、李金堂、赵老宏、张开山、于凤杰、李广顺、郭学凯。大都是来自河间、肃宁、保定、武清、枣强等河北地区的贫苦农民。

1948 年底，解放大军开进了海子里，解放了南苑。佃农租种庄园主的土地大都分给了本人，三槐堂的穷苦人翻身做了主人。

1952 年，在合作化运动中，三槐堂拆去旧大院建新村。主街为东西走向，分为四排，每排六家，连场带院，非常适合农家生活。据村民郝子谦回忆，当时住户排序为：

北一排：赵老洪、梁跃忠、于志奎、李树芬、任立生、隋炳新。

北二排：邵秀林、曹玉章、李守义、于志杰、王春祥、张树忠。

南一排：魏同普、邵德元、郝万清、田振江、王学礼、王凤林。

南二排：于志兰、张德林、王瑞祥、于朝凯、于朝升、李金堂。

走访三槐堂村民李振东、李荫轩

随着人口的逐渐增多，村落也随之逐步扩大。但以主街成排建房的格局一直未变。而那三棵槐树，一棵因树下堆放的棉柴失火被烧毁，另两棵被唐姓村民买下被砍伐。从此，因树得名的三槐堂只有村名不见其槐树了。

1952年底，在上级组织的帮助下，三槐堂与附近的姜场、中立堂和钱庄子四个村，联合组织起来了一个高级农业合作社："红星集体农庄。"选举三槐堂村共产党员于朝凯为第一任农庄主席。

三槐堂1946年属河北省大兴县。1948年先后属北平市23区、14区、11区。1952年属北京市南苑区四海乡，年底属红星集体农庄。1958年属红星公社瀛海大队。1984年属瀛海乡。2000年属瀛海镇。2008年因瀛海镇旧村改造，在三槐堂村址上建起了"三槐小区"，村民都移居上了楼。2014年，小三槐堂也拆迁搬至在南海子公园东南侧新建起的"南海家园"社区。

（部分内容根据李振东、李瑞义、李荫轩口述整理）

2. 六合庄

在南海子庄园中，曾有个“六合庄”，虽然遗迹早已泯灭，名字也鲜为人知，可它却被大军阀张作霖强占过；被富商李律阁拥有过；又被日本人侵占过；后来成了民国河北省政府的农场所在地；新中国成立后，又成为国营南郊农场（红星公社）的发源地。

张作霖像

在近代棋圣吴清源撰写的回忆录中，记述了大军阀张作霖曾在南海子强占过大片土地之事。虽然没有言明具体地方，但从后来的史料中证明，地址应在“六合庄”及以北的广阔地域。

张作霖，字雨亭，奉天海城人。奉系军阀首领。早年投身绿林，1902 年被官府收编。袁世凯称帝时，被封为子爵、盛武将军，督理奉天军务兼巡按使；袁死后，被北京政府任命为奉天督军兼省长、东三省巡阅使，控制了辽吉黑三省，成为奉系首领。1920 年直皖战争爆发前，与直系共同把持了北京政府，后与直系闹翻。在第一次直奉战争失败后撤回关外。在第二次直奉战争中获胜，在北京成立安国军政府，自称陆海军大元帅。1928 年，统率各路军北上，张作霖眼看大势已去，决定退回东北。在乘火车由北京回奉天途中，被日本关东军预埋的炸药炸死。

棋圣吴清源在回忆录中写道：在他的亲戚中，有一名叫李律阁的有钱人，有一次和张作霖打麻将，就故意输掉 50 万大洋。作为回报，张作霖把北京郊外南苑，包括赛马场在内的广阔农田“处理”给了他的亲戚李律阁。从中可以看出，张作霖确实在南海子占有过广阔的农田。因这一地域包括了南海子（南苑）历史上唯一的赛马场，所以，可以确定六合庄位置在北大红门内西侧以南。

吴清源在回忆录中又写道：这片农田于 1942 年又被日军“接收”了去，这是他亲眼看到的。因为日军“接收”那一天，他正好在李律阁家串门。突然来了一群日本人，把李律阁叫到二楼。过了一会儿，见李律阁绷着脸从楼上踉跄下来。家人才知道，这片土地被日本人强占了。后来，日本人在这儿办起了一个农场。

这一点，也能从《南郊农场史》记载中得到证明：“日本人在六合庄周围办起农场，定名为‘合作实验农场’”。这里提到的“六合庄”正在该农场范围内。可能在清末官准南海子招佃垦荒时，由六位绅商合伙置办的庄园，后被张作霖连同以北的赛马场占为了己有。

史料记载，当时“合作实验农场”，南至小龙河北岸；北至大红门南御道；东至庑殿村西的益友庄；西至一亩泉南的任家庄，共有耕地约 67 顷。

《南郊农场史》记载，日本投降后的 1946 年 4 月，民国河北省第五专员公署接管了“合作实验农场”。1947 年 8 月又改由河北省政府建设厅直辖，改名“南苑农场”。因其地处北大红门以南六合庄，所以还被称为“六合庄农场”。由于大部分土地荒废日久，垦种成本过大，河北省建设厅又决定由北平私立“法勤”“九三”“大同”三所中学共同承租经营，又将农场更名为“三校联合实验农场”，直到北京解放。

1949 年 1 月，华北人民政府组建起“华北农业部机械垦殖管理处”，接管了平南地区（北平南郊）的敌伪农场及军用土地，筹建国营农场。3 月，即接管了“南苑农场”（六合庄农场）。当时，该农场北起大红门南御道，南至和义庄；西起永南旧公路，东至庑殿村西益友庄，占地约 2000 亩。接管前，大部分土地租给当地农民耕种，场址即设在六合庄（后为北京塑料十九厂），仅有破旧砖坯房 35 间。与此同时，华北农业部机械垦殖管理处（国营农场筹建处）接收了设在城里朝内斜街的原联合国救济总署机械农垦处河北省分处的车库内的拖拉机 10 台、四轮汽车 2 辆、吉普车 2 辆配套农机具等，都运到了六合庄，仅半个多月的时间即新开垦出荒地 600 多亩。因当时国营农场筹建处办公地设在庑殿村（时称五里店）一农民家，所以，将国营农场的名字暂定“五里店农场”。同时期，农场又接管了位于庑殿以南的国民党军用仓库，使农场面积大增。农场办公地也由庑殿搬到旧军用库区（即后来的四分场地区）。

紧接着，华北人民政府根据北京城市今后的发展需要，又相继在南海子里组建成立了“德茂庄农场”“天恩庄农场”“和义庄农场”“钱庄子农场”“南同顺农场”“合作农场”和“黄村农场”等七个小型农场。1954 年 10 月，上述七个农场与最先组建成立的，从接管“六合庄农场”而成的“五里店农场”一起，合并为北京市最大的国营农场——南郊农场。

3. 志远庄

张敬尧像

志远庄位于南苑机场东南侧，大生庄南侧里许，双泡子东北侧二里许，团河行宫以东偏北约五里许。现属大兴区西红门镇一个行政村。

据《大兴县地名志》记载，清末官准南海子招佃垦荒后，一位崔姓太监在这里置地建庄，初称“藕合堂”。

到民国军阀割据时期，北洋政府以“旗地变民产”为由，强迫南海子里的一座座地主庄园出让给了当时在这里驻军的大大小小的军阀。“藕合庄”落在了汉奸军阀张敬尧手中，被更名为“玉成庄”。

张敬尧（1881—1933），皖系军阀首领之一。早年参加袁世凯北洋新军随营学校，又到保定军官学校受训。因镇压辛亥革命有功，被提升南昌卫戍区司令。后又被段祺瑞升为陆军七师师长。民国七年（1918 年）被任命为湖南督军兼省长。因镇压学生反日斗争引起公愤，在爆发的“驱张运动”中被赶出湖南。之后，张又先后投靠张作霖、吴佩孚、张宗昌，最后又投靠了伪满政府，被国民党军统刺死在北平六国饭店。

史料记载，张敬尧还是个贪得无厌之徒。在湖南任职期间，曾与其弟在龙潭寺一带置地万亩。同时在天津和北京也置有多处房产和地亩，其中就包括在南海子的“玉成庄”。

玉成庄由张的侄子张海亭代管。张海亭将“玉成庄”一部分租给了一个叫杨四的酿酒老板，“玉成庄”便改成了酒坊，人称“烧锅”。因这里出的酒远近闻名，“烧锅”的名字也就越叫越响，盖过了“藕合堂”和“玉成庄”，在南海子里，人们只知道“烧锅”这个名字。

前天津市长
萧振瀛

据张海亭的叔伯内弟刘耀荣老先生说，当时“烧锅”是东西两个院，东院住的张海亭一家，西院住的佃户，西院西南侧就是酒坊。

1936年，张敬尧遭刺身亡后，家人将“烧锅”转卖给了时任天津市市长的萧振瀛。

萧振瀛（1890—1947），山东省文登人。早年投军在东北军孙烈臣部，后离开东北军参加冯玉祥的西北军。官至西安市市长和军法处长。后因与冯玉祥反目而分道扬镳。冯玉祥兵败中原大战后出走苏联，西北军解体。萧振瀛召集旧部，推举宋哲元为军长，自任军委会参议。该部后改为“国民革命第二十九军”驻守南苑。1934年，萧振瀛被任命为察哈尔省主席。一年后又被改任为天津市市长。

萧振瀛盘下“烧锅”（玉成庄）后，又将庄子更名为“佑安庄”。不过，始终没被叫开，人们仍习惯称之“烧锅”。

萧振瀛买下“烧锅”没多久，就决定拆了烧锅大院，在旁边新建一座庄园。据说萧振瀛请高人看了风水，说这里是个“井”字形地形，“轿”子形地块，地下还正好压着一条沙龙水脉，是一块非常难得的风水宝地，萧振瀛深信不疑。

萧振瀛建起的新庄园定名“佑安庄”，位于“烧锅”老院的北侧里许，是一座长方形庄园。东西长约350米，南北长约250米，占地约13亩，由南、北两部分组成。南半部分为菜地，中间偏东有一眼水井。北半部分为宅院，分四个院落，前后院落有门道相通。院落东、西、北侧为花园，南侧设有东、西两座大门道通往前院。整座庄园建有二米高的围墙，四角设有岗楼，围墙四周挖有壕沟。庄园的房屋建筑得也非常讲究，雕梁画栋，青砖蓝瓦，磨砖对缝，青石台阶，方砖墁地，松木窗户，上支下摘，显得富丽堂皇。

1947年5月，年仅57岁的萧振瀛因突发脑出血逝世。家人决定卖掉“佑安庄”。被庄里较有影响的四户人家共同筹资如数买下，后来又分卖给了庄里的其他村民。

庄里的村民，大部分都是外来扛活的佃户，他们分别来自河北保定、大城、河间等地，也有来自山东、东北，还有的就来自附近的南海子外。其中较早来的有高占启（后人高认生、高认田、高认明）、邵景怀（后人邵德振、邵德江）、刘实忠（后人刘耀荣）、刘耀武（后人刘德海、刘德明）、郑瀛州（后人郑化民、郑化隆、郑化南）、刘福龄（后人刘玉坤、刘玉峰、刘玉泉）、刘志席（后人刘福）、张永江（后人张培林）、谢国喜（后人谢震）、裴亚轩（后人裴廷明、裴廷祺）、裴德申（后人裴廷林、裴廷慧）、裴春波（后人裴廷玉）、衡子明（后人衡顺义）等十几家。后来，又相继来了刘世奎（后人刘华章）、黄玉山（后人黄春秋）、黄玉峰（后人黄春起、黄春生）、牛文定（后人牛振华）、张永顺（后人张培树、张铁锁、张培森）、王泽州（后人王从义、王德胜）、刘希田（后人刘淑贤）等户。

1952 年，南苑区政府决定在这里设置乡公所，大家都认为叫“烧锅”的名字实在不中听，原庄名“藕合庄”“玉成庄”和“佑安庄”也与新时代不符，决定就以名言“志向远大”之意，定名“志远庄”。

在志远庄西南侧二里许原有个“双泡子村”，曾是军阀谢春盛置办的庄子，由河北吴桥人马吉星代管，主要经济来源是收割泡子里的芦苇、蒲草。这里的住户还有吴桥人李兰英（后人李树清、李树红、李树林）、赵丙星（后人赵文轩、赵文玉）、山东人郭庭海（后人郭荣福、郭荣寿、郭荣祥）、郭运道（后人郭吉垚、郭吉祥）等。村东曾建有一座小土地庙，那是因为谢春盛在此骑马时坠落而未被摔死，他特意在此建土地庙以感恩土地神。后来，双泡子村并入了志远庄。

1965 年，又从附近的“西四合庄”迁来了杨克巨（后人杨宝元、杨宝玉、杨宝稳、杨宝国、杨宝强）、潘宗余（后人

走访志远庄村民郭荣福、刘耀荣等

潘学祖、潘学义）、张俊江（后人张福年、张福晨、张福兴）等户。到21世纪初，志远庄已发展到200余户，近600口人。

志远庄1946年属河北省大兴县团河乡。1952年属北京市南苑区，为志远庄乡公所驻地。1958年属大兴县红星公社金星大队。1984年属金星乡。2000年属西红门镇。

（部分内容根据郭荣福、刘耀荣、王慧民、张福臣等口述整理）

4. 建新庄

建新庄位于志远庄南侧里许，振亚庄东北侧里许，双泡子东侧里许，信义庄西南侧三里许。处于团忠路（团河宫至忠兴庄）与西三路（西广德至三间房）的交汇地。现为大兴区西红门镇一个行政村。

据《大兴县地名志》记载：清光绪二十八年（1902 年）南海子荒废，官准招佃屯垦，清朝一内务府官员安宗恒在此置地建庄，名“万义庄”。民国初期，各系军阀割据南苑，军阀政府以“旗地变民产”为由，发布相关政令。南海子里的一座座地主庄园大多被驻扎在这里的大、小军阀占为己有。万义庄即被皖系军阀段祺瑞的部下张奎斌占有。遗憾的是，笔者尚未查找到安宗恒和张奎斌两人的相关史料。

到民国九年（1920 年），万义庄又有了新的机遇，差点成了燕京大学的校址。这要从燕京大学首任校长司徒雷登说起——

司徒雷登（1876—1962），美国基督教传教士、教育家、外交官，出生中国杭州，是一位公认的中国通。1919 年受命于美国长老会，出任由“汇文大学”与“协和大学”合并而成的教会大学的校长。司徒雷登上任后，即将校名改为“燕京大学”。他一边改善原有的教学条件，一边策划另起炉灶，决定给学校另选新址。他寻遍北京四郊，最后确定在清华园西边的一块地建新校，这就是现在的北京大学。

司徒雷登像

在笔者走访建新庄时，村里的老人异口同声地说，当初，司徒雷登为燕京大学选校址时，曾选中了“万义庄”，并已开始动工兴建，还打好了一眼井。至今，村南还留有当时所建的五座楼的地基遗迹，被村民称为“五道坡”。据说因为北侧的“志远庄”（时称玉成庄）是大军阀张敬尧的庄子，进入万义庄必经玉成庄。由于蛮横的张敬尧坚决不肯“让地修路”，这样，交通就成了大难题。最后，司徒雷登只好放弃在这里建校。

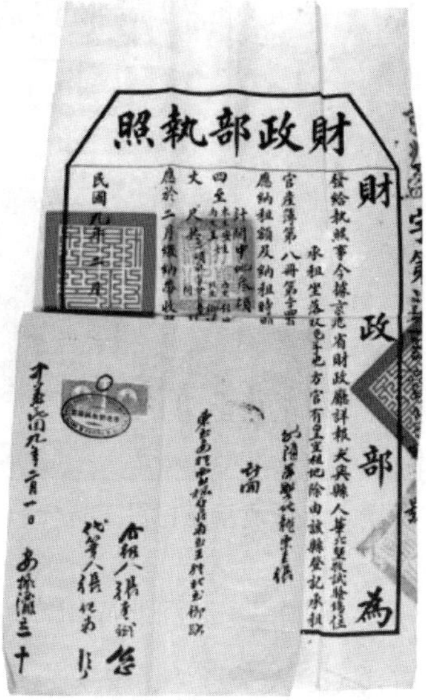
財政部執照

民国财政部颁发的《执照契约》

那么，当初为何选在这里建校呢？原来，有一位在燕京大学工作的员工王鸿生与当时万义庄的主人张奎斌相识，在他的说合下，燕京大学用70万元国际救济中国农村赈灾善款，从张奎斌手里买下了万义庄，办起了中美合作的燕京大学“华北垦牧实验农场”。万义庄被改称“华美庄农场”，并聘用王鸿生负责管理农场事务。

在2012年华夏秋季拍卖会上，展示了一张当年燕京大学购买万义庄土地由财政部颁发的《执照·契约》，拍卖说明写道：“二十年代初，司徒雷登为校长的燕京大学农业系，为改良中国华北农业生产，在南海子中心地带购置原‘皇家猎苑’，建起农业实验场。”《执照·契约》开头写有“财政部为发给执照事，今据京兆省财政厅详报大兴县人‘华北垦牧试验场’承租坐落双泡子地方官有皇室租地……”等字。在契约上签字人正是张奎斌。签约时间为中华民国九年（1920年）二月一日。

从以上所述得知，万义庄已经转卖给了燕京大学，司徒雷登选在这里作为燕京大学的新校址应该是很有可能的，但最终因张敬尧的作梗而失之交臂。

后来，“华美庄”仍为燕京大学的“华北垦牧实验农场”。据《南郊农场史》记载，日本侵占南苑时期，这里曾被伪“河北省棉产改进会”管辖，称“南苑棉场”。听庄里老人说，由于庄里挂有美国的星条旗，日本人始终没有进入庄子。日本投降后，又归燕京大学作为农作物改良实验场。

因王鸿生是河北沧州人，所以，后来到万义庄（后称华美庄）落户的，大都是来自沧州王的老家王姓族人。除王鸿生（后人王富丰）一家外，又相继有王喜健

走访建新庄村民王运代、王运忠等

（后人王善亭）、王广吉（后人王兴恩、王兴林、王兴振、王兴维）、王运祥（后人王继臣、王继庆、王继军、王继辉）、王运代（后人王继宪、王继雨）、王运起（后人王继文、王继荣）、王运芳等到此落户。除了王姓本家族人外，又有山东人晁玉鲜（后人晁仲科、晁仲启、晁仲举、晁新生）、远兴旺（后人远顺昌）及河北涿州等地的高志和（后人高振国）、于进美（后人于占荣）、于占兴（后人于玉兰、于玉芝）、尹学生（后人尹秀九）、杨海如（后人杨占波、杨占其）、杨海义、张广增（后人张进京、张进考、张进举）等到此落户。

新中国成立后，当时与中国为敌最大的国家即是“美帝国主义”，村庄称“华美庄”肯定不合时宜。经过众议，就以“建设社会主义新中国”之意，把村名改成了“建新庄”。到 21 世纪初，全村已发展到 110 余户，逾 300 口人。

建新庄 1946 年属河北省大兴县团河乡。1952 年属北京市南苑区志远庄乡。1958 年属大兴县红星公社金星大队。1984 年属金星乡。2000 年属西红门镇。

（部分内容根据王运代、王运忠、王运涛、王连祥等口述整理）

5. 振亚庄

振亚庄位于南海子西南部双泡子（眼镜泡子）西南隅，东偏北里许为建新庄；往西三里许为团河行宫，现属西红门镇一个不大的行政自然村。

据《大兴县地名志》记载，清光绪二十八年（1902 年），官准南海子招佃垦荒，清宫一位任氏太监在此置地建庄，始称“志善堂”。又听当地老人说，到民国初期，“志善堂”又转手给了军阀段祺瑞的一个小老婆，改称为“振亚庄”。不过，据说振亚庄是以她弟弟的名义置办的。因此，当地也有人说振亚庄是段祺瑞小舅子的庄子。

段祺瑞共有二妻五妾，原配吴氏早亡，留下一儿一女。续妻张氏，因没能为段家生儿子而内疚，就一连给段祺瑞又张罗了五位小妾。据说，振亚庄就是其中一个小妾置办的。但是，究竟转卖给了哪位小妾，现已无人说得清。不过，从他的五个小妾中分析，转卖给一个被称刘三儿的小妾最有可能。因为刘三儿给段家生了一对双胞胎儿子后，在段府的地位陡升，自然也就趾高气扬起来，天天打扮得花枝招展，成天逛戏园子泡茶馆，花钱如流水一样。估计也就在这个时候，她背着段家，以自己弟弟的名义盘下了“志善堂”，改称为了“振亚庄”。

据久居振亚庄的韩贵池老先生说，振亚庄北枕御道，西邻团河，东傍泡子，南望海子墙，地处高坡，环视四方。三面被两米来高的土墙相围，临双泡子一面因不适于建土墙，而以密植花椒树为挡墙。村南村北各有一眼水井，村北井大且深，上装有辘轳浇菜园。村南井小，青石盘口，供村民打水饮用。特别是村中长有两棵古树，一槐一柳，均是三搂粗，数丈高，十里之外都能看到。村民们经常聚在大树下乘凉吃饭，谈天说地。庄子东北侧就是南海子有名的眼镜泡子（又称双泡子），南北两个泡子就像两个镜片，之间由一座好似眼镜梁的白石桥相连。每到夏季，这里波光粼粼，芦苇荻荡，凫雁翠鸟，蝉鸣蛙叫，令人非常惬意。

走访振亚庄老村民韩贵池

振亚庄的庄园主并不常来，雇用一位叫赵培荫的管家料理庄园。据村里老人说，这位赵管家为人非常老实，从不欺负租户佃农，被村里人尊称赵先生。

据《大兴县地名志》记载，振亚庄村域面积约二平方公里，村址面积不足三十亩，庄子聚落呈矩形。村民大部分来自山东、河北两地，都是投亲靠友，相互帮携而来。最先来此落户的有赵、邓、陈、霍、蒋、韩、谷等几大户。其中有赵培荫（后人赵家荣、赵家骥、赵家慧）、蒋子恒（后人蒋亚新）、邓奎明（后人邓淑华、邓淑英、邓怀青等）、陈世海（后人陈桂荣、陈宝玉、陈德全等）、霍明玉（后人霍秀珍、霍秉泉、霍秉均等）、韩立山（后人韩秀芬、韩秀云、韩贵池等）、陈殿有（后人陈喜龙、陈喜平）、陈殿福（后人陈春燕、陈继锁、陈继承等）、陈殿丰（后人陈喜经、陈喜玲、陈喜东等）、谷秀丰（后人谷淑兰、谷淑仁、谷春起等）、张汉鼎（后人张鸣和、张仁和、张元和等）、袁宝臣（后人袁花盛、袁孝忠等）、郝连宝（后人郝广增、郝广云）、孙德丰（后人孙万龄、孙万全）、宋怀江（后人宋栢青、宋二丫），还有霍万明、谷俊丰、肖凤如、肖凤岐、刘继续、张万义等户。

在振亚庄村南二里许，有一处被称为“南振亚”，据说曾是冯玉祥置的地亩，后来转让给了别人。这里仅住有孙德丰一家，后来也并到了振亚庄。到 20 世纪末，振亚庄已发展到近 70 户，约 200 口人。

振亚庄 1946 年属大兴县团河乡。1949 年相继属北平市海子区、23 区、14 区，1952 年改北京市南苑区南同顺乡。1958 年改属大兴县红星公社金星大队。1984 年设金星乡，属之。2000 年属西红门镇。

（部分内容根据韩贵池、王明通口述整理）

6. 富源庄

富源庄位于大兴区亦庄镇的西北侧，是由“富源庄”和“恒利庄”两个小庄子合二为一而成。与附近的村庄相比，是个小于“东广德庄”，大于“娘娘庙村”，基本持平“董家场”的不算大的村庄，被凉水河西岸的旧宫一带俗称为“东庄子”。

富源庄和恒利庄最初称“森昌庄”，与东广德庄和西广德庄一样，原本都是清宫总管太监李莲英于清末官准南海子（南苑）招佃垦荒时置办的庄子。但是没置办多久，就作为脂粉地陪送给侄女当嫁妆而转手他人了。民国初年，这里又被一个叫李满庭的小军阀和他的军需处长占有。李满庭占西，建起了富源庄。他的军需处长占东，建起了恒利庄。他们建庄不是为了发家，而是为了弄钱，以每年能收到手租金为目的。因此，就把庄园的地亩管理，都交给了一个叫王世荣的管家（又称二地主）。这个王管家既聪明又狡猾，他看出了两位军爷是只爱钱财的武夫，别的啥也不管不问。就在管理过程中从中“骑驴”，往自己腰包里捞钱。修建庄子用料，用的全是半条砖，而且还是“里生外熟”（即里层用坯，外层用砖），他就从中赚了不少钱。据当地老人说，这位王管家对来庄子打短工的贫苦农民也特别苛刻。为了坑人，他专门雇用“刀子头儿”（又称“薅刀子把式”）。他规定，“刀子头儿”一天干多少，打短的就得干多少，否则就白干。因为“刀子头儿”本来就能干，再加上单吃单喝嘴足又多挣钱，乍来的短工很难跟得上趟儿。结果，每天都有不少打短工的被坑而白干。

走访富源庄村民张书发

富源庄和恒利庄都各自筑有土围墙，

并辟有庄子南大门。听当地老人说，最早来这里的仅有七八户来自山东、河北的贫苦人家。因这里地多人少，再苦也能生存。就这样，庄里庄外，人居逐渐增多。西边的富源庄形成了以杨发祥（杨富禄）、魏景春（后人魏子珍、魏子喜、魏子山）、李福生（后人李振海、李振华、李振水、李振山）、陈宝文（后人陈长海、陈长江、陈长立、陈长华）、顾文甫（后人顾佑华、顾若华、顾健）、刘吉堂（后人刘云秀、刘云英、刘云兰）、孟金荣、贾斌（后人贾福珍、贾福玲、贾福英）、张希元、张希才（后人张振兴、张振华）、马宝忠（后人马会平等）、马宝洪（后人马青芝、马金枝、马会来）、陈贵（后人陈仲元）等姓氏的人家。东边的恒利庄形成了以杨姓凤琪（后人杨来福）、王老六、王世英（后人王淑玲、王淑成、王淑龙、王淑明、王淑友）、金凤池、孟传信（后人孟继峰、孟继山）、张树武、刘玉（后人刘俊生、刘俊启）、潘俊臣、姚金堂（后人姚振海、姚振河、姚振清、姚振江）、顾景忠（后人顾欣、顾月、顾刚）等姓氏的人家。在庄子前边，还住有冯恩友（后人冯云礼、冯云志、冯云信、冯云亭）、柳维军（后人柳德洪、柳德禄、柳德福）、庞俊清（后人庞跃庭、庞跃勇）、庞俊臣（后人庞跃先、庞跃利、庞跃明）、庞俊生（后人庞跃海、庞跃德）等姓氏人家。

在庄子外，还有一些也来自山东、河北的穷苦农民。最初来这里时没有地方住，就选个合适的地方，修个半地上半地下的地窨子就凑合住了下来。在富源庄的西南隅和村西头，就住有这样的十几户人家。当时他们就是住这种地窨子在此落脚谋生的。在村西南隅，住有刘氏（后人刘雪臣、刘贵臣）、张氏（后人张印祥）、赵凤山（后人赵兴荣、赵兴华）、陆洪友（后人陆宝才）、冯恩山（后人冯云明、冯云静、冯云海）、陈松林（后人陈志强）、樊进才（后人樊德禄、樊德俊、樊德军）、苑长志（后人苑云峰）等姓氏十来户人家。村西头，住有李氏（后人李四群、李永春、李永林）、孙希荣（后人孙长龙、孙长生）、段世才（继子段福盛）、赵宝山（后人赵振方、赵振元）、冯恩田（后人冯云方、冯云贵、冯云兰、冯云琴、冯云敏）等几户人家。后来条件稍微好点了，才垒起了土房。因离庄子还有一段距离，也没有个正经地名，被庄里人戏称“三家村”和“四家店”。

在富源庄以北里许（今五环路亦庄桥西北侧小公园），原有个大土堆子，当地人称之“九龙山”。后来有人在此挖出了一些陶制的“猪”“鸡”“瓦罐”和“宅院”等物，才知道这里原来是一处汉墓遗址。与东北侧二里许三台山发现的汉墓为同一时期。不过，从出土的文物及墓室规格来看，属于汉代一般富裕人家之墓。后来，有人在这里建了一座仅有一间房大的小庙，庙里没有泥胎塑像，仅在墙壁上绘有刘、关、张的画像。据说，这是一位京城商人为酬神而捐建的。再后来，有户张文志（后人张希荣、张希华、张希富）的贫穷人在庙旁盖了几间土房落了脚。

新中国成立后，富源庄与恒利庄合为一起，形成了富源庄行政村。其庄外那几处散户民居，也都自然而然地并入了富源庄。到 20 世纪 90 年代初，富源庄已经发展到近 150 户，约 500 口人。

富源庄，清属顺天府大兴县。1928 年属河北省大兴县。1946 年属河北省大兴县鹿圈乡。1948 年先后属北平市 23 区、14 区、11 区。1952 年属北京市南苑区鹿圈乡。1958 年属大兴县红星公社天恩大队。1962 年改属亦庄大队。1984 年属亦庄乡。2000 年属亦庄镇。于 21 世纪初，按北京经济开发区总体规划，在原村址南侧建起了“富源里”居民区，用于富源庄和董家场村民的拆迁移居住房。就这样，“富源庄”搬进了“富源里”。

（部分内容根据孟广乐、张荣发、庞跃勇口述整理）

7. 南辛庄和北辛庄

在历史南海子东海子墙内的北部，曾有两个自然村庄，一个在双桥门以北约二里，一个在双桥门以南约二里，均是民国初期所建的庄子，较清末官准“招佃垦荒”时要晚，在当时而言，是新建的庄子，因此都被称为“新庄”。为了有别，被相对称为“南新庄”和“北新庄”。后来被人们习惯写成了“南辛庄”和“北辛庄”。

因两个“辛庄子”位置均紧靠海子墙，都是历史上南海子的“海户地”（官家为在南海子里劳役的海户提供的养赡地）。清末官准南海子（南苑）招佃垦荒后，大部分海户地都集中到殷实富户手中。

1916 年，“洪宪皇帝”袁世凯死后，北洋军群龙无首，开始分化成“直、皖、奉”三系军阀派系。他们为争夺北京政权而相互争斗。由于南海子（南苑）是北京的南大门，又是屯兵重地，因此，这里成了各系军阀的必争之地。他们在这里抢占地盘，相持对峙。其间，他们对这里已经形成的“地主庄园”垂涎欲滴，即发布所谓的“旗地变民产”政令，将南海子内的大多数庄园强行收归到驻守这里的大大小小的军阀手里。成为他们收租敛财的一棵棵的“摇钱树”。那些大军阀们占有了南苑兵营周边的拥有大片上等好地的庄园。那些小军阀们就只能占有海子墙附近边沿地带的庄园地亩了。“南辛庄”和“北辛庄”就属于后者。

走访南辛庄村民李振兴

据久居“南辛庄”年过八旬的李振兴老先生说，南辛庄周边地亩原是海户地。闹军阀时被一个军阀旅长刘梦庚占有，始称“新庄子”，又被写成“辛庄子”。后来又转手倒卖给了一个暴发户商人于学忠。于即在此大兴土木建庄园，想把这里建成他的一处“安乐窝”。他把建庄工程交给了一个姓白的亲戚。由于翻错了尺，将地基给做矮了，结果，把这座“高堂大院”建成了“低矮大院”，使于学忠非常熬心。

据李振兴老人说，于学忠并不常住在这里，只是偶尔带着一些女戏子到此消遣。直到解放后搞土改时，当地政府就把“大院”分给了多户贫困农民。后来，由于许多户住在一个院子里不方便，经大家商议后，就把大院房子拆了，用各自拆下的材料都到别处另盖了。南辛庄仅留下了刘、陈、李、张、佟、鞠等不多的几户人家。

走访北辛庄村民祁翠兰、金庆璋

“北辛庄”位于大羊坊西侧的海子墙内；西临东马公路（南北段）；北靠东马公路（东西段）。庄子西北侧有两个相连的水塘，南塘稍大约五亩，北塘略小约三亩。明眼人一看就是块有风水的好地方。这里原也是海户地，清末官准南海子招佃垦荒后，一部分被海子外大羊坊殷实富户的杨、宋两家购得，分别在此建起了“杨家大院”和“宋家大院”。还有一户祖籍天津的曹姓人家也从海子外横街子搬至此。杨家靠北，建有北房、南房和东、西厢房各五间的四合院砖瓦房。宋家偏南，建有北房和东、西厢房各五间的三合院砖瓦房。曹家在西，仅建有一处普通的民房院落。就这样，初步形成了“北辛庄”。

后来，在杨、宋大院的西南侧，又建起了一座刘家大院。是直系军阀一位刘姓军需官（后人刘光弼、刘光华、刘光瑞）所建。该军需官祖籍河北河间府龙华店，在驻军南海子（南苑）期间，相中东海子墙里的这片地亩。这里原本是乾隆年间封给牛氏家族的“皇封地”，由于牛家后人抽大烟败落，把大部分土地相继转卖给了殷实富户。最后又转手到刘军需官手里，即在地东侧的“北辛庄”，建起了一座刘家大院，定名“东溪堂”。不过，这个庄名始终没有被叫开，人们仍称这里为“北辛庄”。据当地老人说，这位刘军需官原本打算仗势把杨、宋、曹三家挤对走，因曹家与直系大军阀曹锟是本家，就告到曹锟那里，刘军需官才未能如愿。刘家为了在此站稳脚跟，就把老家河间龙华店村的几家穷亲戚招了来，北辛庄这才有了刘、闫、郭、李、韩等户。后来，随着时代的发展、变迁，又相继迁来了楚、孙、丁、谢、白、车、果、王、张、顾及屈、石、南、赵、胡、郑、霍、谷等户。到开发区征用拆迁前，北辛庄已有近 30 户人家。

1958 年 3 月，南郊农场全民所有制部分适度扩大，将东海子墙里属于鹿圈乡广德庄（时任村长张德民）管辖的南辛庄、北辛庄、双桥门和牛、闫场等小自然村的农户连人带地划入南郊农场，转为城市居民户口。其中，南辛庄划入了二分场的三队（小粮台生产队）；北辛庄划入了二分场的二队（双桥门生产队）。

现如今，“南辛庄”和“北辛庄”已于 20 世纪末被北京经济开发区征用拆迁。原“南辛庄”遗址位于可口可乐北侧同济路东；原“北辛庄”遗址位于大羊坊立交桥东南隅；一点昔日的痕迹都没有了。

（根据李振兴、丁占营、金庆璋、曹树祥、胡连国口述整理）

8. 石太庄

石太庄虽然是民国初被一奉系军阀强占的庄子，但其初成庄园的时期却可追溯到清嘉庆年间。

众所周知，南海子“垦荒建庄”是从清光绪二十八年（1902 年）官准“招佃垦荒”才开始的，其实并不然。早在清嘉庆、道光时期，南海子因管理松懈，就已经出现了“违规建庄”的现象。都是瞒着朝廷私下进行的。在当时的“私垦建庄”当中，就有这个“石太庄”。不过，当初庄子的名称为“世泰庄”。

这种“私垦建庄”现象是从“浮开地亩”开始的。

“浮开地亩”即是超出准奏垦荒数量而多开垦出的地亩。原来，为了解决海户和苑户等在南海子苑囿内劳役及管理人员的养赡地不断增加的实际问题，按规定，主管南苑（南海子）的奉宸苑须按实际需求奏明朝廷，经皇上准奏后方可垦荒。然而，随着大清帝国“康乾盛世，嘉道中衰”的败落态势，南海子皇家苑囿也由盛转衰。苑囿的管理官员乘“宸游渐少”之机，为解决经费不足，即采取“浮开地亩”的手段，把超出准奏部分的荒地另行招佃出租以获得利益。

直到清道光十八年（1838 年），南海子内“浮开地亩”的现象才被暴露。道光皇帝大怒，即革去奉宸苑卿禧恩的职务，派定郡王载铨和内务府大臣裕诚接管了奉宸苑。道光皇帝谕旨：“将南苑新旧开垦地亩，何人任内开垦若干等情，分析详查，据实具奏”。经过载铨的详查，很快就查出了包括“世泰庄”在内的私垦地亩问题。《据录副奏折》记载：“查得正白旗所管大屯角门北有私开地约十余亩；世泰庄私开地亩约七十余亩；三合庄私开地约七十余亩。镶黄旗所管毕家湾私开夹空地约八十余亩；牛家场东私开地三十余亩；三合庄东私开地约十亩”。得到载铨奏报后，道光皇帝叹道：“稍为履查，即有私开地数顷之多，恐私开者不止此数”。即下令将负有责任的正白旗苑丞常禄、镶黄旗苑丞常海革职。

从以上记载中可知，“石太庄”及海子里边缘地域不多的几个庄子，是在道光年间，就已经形成了。比清末官准南海子（南苑）招佃垦荒所建庄园整整早了60年。

“石太庄”位于南海子东南海子墙内，东与通州区马驹桥镇接壤；往西二里许为太和庄；西北二里许为千顷堂；村北二里许是通黄公路。

听当地老人说，当初是何人置办的石太庄已无人知晓，只知是由一位叫刘兴尧的代管理庄园地亩。到民国初，石太庄又被转卖给了苏姓和孙姓两户人家。苏家是京城富商，家住永定门外苏家坡。孙家乃河北沧州人，是奉系军阀的一位旅长（侄子孙学志，后人孙景山、孙景明、孙景光）。孙旅长将石太庄地亩交由其沧州张姓岳丈管理（后人张福臣），因此，石太庄还曾被称过“张庄子”。后来，又更回称“世太庄”，再后来，又被谐音称为了“石太庄”。

在石太庄东南侧里许，原有一小庄子叫瑞生庄，在当地又称“大阎记”（或大阎庄）。历史上这里曾是二十余顷专为皇宫种植马料和笤帚等用的专用地，被当地人称为“宫大地”。民国初年被大军阀阎锡山占有，因此才被称为“大阎记”。当时阎家在此建有四合院瓦房。后来，阎记将“大阎庄”转租给了海子外马驹桥镇的甄广庸（后人甄汉臣、甄汉深、甄汉斌、甄汉珍）。甄家就把“大阎庄”改成了“瑞生庄”。据甄家现在的后人甄松鹤对笔者说，当年他们甄家每年都要套车赴山西去向阎家交租金。1960年，瑞生庄并入了石太庄为一个行政村。

新中国成立后的1952年，石太庄组建成立了当时南苑区在海子里最早成立的农业合作社——“周子龙社”，被树为全区的榜样。至今，在老南苑区的档案里，还收藏有《石太庄周子龙社社章》，内容是：

（一）土地和劳动力分红办法

在查田定产的基础上，按入社土地常年产量，每十斗为一股，全社14户，土地251.19亩，以纯收入计分红时，地占40%，劳力占55%，公积金留下5%，仍由各户自交公粮。

（二）劳力评分与计工

按劳力强弱，技术高低，评定个人应得工分，采取死分活评办法。农活轻重不同的记分标准，耪地10分，拔麦子15分，零活8分。每10分为一个劳动日。妇女、半劳力，参加生产同工同酬。

（三）牲口、农具

牲畜伙有、伙喂、伙使，大农具伙有、伙用、伙修。牲口、大农具一律作价入社，价款由社三年内还清。小农具自带自用。

走访石太庄村民甄松鹤

（四）生产投资

1952年秋种小麦所用的种子，肥料以及1953年的个人投资，全作为社里借用，不给代价（指利息），1953年以后个人投资给予合理代价。

（五）入社和退社

自愿入社、自由退社。入社以一年为限，不许中途退出或加入，以利生产。退社时可以带走社内公共财产的个人带进来的部分。新入社时，必须将土地、农具和牲口全部入社。

（六）农副业结合

以农为主，搞副业以支持农业生产，农副贷款分别归还。按劳分红，给投资者一定代价。

（七）社内不许雇长工，不许做投机商业，不许地主、富农、管制分子入社。新入社时，需经社员大会通过方能入社，保证社内纯洁。

（八）社内每10天公布一次记工账，三个月公布一次开支和收入账目，每年制订全年计划，每季检查一次，修订下一季计划，力争完成全部计划。

（九）社员大会为全社最高权力机关，每年选举一次正、副社长和生产组长。大事都要经过社员大会通过。

到20世纪末，石太庄已发展到近百户，360余口人。

石太庄，1946年属河北省大兴县四海庄乡；1948年先后属北平市23区、14

区、11 区；1952 年属南苑区设石泰乡，为乡公所驻地；1955 年属太和乡；1956 年属南苑区红星集体农庄；1958 年属大兴县红星公社太和大队；1984 年属太和乡；2000 年属瀛海镇。2010 至 2013 年，因北京经济开发区征用拆迁。村民搬到了新建起的“南海家园”社区，过上了城镇化的新生活。

（部分内容根据甄松鹤口述整理）

第九章

Chapter 9

海子墙边的村庄

在海子墙的周边，散落着许多村庄。虽然他们在南海子之外，却与南海子有着非常紧密的关系。

1. 南双桥

南南双桥属大兴区亦庄镇辖村，于20世纪90年代末被北京经济开发区征地而整体拆迁。现在村民已移居到亦庄贵园南里小区，成为亦庄新城的第一代城镇居民。实现了从农村到城镇质的转变。

南双桥村位于亦庄镇东部，京沪高速公路大羊坊收费站西侧；这里正是历史上南海子皇家苑囿的东海子墙外，古高梁河故道（大羊坊沟）由北向南从村中间流过。因此，当地人又称之为“穿心河”。

南双桥村历史悠久，从村北河东岸原弥陀寺古庙前的两棵古槐树可以大概断出建村年代。这两棵古槐，几十年前就三人才能搂过来，当时村中老人都说这树龄有五百多年。因先有的村，后有的庙，所以可以推断出，南双桥村建村约有六百年了。

听老村干部说，过去曾编过一本“村史”，上边曾明确记有：明永乐初，肖姓八户随龙北迁至此，遂成村落。

经查阅史料，在根据明朝官方文献整理的《永乐实录》记载中得知，明成祖朱棣于永乐初，曾效仿秦始皇当年迁六国富商的举措，首先从南直隶苏州等十八郡和浙江等九省简选殷实大户迁往河北。实施“迁大姓实畿辅”。为的是促进北京周边地区的经济发展。也就在这样的时代背景下，“肖姓八户”从江浙一带“随龙北迁”，来到北京南郊高梁河故道岸边定居，始成村落。后来，又有山西移民相继到此落户，使这里的村民逐渐增多。为了方便村民过河，就在河上建起了南、北两座石桥，从此有了“双桥”村名。因为以北的京东还有一个“双桥”村。为了有别，就相对而称“南双桥”和“北双桥”了。

到永乐十二年（1414年），始建南海子皇家苑囿时。官方把方圆四十里内的民居村落，都强行拆迁至苑囿以外。从现在南海子周边村落现状分析，当时所迁往地

走访南双桥村民吕月海、郝增林等

域主要是苑囿的东、西两侧。即西侧的西红门和东侧的南双桥一带。

从南双桥的姓氏组成特点来看，也具有典型的多村合并的特征。这一点，可以从南双桥村的姓氏组成多样性看出端倪。全村 700 户人家中，不同姓氏的老户就多达 50 多个，具有非常明显的迁并特征。其中姓氏有：苏、郭、丁、马、杨、花、谢、王、曹、胡、刘、海、赵、魏、卜、邓、徐、夏、朱、韩、李、孙、付、廉、谷、郝、牛、陈、闫、郑、张、高、温、符、曲、薛、白、肖、连、承、鞠、吕、杜、纪、苑、尹、庞、路、许、宋、佟等。如果加上不同族而同姓的老户，姓氏的数量会更多。因此，在永乐十二年始建南海子苑囿前后，由于南海子内民居村落的迁并，使南双桥村的人口大增，成为东海子墙外的最大村落。

清康熙二十四年（1685 年），康熙皇帝敕命在南海子已有的北红门、南红门、东红门、西红门和小红门五座苑门的基础上再增辟镇国寺门、黄村门、回城门和双桥门四座苑门，其中双桥门就建在南双桥村北的西侧，因此得名双桥门。因此门是清代帝王拜谒东陵后回跸南海子的必经之门，所以被修成了制式最高的三洞门。这样一来，南双桥村又有了“过皇上”的机遇。当年，清代帝王拜谒毕东陵，辇车从燕郊行宫出发西行，在入双桥门之前，是先要从南双桥村北向西横穿而过的。笔者的祖母是当村娘家，小时候就曾听她讲过她十岁那年亲身经历了“过皇上”的事。后来笔者查阅到了相关史料：光绪二十八年（1902 年）三月，光绪皇帝曾奉慈禧皇太后恭谒东陵后回跸南海子。据《光绪实录》记载：“喻军机大臣等，十四日驻跸团河。留京王大臣，著即撤差。恭缴合符，于双桥门接驾。其余王公大臣，于燕郊接驾。十五日赴团河呈递膳牌。”看来，祖母所说不差，她经历的就是这次“过皇上”。

经笔者调查研究，当年皇帝的辇车就是从燕郊方向西行至南双桥村东的五道口，继续西行至高家胡同至穿心河边，由河东岸过桥至河西岸，再经当时的村北口（后来的韩家胡同），西行至东海子墙外的巡墙马道，沿海子墙外北行里许至双桥门入南海子的。

在南双桥村东那条走过皇帝辇车的御道两侧，曾有多处皇族坟茔，其中有一座较大的墓地即被称为“黄带坟”。在离村不远，路南还有一座较大的坟茔，因为堆得像座土山，上面长满杂草，是村民放羊的好地方，因此人称“羊山子”。20世纪70年代初期坟被挖开，见外层是厚厚的棺椁，里边是口楠木棺材。奇怪的是，打开棺材，并不见尸骨，只有一条大辫子和随葬品。听村里有见识的老人说，应该是一位战死沙场的、地位较高的皇族武将之墓。另外，在穿心河东岸的高坡上，还曾有一处墓葬群，村民高家（后人高增、高福田）即是看坟人。据高家后人高文树对笔者讲，这里堆有一座主坟和几十座小坟。他听长辈说，主坟有较长的墓道，里边置有“长明灯”，高家看坟人要经常进墓道里给“长明灯”添油。由于没见有墓志铭，所以谁也说不清墓主人的身份。在墓地旁建有一座高大的砖瓦房院落，高家人一直就住在这里。在该墓葬群的东侧不远就是京塘高速公路的大羊坊收费站。在修收费站施工时，还曾挖出数座清代坟墓，出土了朝珠、饰物、鼻烟壶等大量随葬品。据当时在场的村民魏富仁说，文物刚出土时，棺材里的彩绘和死者的官服、顶戴的颜色还很艳丽。以上足以说明，当年皇帝辇车走过的村东道路两侧，曾经是清代皇族占有的大片墓地。

走访“郝财主”后人郝世林

在南双桥村的姓氏中，以郝、温、连、李、杨等姓氏为大户，人口也居多，其中又以郝姓为最。据郝记后人郝增林说，郝记祖籍山西介休县，于明朝初移民至此。本来，郝家还留有家谱，可惜“文革”中被烧毁。现在，只知道有“春、建、树、增、士”五代人的排序。可能是山西人勤劳、会算计又善经营的缘故吧，郝记很快就发展起来，成为南双桥村首屈一指的殷实大户。后来，郝记分为了东郝记（后人郝树通、郝树本、郝树均、郝树春等）；西郝记

（后人郝树品、郝树桥、郝树清等）；南郝记（后人郝树方等）和北郝记（后人郝树启、郝树奇）。不过，北郝记仅是户“认姓当家”，实与郝记无血缘关系。在南双桥郝记中，以东、西郝记过得殷实富裕。

东郝记大院在穿心河东，占地面积近三十亩。大院东、西两侧，砌有两座高墙。西墙为青砖蓝瓦的花墙，东墙为十三层下碱的土坯墙，都各自留有大门道。弟兄们在大院里，各自都有五正三厢的独门独院。宅院的南侧为场院，宅院的东侧是菜园。此外，在宅院北侧中间位置，还设有一处供奉财神爷神龛的高土台。

西郝记大院在穿心河西侧。与东郝记相比，西郝记的郝树桥（后人郝增熙等）更为富有，被当地人称“郝财主”。与东郝记不同的是，郝财主家在京城里开有十四家当铺，曾是清末民初在京城里数得着的巨富。他家的两代儿媳都是爱新觉罗皇族家的格格。据郝家后人说，一位格格是康熙皇帝十四子多罗恂郡王之后；另一位是和硕豫亲王多铎之后，可见郝财主家的社会地位非同一般。

郝财主在穿心河西岸的大钟寺北侧，建有一处硕大的西郝家大院。现在世凡见过郝家大院的八十岁以上的老人中，一提起郝财主家的大院，无不伸出大拇指。据老人们回忆，西郝记大院坐西朝东，高大的门道连着十间青砖蓝瓦东厢房。大门道门楼磨砖对缝，青砖雕花。黑漆大门前，左右置有一对抱鼓石门墩儿。门楼廊内置放一洒金屏风，非常排场。大门外建有一座高大砖雕照壁，彰显富贵气派。大门里，建有两座五正三厢的三合房砖瓦结构独院，也都是磨砖对缝，建造讲究。独院后是一片菜园，打有一眼水井用以浇地。菜园西是一座可出入大马车的宅院西大门。

然而，这个富得流油的郝财主，因主人过早病逝，儿子又不成器，染上吸食鸦片的恶习而彻底败了家。特别是三儿子郝增喜，抽光了郝家的所有资产，最后连坟地的房子都被抽

走访南双桥村民高桂芝

走访南双桥村民连瑞润

光，只能靠串房檐儿（借别人家房）过日子，竟得了个“穷三儿”的绰号，最终他因穷困潦倒而死，妻子也携子改嫁他人。而那座豪华的郝家大院也在变卖后，被拆成了一片废墟。

村北河东李记也是家大户，是从小红门“岗上李记”分出的一支。据当地老人说，李家祖先曾任守护南海子的七品“把总”之职，是小红门首屈一指的富裕大户，曾经是瓦房成片，骡马成群。因在东海墙外还有李家地产，分家时，就把其中一支分到这里，在南双桥安了家，当地人也称其“岗上李记”。算起来已有五六代了，排序为“相、朝、宗、文、月”等。

在村南河东有家连姓人家，属满族旗人，先祖曾是随清顺治皇帝入关的一名武官，后来落户在了南双桥。据连家后人连瑞润老先生说，到其祖父这一辈有老哥仨，老大（后人连永禄）是个在皇宫里喂马的马夫。老二（后人连永春、连永顺、连永增、连永龄）和老三（后人连永宽）在家以务农为本，居住在河东一所坐东朝西，东、西正房各五间，南、北厢房各三间的四合院里。因院门修得宽大能出入大车，所以人称“大门连记”。

在南双桥河西还居有一户李姓（后人李玉松、李玉柏）的满族人家，因专门负责皇家建造大工程石料、木材等的大件运输，需要许多匹牲口链在一起才能拉得动，人称“链车李记”。据说最红火时，李家曾喂养过一百多匹骡马，可见当时的运输实力。

在南双桥北部穿心河东，住有温姓家族。据温世均老先生说，温家祖籍山东，曾祖于清朝末年只身逃荒来到东海子墙外，靠给富人家扛活出卖苦力为生，后来就在此安了家，育有三个儿子，三个儿子长大成人又娶妻生子。其中，大爷之子温玉成（后人温世全）、温玉奇（后人温世安、温世汉），二爷之子温玉斌（后人温世元、温世芳、温世友）、温玉凯（后人温世炎、温世宜）、温玉华（后人温世信）、温玉田

（后人温世林、温世启、温世亮、温世明、温世刚）、温玉贵（后人温世魁、温世禄、温世荣）、温玉祥（后人温世军、温世清、温世喜）、三爷之子温玉斌（后人温世厚、温世贵、温世前）等，成为南双桥村人口最多的家族，得有近 200 口人。

南双桥村在清代晚期还曾出过一位武进士杨志轩（后人杨润田—杨春瑞—杨克明、杨克森、杨克文、杨克斌等）。在南海子一带享有盛名。听当村老人说，当年在进行科考时，杨进士演练一口重 80 斤的大刀，演练中不慎失手，大刀脱手掉落。就在大刀快要落地时，杨进士用脚面接住大刀，用力一抬脚，把刀又踢了起来，博得了满堂喝彩。

其后人杨克斌先生对笔者说，他曾祖父所留下的那把大刀一直收藏在家。后来，由于成分不好怕惹事，被祖母偷偷埋了。大兴县文物部门还曾上门收集此物，但其祖母早已过世，已无人知道大刀的下落了。

杨中武进士后，多年为官家境殷实，其子杨润田继承了家业，后来染上吸食大烟，杨家的家业一天天败落。妻子是位极有心路的人，见劝他不住，就想出了丈夫每吸一次大烟，就暗暗藏起一笔钱存放在娘家的办法。后来，杨润田真的以为家被他抽穷了，十分懊悔，就下决心戒了大烟。妻子见他真已悔过，才取回暗藏在娘家的钱，重新置地上百亩，使杨家又成为南双桥村的殷实富户。

从整个南双桥村来看，由于地少人多，历史上没有南侧的堿庄和北侧的大羊坊富裕，曾传有“穷双桥，富堿庄，不穷不富大羊坊”的顺口溜。不过，这些都是过去的老话了。

走访杨进士后人杨克斌

在过去的古村落中，村村都有寺庙，南双桥也是如此。在村北部曾建有弥陀寺（北大庙）和菩萨庙（北小庙）；中部建有大钟寺；南部曾建有娘娘庙。

据《大兴县第一次文物普查》记载：弥陀寺在南双桥村北，西向。山门一间，面宽 2.5 米，进深 1.4 米，硬山筒瓦，调大脊吻垂兽，

南双桥大钟寺门楼旧照

排山滴水。两侧各有旁门，面宽 2 米，进深 1 米，硬山筒瓦箍头脊顶。正殿三间，面宽 10.8 米，进深 10 米，大式硬山筒瓦，调大脊吻垂兽，排山滴水。大脊正中雕双龙戏珠，中间为“圣”字，五抹斜方格门窗，前出廊丁头云雀替。南北配殿各三间，面宽 10 米，进深 5 米，小式硬山筒瓦箍头脊，其他与大殿同。有碑二，一为重修弥陀寺碑，东向，汉白玉制，额雕叶蔓纹制“圣”字及“万古流芳”。座雕莲花，碑阴额雕“协天大帝”，通高 2.2 米，宽 0.84 米，厚 0.30 米。另一碑为螭首龟趺残碑，仅碑座置于大殿外左侧。20 世纪 50 年代，弥陀寺用作南双桥小学校（北校）。

在弥陀寺庙前右侧，还曾建有一座菩萨庙（北小庙），据《大兴县第一次文物普查》记载：菩萨庙在南双桥村北，南向。存大殿三间，面宽 9.6 米，进深 5.5 米，大式硬山筒瓦箍头脊垂兽，排山滴水，苏式彩绘。五抹斜方格门窗，内为五架梁前后单步梁。

大钟寺位于南双桥村中部，据传是清代一王爷的家庙。20 世纪 50 年代初，仅存山门，后成为南双桥小学（南校）。

据《大兴县地名志》记载，南双桥村清属顺天府大兴县界。新中国成立后隶属河北省通县。1958 年 3 月划入北京市南苑区鹿圈乡广德高级农业合作社。1958 年 9 月，属大兴县红星公社天恩大队。1961 年改属亦庄大队（后成立亦庄乡）。为便于管理，曾以村中大钟寺前水沟为界，将村划分为“双桥南”和“双桥北”两个行政村。直到 20 世纪 90 年代末，与碱庄和双桥门村一起被北京经济开发区征地拆迁。在原村址上，建起了一栋栋厂房，成了亦庄开发区的工业区。原来的南双桥村，如今一点痕迹也寻觅不到了。

（部分内容根据吕月海、高桂芝、李文库、郝增林、连瑞润、郝士林、温世均、廉克森、杨克斌口述整理）

2. 大羊坊

大兴区亦庄地区有个“大羊坊”和“小羊坊”村，京沪高速公路北京一端的收费站就设在大羊坊村西。据《大兴县地名志》记载：大羊坊“明代建村，时村民多以牧羊为业，故名羊坊。清修整南海子，辟羊坊角门于此，曾名大羊坊”。

笔者认为，关于羊坊村地名的来历，还有待商榷。

在《契丹国志》卷二十四校勘记中记载：“延芳淀在燕京南，今北京南海子侧有延芳村……”

《契丹国志》是南宋人叶隆礼所著，共二十七卷，是一部记载辽代的纪传体史书。其中第二十四、二十五卷所记内容主要是节录南宋人使北的见闻。当时的燕京（今北京）已被辽国占领并定为陪都称南京。其中二十四卷中记载：“出北门，过古长城，延芳淀……”显然，作者并不十分了解当时燕京地理，把明明在城南的延芳淀写成了在城北。后人为其刻书出版时，将书中之误，在卷后设“校勘记”（相当于现在的勘误表）给以纠正。其中就纠正了延芳淀在燕京南，而不在燕京北。却在不经意间引出“今南海子侧有延芳村”来，给我们今天研究羊坊村留下了由头。

古延芳淀在北京东南，《辽史·地理志》记载：“延芳淀方数百里，春时鹅鹜所聚，夏秋多菱芡”，是辽代帝王“春捺钵”渔猎的重要场所。据考证，古延芳淀东起漷县，西至马驹桥以北古高梁河故道一线；南起廊坊，北至次渠、台湖一线。而羊坊村正处在延芳淀西北隅的边沿地带上。当时开始有人在此定居，借用延芳淀之名而定村名“延芳村”应该是合情合理的。

《契丹国志》作于南宋时期，元、明、清时期各出有刻本，而“校勘记”写于何时呢？这可从“校勘记”里所写的“今北京南海子侧有延芳村”中找答案。其一，“北京”这一称呼始于明永乐年间。“南海子”苑囿也同样始于明永乐间。而“羊坊”

之名最早见于清乾隆晚期。因乾隆五十四年（1789年），乾隆皇帝敕命重修南海子苑墙，将土筑墙改成了砖砌墙的同时，又新开辟了十三座角门。其中一座角门就是“羊坊角门”。说明在这之前就已经有了“羊坊村”的称呼。因此，基本可以做出结论，“校勘记”应写于明永乐年可能较大。这期间，该村还在以“延芳”为村名。

随着地理环境的改变，到元代，延芳淀就已经不再是水漫连天，低洼处仅存几处水泊。到明代，延芳淀已基本消失，连名字都逐渐被人们淡忘了。因此，因延芳淀而得名的延芳村名也就随之被淡化了。渐渐地，以谐音被“羊坊村”所取而代之。几乎可以断定:“羊坊村”是由“延芳村”的谐音转变而来。

明代以前，大羊坊应是南海子外较大的村落。从村北五里许敕建于明代的药王庙里的碑文及钟、磬的铭文落款均镌有大羊坊文字来分析，当时的海户屯、横街子和张家店均应属大羊坊范畴，特别是羊坊角门就建在了大羊坊以北的陈家店（现横街子小学南侧）。

“穷双桥，富城庄，不穷不富大羊坊”，这是过去流传在东海子墙外的一句顺口溜。说南双桥村穷，因为该村地少人多；说城庄村富，因为该村地多人少；说大羊坊不穷不富，因村里经商做小买卖的人多。

那么，为什么大羊坊经商做小买卖的人多呢？这与该村的地理位置相关。

大羊坊位于东海子墙外，有一条通往天津的旱道（被当地人称为道沟子），成为从天津至京城人力车夫、挑夫运送海鲜最便捷的途径。因路途遥远，需起早贪黑用一天的时间，到大羊坊已经天黑。一来挑夫需要打尖休息，二来海鲜需要换水保鲜。聪明的大羊坊人看到了商机，在路旁每隔里许即打一眼井，用以给海鲜换水保鲜。又乘机在村里开起了各种小商铺，方便商客。这样日久天长，大羊坊成了京南的一个小商业村。

据当村老人回忆，过去的大羊坊村，开办的各种买卖商铺多达二十几家。其中有“饹吱盒”王记（后人王松明）；羊肉床子李记（后人李德宏）；茶馆王记（后人王庆连）；棚铺王记（后人王庆荣）；馒头铺李记（后人李茂）；烟馆于记（后人于万同）；兽医站李记（后人李文和）；粮食店白记（后人白景隆）；杂货铺程记（后人程茂）；“瑞芝堂”药铺孙记（后人孙广恒）；糕点铺白记（后人白景延）；轿子房水记（后人水世祥）；肉杠铺王记（后人王文华）；棚铺果记（后人果振义）；杂货铺李记（后人李宏禄）；大车店刘记（后人刘瑞恒）；烧饼铺张记（后人张宝和）；饭铺宋记（后人宋德恩）；“北兴盛”堆房宋记（后人宋德芳）；烧活陈记（后人陈广金）；面铺戴记（后人戴国清）；木匠铺刘记（后人刘国良）；织布厂杜记（后人杜万俊）；煤铺张记（后人张兆新）；铁匠铺张记（后人张尚武）；剃头铺武记（后人武文山）；鞋底铺顾记（后人顾成华），此外，还有香厂果记、纸铺杨记、豆腐房白记、照相馆王记等。

走访大羊坊村民武文山

大羊坊村主要由白、钱、果、宋、程、李、王、张、刘、范、贾、水、于、孙、松、石、杨、常、杜、谢、陈、武、戴、钮、褚、索等近三十个姓氏组成。其中以杜、杨、白、宋、果、李六姓人口居多。其中又以杜姓人口为最。据杜记老人回忆，杜姓原籍山东省乐陵县，来北京已八九代。集中居住在大羊坊河东胡同口以北。新中国成立初期，杜姓就曾单独组建成一个合作社，到现在约有近 600 口人。

大羊坊村是有上千年历史的古村落，本村和附近村曾建有多处庙宇。除村北侧的药王庙、关帝庙、真武庙、村东侧的清泉庵以外，村里还建有三观庙、罗汉庵、娘娘庙和土地庙。虽都是规模不算大的一层殿宇，但当时的香火也都很盛。其中罗汉庵，在民国初，用作了公立学校。据民国九年（1920 年）《京兆公报》记载：“大羊坊国民学校，为大小羊坊及康家村三村合立，在大羊坊罗汉堂内。”

大羊坊村，清属顺天府大兴县界域。1946 年属河北省大兴县南苑区鹿圈乡。1948 年属北平市 23 区，1950 年改属 14 区、11 区。1952 年属河北省通县。1958 年属北京市南苑区老君堂乡。当年 5 月改属朝阳区老君堂乡，9 月属朝阳区十八里店公社老君堂大队。1961 年划入大兴县红星公社亦庄大队，为了便于管理被分为羊坊南、羊坊北两个行政村。1984 年属亦庄乡。2000 年属亦庄镇。于 21 世纪初因北京经济开发区征用，村民被先后移居到在原村址东侧新建成的“三羊小区”。

（部分内容根据武文山、陈学田口述整理）

3. 小羊坊

小羊坊是相对于大羊坊而称，位于大羊坊东北侧里许，在成村史上，肯定是先有的大羊坊后有的小羊坊。据村里老人说，小羊坊成村于清代早期，至今约有三百多年的历史。

清代，许多王公贵胄的墓地大多都在京城四郊，而东南郊又尤其多，如豫王坟、八王坟、英家坟、齐家坟、佟家坟、钱家坟等。小羊坊的村西和村南就有两三座清代贵胄的大坟，因而，最初来此落户的就与这些坟地有关。

在原小羊坊村南（今清泉庵古槐树正西里许），原有一座硕大的坟茔。听村里老人说，四十年前，坟头还有二米多高，直径足有一丈多。最显眼的是那高大的螭首龟趺墓碑，足有六米多高，据说这是一位对清朝立有赫赫战功的将军墓。由于战死沙场，埋葬时只有尸身没有头颅，因此又被当地称为“无头坟”。此坟于 20 世纪 60 年代因平整土地而被毁，坟茔被推土机推平，墓碑被拉倒。遗憾的是，笔者走访许多位当地老人，谁也说不清墓主人到底是谁，只留下了一段“风水先生”的传说。

传说死者后人在为其择选墓地时，请了一位道行高深的风水先生。风水先生说，我给看好墓地后，眼睛必瞎。死者后人说，如果风水先生为择墓地失明，他将为风水先生养老送终。风水先生信以为真，就选定了康村清泉庵以西的这块坟地。结果真的眼瞎了。谁知丧事过后不久，死者的家人反悔了承诺，并将风水先生轰出宅门。风水先生的徒弟为师傅抱打不平，一年后来到墓的主人家，说那块坟地是“鱼头鱼身不分，会死当家之人”。墓的主人家吓坏了，就问风水先生的徒弟如何破解，得到的回答是，必须在坟茔以南挖一条深沟，将坟地一分为二，使“鱼头”“鱼身”分明，即可得以破解。墓的主人家只好照办，真的在坟地中挖了一条深沟。实际上这是破了这家的风水。笔者听当地老人说，这块坟地的地势，中间还真有一条深深的大洼沟，被当地人称“单碑”地。

走访小羊坊村民李成武、陈万方等

在小羊坊村西，原来还有两通高大的螭首龟趺石碑，两通碑相距百余米。据当地老人说，东侧碑略高，碑首雕有盘龙；西侧碑略矮，碑首未雕刻盘龙，与单碑地相对而称“双碑”地。与单碑同样遗憾的是，至今也没有人能说清这两通碑分别为谁而立。从清代只有皇族死后碑上才能雕龙刻凤的规制看，东侧碑的墓主人肯定是位地位显赫的皇族成员。而西侧碑，据说也是一位立有赫赫战功的清代将领而立。传说墓主人是个叫那建成的武将，本是位降清明将，被赐满族那姓。因功高狂傲，酒后胡言，皇上怕他日后谋反，就找借口将他赐死。为掩人耳目，才厚葬于此。这些，都是当地民间的传说，真假难辨，还需从史料中查找证据。

据目击者说，这两通墓碑于“文革”初期被几十个红卫兵拉倒，碑身被摔成两节，螭首也被砸坏。后来被北京开关厂运走，被切割成了无数块石板儿，用来作了交流电闸的底座了。

听村里老人说，马姓（后人马玉良）是村南单碑坟地的看坟人，因此，成了最早落户到小羊坊的住户。后来又陆续迁来了顾姓（后人顾洪寿）、孙姓（后人孙宝林）、吕姓（后人吕殿元）、张姓（后人张洪才）、赵姓（后人赵荣生）、陈姓（后人陈桂林）、付姓（后人付长海）、李姓（后人李福祥）、吴姓（后人吴庆荣）、王姓（后人王国忠）、佟姓（后人佟凤林）、柴姓（后人柴宝山）等姓氏人家。初有人居住时，因挨着大羊坊东北侧不远，又没有几户人家，就相对而称为小羊坊了。

由于人口的不断增多，村西已没有了发展空间，村容只能向村东发展。渐渐地与村东偏南一点儿的另一个自然村——康家村几乎连在了一起，终于形成了一个行政村。到 21 世纪初，已发展到 330 余户，近 1300 口人。

小羊坊清属顺天府大兴县。1949 年前隶属河北省通县第七区。1958 年春划入北京市南苑区老君堂乡。同年5月改属朝阳区老君堂乡。不久，又改为十八里店公社老君堂大队。1961年春划入大兴县红星公社亦庄大队。1984年属亦庄乡。2000年属亦庄镇。2003年至2006年，因地区总体规划，村民被搬迁至村南新建成的小康社区，过上了城镇化的新生活。

（部分内容根据陈万方、李成武、付永顺口述整理）

4. 康家村

康村清泉庵旧址前古槐树

康家村简称康村，位于大羊坊村东侧二里许，原本是亦庄镇一个古老的小自然村。因四十年前（1978 年）与小羊坊村合并为小羊坊行政村，现在已被人们渐渐地淡忘了。可论历史，康村要比小羊坊足足长有三百多年，已经有六百多年的历史了。

在康村村西头，如今仍生长着一棵粗大而苍老的古槐，早已被定为区级重点保护古树。据有关部门测定，树龄已超过六百年。这就是长在康村古刹清泉庵遗址上的古槐。按理说，应先有的村后有的刹，所以说，康村已有六百多年。

康村是以姓为村，最早来此定居的就是康氏人家。村里老人听康家后人康维芳说，其祖上老家在山西北部，于明朝初年移民至此。这一点，从康家祖辈传下来的埋坟习俗上也可以得到证明。村里人都知道，“康家坟，倒埋人”，是说当地埋坟大都是棺头朝向东南，而康家埋坟棺头却朝西北，显然是朝向祖籍山西北部方向的。

清泉庵是古老康村的象征，至今，村里 80 岁左右的老人对这座古刹还记忆犹新。清泉庵为单层殿，据说明初建庵时本是双层殿，清代重修时改为了单层殿。前为山门一楹，从上镌有“古刹清泉庵”字便知是经过后人重建。正殿奉文殊菩萨和地藏菩萨；东配殿奉关公和二郎神；西配殿奉黄飞虎和火神爷。正殿西侧曾立有一通石碑，记载着重修古刹时捐款人的姓名。山门内东西两侧曾植有两棵古槐，可惜，仅西侧这棵成活到现在，仍根深叶茂，苍劲挺拔。据村中老人说，在清泉庵山门外东西两侧，还曾植有四棵被称为“蝴蝶槐”的古树，因树叶形似蝴蝶而得名。笔者经过查询，蝴

武举人范连芳像

蝶槐别名五叶槐，属豆科槐属，是北京地区的稀有树种。几十年前康村还存活一棵，后来也枯死了，村中老人们都很惋惜。

在康村的西南侧，清末曾在此建有一处基督教会，西侧为五间砖瓦结构的教堂；东侧为五间土坯配房。教堂东侧有一块教会墓地，埋葬有几十位教徒，被当地人称为“坟圈子”。墓地中建有一座碑亭，亭中立有一块石碑。碑正面镌“基督教盛新教会”七个字，背面镌有“真理战胜”四个字。据村里老人说，教会头叫孙彼得（后人孙书清），是河北省献县人，后来也落户到了康村。

康村除康姓（后人康维芳）外，还有范姓（后人范观海）、李姓（后人李德新）、常姓（后人常桂华、常桂印、常桂金）、贾姓（后人贾景河、贾景宽）、张姓（后人张永庆）、钱姓（后人钱文瑞、钱文志）等户。在上述康村的姓氏中，数范姓因出了一位武举人而地位显赫。这位武举人名范连芳，是光绪二十年（1894年）中的武举人。史料记载，武举制度始于唐代，盛于明、清，尤其盛于清代。因此民间习武者盛行，但能得中武举人者却凤毛麟角。范连芳能层层武试过关最后中举，证明其武功确实了得。

范连芳中武举后，成为当地十里八乡的显赫人物，不但成为官府的座上宾，更是本乡及周边村民心目中的名望高人。大事小情都要请范武举出头，就连每年四月二十八在康村西五里许举办的药王庙会，只有范武举到场后，庙会才能正式开始。

据村里老人说，范武举为人耿直，从不仗势欺人。相反，如有乡亲在外受了冤屈，不管穷富，他都能出面主持正义为其讨回公道。笔者在走访康村李成武老人时，就听他讲述了一段范武举就曾为他们李家摆平一件人命官司的往事。

那是在清末民初时期，康村李家日子过得还算殷实，被人称瓦房李记，在京城打磨厂开有一家首饰楼。由李家当时只有十七八岁的姑娘（应是李成武的姑奶奶辈）在柜台前打理。李姑娘因长得眉清目秀，被一位黄带子出身的纨绔子弟看中，经常到首饰楼来纠缠，竟扬言要强娶。李姑娘只好跑回康村家中躲避。谁料到，这位纨绔子弟

走访范武举后代范广志

竟追到康村抢人。李姑娘的兄弟李玉林就拉着姐姐跑向村南的教会，躲进一间屋里，那位纨绔子弟也追了过来。李玉林突然发现门后墙上挂着一支洋枪，就摘下来端在手中，想吓唬一下纨绔子弟。这时，门被踹开了，李玉林就把枪口对准纨绔子弟，嚷着让他走人，否则他就开枪。纨绔子弟不听，仍往前去拽李姑娘。李玉林真的一搂板机，令他想不到的是，枪里真的有火药。结果，只听砰的一声枪响，纨绔子弟应声倒地，当时就断了气儿。这下可引起了一场人命官司，李玉林被官府收监入狱。李家急得无奈，就求范武举出头帮忙。疾恶如仇的范武举听明前因后果后，一拍胸脯便应允下来，让李玉林一口咬定枪是纨绔子弟带来的，李玉林是夺枪误伤人命。范武举又私下走动了官府。结果，这场人命官司在范武举人的暗助下，李玉林只收监一年就被放了出来，李家非常感激范武举的救命之恩。

据范家后人范学明先生回忆，范家在康村建有东西两套宅院，一直是康村的大户。如今，范家还保存有两块范武举习武用的石志，每块足有六百斤。一块上面刻有“夺魁”二字，另一块刻有“占元”二字。

另外，还保存有一张范武举人当年的珍贵的照片。从照片上看，范武举人身高一米八以上，虽时已耄耋之年，却腰杆挺直，童颜银须，双眼炯炯有神，一看便知是位武艺超凡的老人。

康村清属顺天府大兴县。1949 年前隶属河北省通县第七区，辖小羊坊设“康家村村公所”，1958 年春划入北京市南苑区老君堂乡。同年 5 月改属朝阳区老君堂乡。不久，又改为十八里店公社老君堂大队。1961 年春划入大兴县红星公社亦庄大队。1978 年并入小羊坊为一个行政村。1984 年属亦庄乡。2000 年属亦庄镇。2003 年至 2006 年，因地区总体规划，村民被搬迁至村南新建成的以小羊坊和康村头一个字命名的小康社区，过上了城镇化的小康新生活。

（部分内容根据范学明、范广志、贾志友口述整理）

5. 城　庄

亦庄镇原有一辖村名为“碱庄”，因北京经济开发区征用，已于20世纪90年代末实施了拆迁。村民已移居至亦庄贵园北里小区，过上了城镇化的新生活。

“碱庄”原村址位于亦庄镇东部大羊坊沟（古高梁河故道）下游东岸，在南海子东海子墙外（俗称“海子外”）。北距南海子双桥门约五里；南距毕家湾角门约三里许。

对于“碱庄”的来历，《大兴县地名志》中是这样写的：“明已成村，名剪庄。清康熙年间于此设剪庄铺，后以聚落渐大，拆为大剪庄、小剪庄。因位居羊坊沟东侧，地势低洼，土地多碱，更名为大碱庄、小碱庄。”

对于此种解释，碱庄村老人并不认同，笔者也认为有待商榷。

在碱庄村，凡有些文化的老人，都会异口同声地告诉你，碱庄的“碱”字，绝不是“石”字旁的“碱”，更不是剪刀的“剪”，多少年来一直沿用的是“土”字旁的“城”。只是近些年才把“城庄”写成了“碱庄”。

笔者经查阅《辞海》《辞源》《古代汉语词典》《王力古汉语字典》和《中华大字典》，发现“城”字与“碱”字，不但在字义上不相同，而且读音上也不尽然。

“碱”字的读音 jiǎn，对其明确解释为盐碱的意思。

“城”字的读音 kān，对其明确解释为堤岸的意思。所以，当从《辞源》《古代汉语词典》和《王力古汉语词典》中查到，将“城”字注释为“堤岸”时，使笔者一下子茅塞顿开了。

碱庄位于古高梁河故道下游的东岸，也是古延芳淀的西岸，地势低洼。元代以后，延芳淀逐渐消失，明初开始在淀的遗址上移民建村。这才有了高梁河故道以东的丁庄、白庄、马庄、孟庄和郑庄等村庄。但是，这些村庄地处更低洼，一遇到上游泛洪就会被淹。为此，只能在上游筑堤拦洪，也就在碱庄的位置筑成了防洪堤岸。后来，堤岸上开始有人定居，逐渐形成村落。因时称堤岸为“城”，所以才定村名为“城庄”。

在《现代汉语词典》中，不知为何将“城”字与“碱”字这两个既不同字，又不同音，还不同义的字，归成了统一用字，一律解释为盐碱的意思。殊不知，这一字之差却谬之千里，把本来因“堤岸”成村的“城庄”，误称为因盐碱地而得名的“碱庄”了。

关于因“剪刀铺”而成村名的典故出处在哪里就不得而知了。

据当村老人说，最初到城庄定居的是明永乐初从山西临汾一带移民而来，最先来的是李姓（后人李福、李海、李全等）、刘姓（后人刘志、刘刚、刘瑞、刘林等）、张姓（后人张恭、张贵、张会、张荣、张钧、张俊、张祥、张富（张子厚）等）、齐姓（后人齐洪泰、齐洪林、齐洪瑞、齐洪海等）四户姓氏。后来，人越聚越多遂成村落。

城庄分大城庄和小城庄，小城庄在大城庄北侧，相隔约里许。据当地老人说，这里原有一座大户人家的坟地，看坟者为杜姓（后人杜宝元、杜宝光、杜宝田、杜宝忠、杜宝荣等），即在坟地北侧落户。后来又相继迁来王、杨、赵等姓人家，遂成一个小的自然村落。与城庄相对分别而称为大、小城庄，后合并为一个行政村。

新中国成立前后，城庄村仅有百余口人，却约有二千亩地，平均每人二十亩地，是个人少地多的富村。所以，当地才流传有“穷双桥，富城庄，不穷不富大羊坊”的顺口溜。但是，由于城庄地势低洼，盐碱严重，粮食产量并不高。又由于百分之五十的土地被七八户富人所占有，因此，大多数村民不但不富有，且很贫穷。

历史上，城庄村有两座古庙。村西为“请佛寺”，占地约 15 亩。寺庙前有两棵一米粗的古槐，村中老人传说有五六百年的树龄。因先有的村，后有的庙，这与城庄村的建村史相吻合。据《大兴县第一次文物普查》记载：请佛寺在碱庄，南向。山门、正殿、配殿为一三合式建筑。山门一间，面宽 2 米，进深 1.4 米，硬山合瓦顶。正殿三间，面宽 10.2 米，进深 8 米，大式硬山筒瓦，调大脊吻垂兽，排山滴水，和玺彩绘，内为五架梁。东、西配殿各三间，面宽 10 米，进深 6.2 米，小式硬

走访城庄村民韩振清

山合瓦箍头脊，五架梁。正殿奉释迦牟尼像，东、西两侧奉观音菩萨和地藏菩萨。村中老人说，请佛寺曾于清光绪三年（1877 年）最后一次重修，后来改为城庄村学堂。这在民国期间《京兆公报》（138 期）有记载："请佛寺在碱庄，民国初改为国民学校。"现村里 70 岁以上的老人，都在这里上过学。直到 20 世纪 70 年代中期，因与南双桥小学合并后才被拆掉。

在城庄街中心位置，还曾建有一座"七神庙"，因规模比"请佛寺"还小，因此被村民称之"小庙"。听村里老人说，此庙建于清光绪十七年（1891 年）。庙内供奉关帝和龙王、财神、土地、药王等七尊神像。

城庄原属河北省通县七区，1953 年组建成立了永泉社、建国社和晨光社三个初级合作社。1956 年成立城庄高级社。1957 年与南双桥、大羊坊、康村并为一个大社。1958 年与南双桥划入大兴县红星公社鹿圈乡，曾与南双桥并为双城大队。1961 年属大兴县红星公社亦庄大队，独立为城庄生产队。后来，为了便于管理，被分为碱庄南、碱庄北两个行政村。1984 年属亦庄乡。1997 年与南双桥村一起，拆迁至亦庄乡西侧新建起的贵园北里。实现了由农家小院到楼房小区：从农村到城镇质的转变。如今，在其旧村址上，已经建起了一栋栋的现代化企业厂房，一点过去的影子都找不到了。

（部分内容根据韩振清、刘恩富、杨志和口述整理）

6. 海户屯

海户屯，顾名思义即是海户人居住的村落。

海户，是明清两代在南海子皇家苑囿里从事劳作的役户。他们的职责是在南海子里从事苑囿的修缮、养护和协助帝王狩猎活动。

据《明大政记》载：“南海子设海户千人守视，自永乐定都以来，岁时蒐狩。”明末文学家刘侗曰：“南海子元旧也，我朝垣焉。四大为门，庶类蕃植鹿、獐、雉、兔，禁民无取，设海户千人守视。”清《日下旧闻考》亦载曰：“我朝因之，设海户一千六百人，各给地二十四亩，春蒐冬狩以讲武。”

最初的海户是怎样形成的呢？据《大明会典》载：南海子内“凡牧养牲口，栽种果蔬等项，永乐年间先由北京效顺人充役。后于山西平阳、泽、潞三府州起拨一千户，俱照边民事例，给予盘缠、口粮，连当房家小，同来分派使用。”这清楚地表明，最初南海子的海户是由北京大兴、宛平附近的顺天府人充当的。后正值明代实施从山西等地少人稠地区向北方地广人稀地区大移民，便从山西平阳、泽州、潞州三府中起拨大约千户移民，来南海子充当海户。

清代沿袭了明代在南海子内设海户的制度。据《大清会典事例》载：“南海子（南苑）海户原为一千八百人，设千户二人，总甲二十二人，小甲八十八人，巡青海户四十八人，门军八十一人，海户一千五百九十九人。康熙二十七年增设海户四百人，康熙五十一年裁减千户二人，总甲十人，小甲四十人，门军四十五人，海户五百零三人；乾隆二十四年，于海户内增设头目二人，乾隆六十年在总结内委副头目二人，裁汰海户四百人。这样，海户总计一千二百人，共编为十甲，每甲以总甲一人，副总甲一人，小甲四人管理，每五甲以海户头目一人，副头目一人统辖。其中，顶戴海户头目二人，各给养赡地一顷八十亩，副头目二人各给养赡地一顷二十亩；总甲十人，各给养赡地一顷二十亩；副总甲十人，各给养赡地九十亩；小甲四十人，各给养赡地五十五亩；海户九百二十二人，各给养赡地三十四亩；巡青海户四十八人，各给养赡地五十亩；门军三十六人，各给养赡地三亩，庙户三十八人，各给养赡地四十八亩；鹿户十八人，各给养赡地三十亩；灶役头目十二人，各给养赡地六十六亩；灶六十人，各给养赡地四十四亩；书吏二人，各给地二顷六亩。另有匠役十六人，各给养赡地二十八亩。”从以上清代史料记载来看，海户的总人数仍维持在千户以上。

据《大清会典》载，海户除完成规定的劳役外，每年还必须在苑内完成割草五十八万束上缴，劳动强度可想而知。这还不算，还要负责一百二十里长的海子墙的维修工作，负担更为沉重。就连乾隆皇帝都看不下去了，于乾隆五十四年谕旨拨银三十八万两，将土墙改砌砖墙。这一点，乾隆皇帝在《入南红门》诗注中有明确记载：“海子周围原皆土墙，夏雨每至淋颓，则海户出力修十分之四，官发帑修十分之六，此向例也。因思海户虽皆受田力役，亦其当然，但怜其贫穷或不支，即官发帑亦每岁多费力役，受惠实多矣，通发帑三十八万余两成之，受雇贫民亦资其力”。乾隆皇帝还作有一首《海户谣》诗，并命人镌刻在“南苑昆仑石”上：

海户给以田，俾守南海子。
常年足糊口，去岁胥被水。
以其有恒产，不与齐民比。
赈贷所弗及，是实向隅已。
我偶试春蒐，扫涂仍役使。
蓝缕洵可怜，内帑宁惜此？
一千六百人，二千白金与。
稍以救燃眉，庶免沟中徙。
并得贳麦种，青黄藉有恃。
道旁纷谢恩，菜色颇生喜。
尔喜我所惭，过不他人诿。

清代的海户与苑户有着本质的不同。除了民不同族、工不同性外，居住地也不同。苑户住在苑囿里行宫附近的苑户房里，而海户则住在海子墙以外，这才有了海户屯。海户们每天日出进海子里劳作，日落出海子回到海户屯居住。

在南海子海外墙周围共有四个海户屯，今天丰台、朝阳、大兴、通州四个行政区刚好各有一个。

丰台区海户屯在北大红门外，全村近三百户，现属南苑乡的一个行政村，正处在北京城南的“大红门服装城”地区。

大兴区海户屯原在黄村镇东南侧，全村有六百七十余户。因20世纪80年代建黄村卫星城，将海户屯北移约一公里，建起一个“海户新村”，原来的海户屯早已不在了。

朝阳区海户屯位于京津塘高速路大羊坊立交桥东北侧，属朝阳区十八里店乡的一个自然村。现有一百七十余户，五百四十多口人，是目前唯一未被拆迁的海户屯。不过，也早已时过境迁，物是人非了。

通州海户屯在京津塘高速公路西侧，马驹桥镇北，原有村民四百余户，约一千二百口人。主要由李、康、张、崔、石、阮、曹、刘、赵、定、邓、王姓氏的老户形成。因村子较大，于20世纪60年代初，被划分为“南海户屯”和“北海户屯”（简称“南海”“北海”）两个行政村。在北海户屯的北侧，原还有个小村“张房子”，仅住有张姓几户人家，后来并入了北海户屯。到20世纪初，因北京经济开发区征用而被拆迁。搬到了在马驹桥镇西侧新建起的“新海小区”。

听当地老人说，马驹桥北的海户屯，以“海户李记”为多，他们除了住在海户屯之外，还分散住在附近的马驹桥、安定营、河北段、辛屯、小地儿、同义庄、肖庄等村落，现李家的后人有数百口之多。

据“海户李记”的后人李思强说，李家祖籍河北盐山县小李庄，乾隆三十八年（1773年），先祖李信手推木轴挎车，携妻带子逃难来到马驹桥。被南海子东

走访海户李记后代李思强

墙外一张姓大户人家收留。从此，一家人便在此落了脚，成为张家的佃户。

有一年，主管南海子奉宸苑的一名管事来到张大户家，说南海子里要招募五名年轻力壮的巡墙役卒，请张大户帮忙。张大户就将李信推荐给了奉宸苑管事。从此，李信成为南海子里的一名役卒，每天穿着特制卒服，挎着腰刀，骑马巡视在海子墙边的马道上。由于李信身形高大，又精明能干，很快得到了上司的赏识。没有几年的时间，竟被南苑奉宸苑任命为海户的总头目——“千户”（也称“顶戴海户”），统管南海子东部的海户。

乾隆五十四年（1789 年），乾隆皇帝敕命重修海子墙，决定将原来的土墙改建成砖墙，李信奉命负责修建东段海子墙的任务。由于修墙用砖量极大，为了就近取材，李信就在东海子墙外的大羊坊、南双桥以东建砖窑十三座，又在大回城、古庄、姚村、团瓢庄、骚子营、崔窑等建砖窑十余座，解决了重修海子墙的用砖难题。历经四年多的时间，终于完成了海子东段墙的重修任务。乾隆皇帝大悦，特赏李信黄马褂一件，并封李家“子不当兵，地不纳粮”。从此，李家在南海子地区名声大振，被称为“千户李记”。

据李思强先生讲，到光绪年间，掌管千户李记的后人李瀛与光绪皇帝身边的一位老太监成为好友。老太监临终时，送给李信“慎、修、思、永、宗、德、维、新”八个字，嘱咐李家后代起名时按序而用。李瀛不解其意，老太监说：“如解其意，待李家有状元及第时，可在紫禁城里找到结果”。从此，千户李家后代名字即按这八个字排序。

李思强先生是个有心人，他为了验证李家这个传说真否，就特意到故宫探个究竟。结果，在乾清宫一根金丝楠木大红柱悬挂的楹联上，镌刻有“表正万邦慎厥身修思永”一联，其中有“慎、修、思、永”四个字，使李思强先生非常诧异。遗憾的是，没能在故宫内找到另外“宗、泽、维、新”四个字。

据李思强先生说，在 20 世纪 50 年代前，“千户李记”的后代们，每年的清明节都要到安定营李家祖坟祭祖。届时，在这里搭棚、摆席、上坟，并由族人代表致词。现在，李先生家还保存一幅绘于清光绪三十一年（1905 年）的“千户李记先远祠祖牌位图”。

（部分内容根据李思强口述整理）

7. 京南古镇马驹桥

马驹桥位于南海子东红门外凉水河南岸。它以养马肇始，以桥定名，又得益于南海子，是北京城南最著名的一座古镇，曾被誉为“畿南重镇”“冀北繁冲”。

辽、金时期，这一地区水美草盛，是皇家放养军马的天然牧场。为便于管理，对大马、仔马（马驹）分养分牧。这里专养仔马，因此始称“马驹里”。为了南北通行方便，就在凉水河上搭起了一座木桥，即被称为了“马驹桥”。从此，“马驹桥”取代了“马驹里”。

明永乐十二年（1414 年），永乐皇帝敕命在北京城南圈建起周环一百二十里的南海子皇家苑囿，马驹桥在苑囿的东侧。由于南海子正好挡住北京城南，使从南而来的商旅士民不得不绕到苑囿墙的东、西两侧进京，马驹桥和西红门成了从南方出入京城的必经之地。从而成就了马驹桥镇和西红门镇，使这里很快成为繁华的城南重镇。

南海子的东红门辟建在马驹桥西侧，明代帝王到南海子游幸时，有时也出东红门到马驹桥镇明察私访。明天顺年间，明英宗朱祁镇出东红门欲到马驹桥勘察，见马驹桥又被冲毁，众多百姓只能涉水过河，即下诏敕命重修马驹桥，将木桥改建成九孔石桥，赐名“宏仁桥”。

清乾隆三十八年（1773 年），马驹桥因年久失修，被洪水冲毁。乾隆皇帝敕命重修。为了泄水通畅，将九孔桥改为七孔桥，并将桥名更回“马驹桥”。与此同时，也将桥头的“碧霞元君庙”敕命重建。一年后，马驹桥和碧霞元君庙重修竣工，乾隆皇帝驾临马驹桥参加落成盛典，并作《马驹桥碧霞元君庙落成是日瞻礼有作》诗，诗中写道:“桥以跨川修，庙以镇桥饰。需殷相得彰，落成值此日。清晓出东门，村民多喜色。轮奂致瓣香，祈佑民福国。”

清末马驹桥图（李思强绘）

马驹桥和碧霞元君庙得以重修后，特别是乾隆皇帝亲临参加落成典礼，使马驹桥声名鹊起，更为繁华热闹起来。桥上车水马龙，桥下渔舟轻荡。镇内商铺林立，镇外香客云集。“白虹锁河”“海墙丛林”“皇亭并矗”“碧霞重阁”成为马驹桥镇的四大名景。

马驹桥古镇寺庙众多，除碧霞元君（大南顶，又称“天齐庙”）外，还有药王庙、菩萨庙、关帝庙、玉皇庙、崇觉寺、莲花庵、真武庙、龙王庙、清真寺和天主教堂等十余座。

据当地老人回忆，当时的马驹桥主街两侧，皆是商行店铺。其中粮行有震亨号、自成号、奎记号、万顺号、东来永、德源昌、万存厚等；牛羊肉铺有顺三元、连三元、魁三元等；猪肉杠有德顺永等；饭馆有二合居、一条龙、万顺轩等；杂货铺有福兴号、德成号、福泰号、德兴昌、恒信义、三盛兴等；糕点铺有永顺斋等；茶庄有福泰茶庄、华春茶庄等；布店有义信同、天聚成、天聚兴等；中药店有益寿堂、德顺堂、长顺德、大生堂、庆仁堂等；西医院有文淑医院、金华亭医院、马利亚诊所等；首饰楼有茂德楼等；皮麻店有仁和号、东兴隆等；铁匠铺有同和铁铺、戚记掌铺、国记掌铺、张万有铁铺等；车马店有罗家店、李家店、范家店等；煤铺有刘家煤铺、曹家煤铺、王家煤铺等。此外，还有旅店、玻璃局子、面铺、烧饼铺、绱鞋铺、糖果铺、豆腐房等。从北门口往南数，得有上百家。

在马驹桥镇，要说最兴盛的是买卖粮食的“斗行”、酿酒的“烧锅”和“醋作坊”，在五里长街上，曾有过八家“斗行”（邹记行、戚记行、吴记行、陈记行、刘记行、翟记行、刘记行、李记行）；四家“烧锅”酒作坊（中和涌、涌太泉、万泉涌、万源记）和三家“醋坊”（小醋坊、三泉涌、隆盛记）。“烧锅”和“醋坊”都是

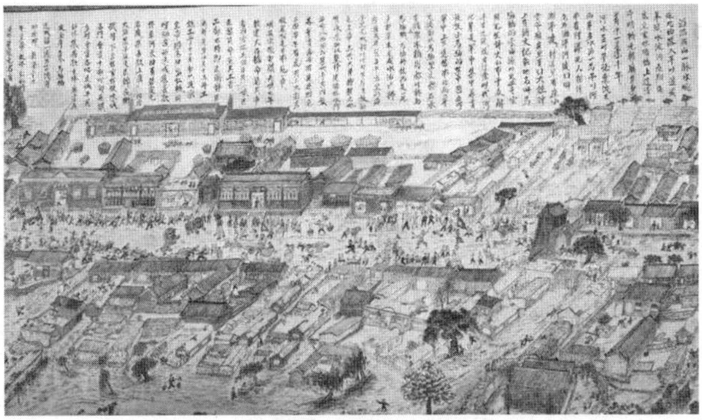
清末马驹桥镇盛景图（李思强绘）

以镇中一眼井为中心建立的。这眼井由一整块大青石覆盖，石上凿有四个井口，“四眼井”曾是马驹桥镇重要的标识物。

每年的农历四月十八，传说是碧霞元君圣诞之日，马驹桥镇都要举行盛大的庙会，这是一年最热闹的日子。不但镇域四周十里八村的百姓都来赶会，就是京城里的市民也都纷纷来到这里参加庙会。来这里进香还愿、购买商品、品尝小吃、观看花会。正如《帝京景物略》记载:“四月一日至十八日，京城仕女倾城趋马驹桥，幡乐最盛，碧霞元君诞也。”清代一首《竹枝词》中更有对马驹桥庙会生动的描述:“枣花照眠麦齐腰，南苑红门人望遥。征鼓前鸣香呗起，烧香人上马驹桥。”

在马驹桥镇域靠近东海子墙边，从北往南除了海户屯，还坐落有几个小村庄，它们都与南海子有着紧密的关联。

壮丁屯位于古高梁河南支流东岸，与南海子东南侧海户屯隔河相望。壮丁是清代社会地位最低的年轻力壮的贱民，属“屯居旗下家奴”。他们房无一间，地无一垄，白天在南海子里的皇庄内从事繁重的体力劳动，晚上回到海子外官家为他们建的简陋土房里睡觉。年复一年，辈辈承袭，逐渐形成了“壮丁屯”。今刘姓家族的祖辈就曾是南海子皇庄里的壮丁。

河北段位于马驹桥老桥北侧。乾隆三十七年（1772 年）重修马驹桥时，在桥北新挖了一段引河，将凉水河水从桥西引到桥东，以便施工。马驹桥修好后，河水又恢复从桥下而过。而河北侧新挖的那段引河也就留了下来，被当地人称为“河北段”。过去“天齐庙会”走会时，是从碧霞元君庙出发，抬着碧霞元君神像往北过石桥，沿古高梁河西岸，约走三里许，最终到达海户屯村北的回香亭。因是神像经过的道路，所以被称为“神路街”。遂成村落后，被当地百姓约定俗称为了“河北段”。

辛屯角门门道旧址

21世纪初，因北京经济开发区征用，“河北段”与“海户屯”“壮丁屯”“胜利村”一起拆迁至凉水河南岸的“新海小区”。

胜利村是个回民村，位于东红门内肖庄子北侧里许，是20世纪60年代末，因在马驹桥桥南侧兴修水渠设闸，从马驹桥北门口拆迁几十户回民而新建起的村落。听当地老人说，马驹桥的回民是明代从沧州地区移民而来。原聚居在马驹桥南侧的东店，后来才移居到北门口外。1969年又被集中拆迁到东红门里。为了庆祝中共“九大”的胜利召开，起了个有时代特色的名字“胜利村”。

辛屯位于凉水河南岸的海子墙边，其全称应为“新海户屯”，简称“新屯”，后又被写成了“辛屯”。是清代在南海子东红门外的海户屯以外，又新设的一处海户人居住的地方。此处，原本辟有旧东红门，乾隆五十四年（1789年）重修海子墙时，将东红门移到凉水河北岸，这里就成了一处“角门儿”，被当地俗称“角门子”。主要由徐、岳、张、刘、陈、楚、马等老户形成。如今，辛屯角门的门道遗址尚存，是南海子唯一保存下来的角门遗迹。

白村历史久远，原名“白家村”，最早是一户白姓人家在此定居。后来因白氏兄弟分家，一支迁至村南又形成一村，称为“小白村”，这样，原白家村就相对而称“大白村”了。大白村主要由三家王姓、两家楚姓和一家于姓老户形成。小白村老户主要由刘、崔等姓氏老户形成。20世纪60年代末，在大白村西海子墙遗址之上，修建了两座国防工事地堡，地堡上均取用海子墙遗址之土覆盖。如今这里已建成一座“海子墙”公园。

房辛店位于马驹桥南约十里许，这里辟有南海子十三座角门之一的“房辛店角门”。明代，这里修有一条出入北京的大道。在古代，约五十里为一天行程，而此地距北京大约五十里，正是进京商旅打尖住宿的时候。有房姓人看出商机，即在此新开了一家旅店，以姓起名“房家新店”，后来被简称为了“房辛店”。如今，房辛店住有于、陈、刘、李等姓氏老户人家。

此外，在“大白村”和“小白村”之间还有个“马村”，主要住有马、甄、王姓等老户人家。在“马村”的南侧，还有个“张村”，主要住有张、陶、于、蔺等老户人家。这些村落都坐落在东海子墙外边缘地带，均属马驹桥镇。如今，随着人口的不断增多，村容的不断扩大，村与村基本连为了一体，后来人已很难分得清了。

值得马驹桥人骄傲的是，中国人民解放军军乐团是在马驹桥镇扩编成立的。

解放军军乐团的前身是1948年成立的华北军区军乐队，该军乐队先以收编国民党第三军的军乐队为基础，后又收编了伪北平警察局军乐队。1949年8月，由华北军区军乐队、二十兵团军乐队、坦克师军乐队、北平公安总队军乐队组成联合军乐队，于1949年10月1日举行的开国大典上，圆满完成了演奏任务。聂荣臻元帅遵照毛主席指示，成立中国人民解放军军乐团。1952年7月10日，军乐团在北京马驹桥镇扩编成立。成立大会是在南海子辛屯角门里农田边的场院举行的，在马驹桥镇一驻就是四年。那时当地百姓每天都能在凉水河岸边和海子残墙下听到乐团战士们演练的军乐声。

（部分内容根据李思强、邓福芹口述整理）

8. 回城村

回城村位于大兴县东部，属青云店镇，分大、小回城村，西为大回城村，东为小回城村（也称东回城村）。发源于南海子团泊的凤河，从村西由西北流向东南入永定河。皇家苑囿南海子就在村的西北侧。

“回城”这个地名历史久远，可以追溯到一千八百多年前的东汉末年。当时正是汉灵帝中平五年（188 年），皇帝昏庸，民不聊生，群雄并起，天下大乱。北京地区时称幽州，州治所在地为蓟城。时任中山相张纯与泰山太守张举及乌桓大人丘力联合起兵造反，一举攻占了蓟城。汉灵帝大惊，即令骑都尉公孙瓒率军讨伐，又派汉室宗族刘虞为幽州牧，节制公孙瓒，公孙瓒耿耿于怀，二人矛盾日增。汉献帝初平三年（192 年），公孙瓒为争夺冀州之地，与时为冀州牧的北方军阀袁绍展开激烈对攻，结果，兵败界桥，退回蓟城。不久，不服输的公孙瓒再次攻打袁绍，又败走渤海，再退回蓟城。由于与刘虞严重不合，公孙瓒不愿再进蓟城驻屯，即“于蓟城城东南另筑一小城，与刘虞相近，稍相恨望。”（《三国志·魏书·公孙瓒传》）不久，刘虞与公孙瓒终因矛盾激化而发生火并。刘虞不敌公孙瓒，最终被生擒斩首。汉献帝建安四年（199 年），公孙瓒终又被袁绍所败并自焚而死，小城被袁绍占领。

据考证，当时公孙瓒所筑“小城”即是现在的“回城”。后因晋代置征北将军曾驻于此城，故又被称为“征北小城”。据《大清一统志》记载：“征北小城在大兴县境，后汉公孙瓒筑。晋置征北将军，常治此，因名。”

值得一提的是，汉献帝初平三年（192 年）至建安五年（200 年），三国时期的著名将领赵云正投在公孙瓒麾下长达八年之久。其间，正是公孙瓒筑小城时期。因此可以推断，赵云很有可能就参加了筑构小城工程。

到了西晋时期，全国已统归司马氏。但北方一些少数民族首领不断侵扰边境地区。为平息北方之乱，晋朝设置征北将军率兵征讨。因当时公孙瓒所筑小城是蓟城南之门户，所以征北将军常驻于此，故小城又被称为“征北小城”。

到了唐代，“征北小城”又被更名为“回城”，隶属沃州。在武后时期，又隶属营州，即今河北省昌黎县。据《新唐书》记载：“开元二年（714年）复置，后侨治蓟之东南回城。”说明从唐玄宗开元二年到现在，“回城”这个名称至少已经沿用了近一千三百年了。另据明代《顺天府志》有关大兴县古迹中的记载：回城“在县东南六十里”。清代《日下旧闻考》亦记载：“南城回城门外有回城村，村东有土基，约长一里、高二丈，凡五段。”另外，《资治通鉴》中也有公孙瓒因与刘虞“积不相能，筑小城于蓟城东南以居之”的记载。

20世纪末，回城遗迹引起了考古工作者的关注，通过实地考证，大回城北确是一座古城遗址。该地区地表层散露着带有绳纹、布纹的砖瓦和汉代陶器片。浅表层下还出土了基本完整的马骨架、马具。在遗址南五十米处，竟发现有尸山骨坑。当地百姓也传说这一带曾是一处古战场。这些足以证明，这里确是古回城遗址。

明永乐十二年（1414年），永乐皇帝圈建南海子皇家苑囿。因北始凉水河，南至凤河，把最东南端的苑墙建在了回城村的西北侧。清康熙二十四年（1685年）在此增辟有一座苑门，称回城门，成为南海子九座苑门中东南最远端的苑门。由于距南红门行宫较近，康熙、乾隆等皇帝到南海子行围狩猎驻跸南红门行宫时常到此游幸，常通过回城门到苑囿外的青云店、采育一带游幸。20世纪50年代，在回城村西北的凤河上，还残存一座建于清康熙年间的跨河拱桥，因是专为帝王通过修建的桥，所以被当地人称为“天桥”。

明朝初期，大批山西移民从“大槐树”被移民至凤河两岸，为皇家豢养鸡、鸭、鹅等家禽。其中一支就屯居在了回城遗址旁，村名仍称“回城”。听回城村老人刘瑞祥先生说，最早来回城的有张、杨、刘、王等八户人家。后来，又来了同是山西移民的靳姓人家，就在回城村的东侧安家落户，也逐渐形成村落，这就是“小回城”村。至今，小回城村仍以靳姓家族住户为主。两个回城村虽有大小之称，但人口却相差不多，均各约三百余户，逾千口人。

历史沧桑，已使回城门遗址泯灭，只有“回城”的名字还在继续承担着历史传承的责任，令人感慨万千。

（部分内容根据刘瑞祥口述整理）

9. 京南古镇青云店

青云店（又称青润店）位于大兴区黄村以东三十里，镇北与南海子毗连，凤河从南海子流入贯通镇域南北。海子南墙面对青云店辟有南大红门、回城门和北店角门、大屯角门共四座苑门，是与南海子一墙之隔的京南古镇。

镇北的南海子皇家苑囿，虽然有三个老北京城的面积，但作为狩猎场而言，还是太小了。特别是因为频繁的行围狩猎活动，使南海子里的可猎动物越来越少，经常让来此狩猎的帝王乘兴而来，败兴而归。

为此，不得不在海子外另辟猎场，而南红门外青云店一带是最好的选择。史料记载，清乾隆皇帝就常到南红门外游猎。他在《南红门外》诗中写道："南苑行宫逐顿移，东巡今日信遵逵。红门外便烟村接，历览农桑兹始之。秋麦已长春麦萌，不教猎骑躏纵横。柳围村识青云店，忆我少年觅句行。"

乾隆皇帝还写有一首更富有生活情趣的《青云店民家见梁上双燕偶兴》诗。显然，这是他在一次赴南红门外春蒐之暇微服进入青云店一民家，看见房梁上有一对燕子正衔泥筑窝，非常好奇，偶感而发，即兴而作：

春来吴楚方成别，社到幽燕又见归。
掠水塘边相对语，采芳帘外故低飞。
欲寻谢宅迷长巷，不借卢梁爱短扉。
一任处堂巢自稳，等闲灶突事应稀。

更令人称道的是，乾隆皇帝还在青云店吃了一顿农家饭，第一次品尝了"榆钱饼"，令他回味无穷。他在《膳榆钱饼》诗中所写：

汤官十字不须夸，榆荚登盘脆熨牙。

未必八珍输此物，要将风物识农家。

听当地老人说，青云店镇像一条头朝北，尾向南的大船，镇北原有一座“真武庙”是船头；镇中原有一座“文昌阁”是船舱；镇南原有一座“尼姑庵”是船尾。而镇西北有“上庄村”，镇东北有“下庄村”，这条“大船”就拴在这两个庄（桩）上。镇北就是皇家苑囿南海子，寓有以“船”借“海”远航，一帆风顺之意。

据《大兴县第一次文物普查》记载：

“真武庙在青云店北，南向。中殿前有重修真武庙碑二，均为豆青石制，额刻二龙戏珠。碑通高 2.8 米，厚 0.2 米。清嘉庆庚辰重修真武庙碑记曰：‘京都左安门外苑南清润店，京南之巨镇也，……北有真武庙一所’。清光绪十三年三月重修真武庙碑记曰：‘京南五十里有巨镇曰青云店，北具有古庙一所，前灵官后斗母，位于中者为真武，故咸称真武庙云’。”

“文昌阁在青云店街中路东。东西向楼一间，重檐砖木结构，面阔进深均为 6. 4 米，高 16 米。上层为大式歇山筒瓦，调大脊吻垂兽戟兽，苏式彩绘，内为五架梁前后单步梁，左右顺爬梁，四周出廊。中层东面砖砌圆窗一，前出廊；西面格扇两侧各有刻石一块镶于墙上，高 1 米，宽 0.6 米。南为清光绪二十年九月立，告示有关创建义学事。北为光绪丙申年立，为‘启善堂义学碑记’。下层为砖砌圆门，东面门额上刻‘文昌阁’三字。阁北侧有砖砌硬山筒瓦顶门一，面阔 0.85 米，拔圈，周浮雕花纹，由此登阁。”

青云店成村于明永乐初，初到这里定居的，与凤河两岸的“五十八营”一样，大多都是从山西“大槐树”移民到这里的。听当地老人孙安和说，青云店镇北以及老观里以东的各村，原来最老的宅基地都是两间半的面积，这就是当初移民统一分配宅基地留下的痕迹。起初到青云店落户的，只有司、杨、侯、窦等姓氏二三十户人家。明代帝王从发展经济等考量出发，也从江浙、山东一带迁来了一部分富庶大户。如青云店吴氏家族，家谱记载就是大明万历年间从江苏迁移而来的。

青云店历来是清代帝王南巡的交通要道，是御道、驿道和官马大道的途经之地。据《大兴县志》载，清朝皇帝“南巡御道东线，出永定门，过南苑（出南大红门），至青云店往东南行，经李家铺（今李堡）入东安县（安次县）至霸县行宫与西线合。”

另据《大兴县志》载，青云店还是古驿道重要驿站所在地。“明永乐年间，由京城通往南方的驿道经过县内曹村、青云店等村镇并设急递铺。清代，自北京经大兴南行御道有两条。其中，东部一条经曹村铺、青云店铺、李家铺（今李堡）至东安驿道；西部一条经西红门铺、黄村铺、天宫院铺、庞各庄铺、榆垡铺、十里铺入固安驿道。”

又据《大兴县志》记载，明、清两代，在驿道、御道基础上形成“官马大道”。清光绪二十六年（1900年），南苑禁地被打破，其中一条官马大道即由永定门起，经大红门，穿越南苑至青云店、采育，自凤河营出境至天津。

关于青云店名称的来历，据当地老人口传：此地距北京城五十里，正好是一天的路程，传说在明末清初的时候，有一位马姓人就在此开了一家“马林客店”。每到大比之年，就有不少从南方而来进京赶考的举子在此住店歇脚。有一年，有几个举子同住客店，建议将店名改为“青云店”，寓意“青云直上”。店主欣然同意，即请其中一名举子挥毫写下了“青云店”三字，镌刻匾额悬于客店大门之上。据说，其中一名举子真的考中头名状元。从此，青云店声名鹊起，生意兴隆，人居也越聚越多，遂形成了京南重镇“青云店”（也曾被写成过“青润店”）。清光绪十三年（1887年）重修青云店镇北真武庙碑文记载：“京南五十里有巨镇曰青云店。”

青云店镇辖区面积约70平方公里，辖老观里、顾庄、东辛屯、大回城、东回城、石州营、孝义营、沙堆营、霍州营、垡上营、解州营、尚庄、沙子营、东店、西杭子、小谷店、东孙村、太平庄、大谷店、西鲍辛庄、东鲍辛庄、马凤岗、东赵村、北野厂、南大红门、北辛屯、北店、小铺头、曹村、寺上、枣林、大张本庄、小张本、泥营、西大屯、中大屯、东大屯、杨各庄、高庄等自然村。

值得一提的是，1949年3月15日，大兴县人民政府从安定小营移驻至青云店镇，于1954年5月迁至黄村。

2019年，青云店古镇已被拆迁，彻底终结了几百年的传承。以后再想了解古镇青云店，只能在史料中查询了。

（部分内容根据孙安和口述整理）

10. 海子角村

历史上的南海子皇家苑囿，是不规则的长方形，西北、东北、东南、西南四个方位，形成四个“海子墙犄角”，这就是海子角名称的由来。

明清两代对南海子皇家苑囿看管很严，并在海子墙四犄角建有角保，盖有房屋，设人看守，以防海子外民众越墙偷猎。当时就流传有“内爬抓，外爬杀”一说。后来看墙人逐渐形成居住点成为村落。如今，南海子西北角还有角儿堡的地名。

如今，四个海子角，仅有西南方位的海子角因这里还有个海子角村而传承至今。

海子角村，位于大兴黄村镇东南侧，西靠京开高速公路，北挨通黄公路，南邻辛店，东与刘村土地接壤。

据《大兴县地名志》记载，海子角村历史久远，唐代即已成村。不过，当初并不叫海子角，而称河哥庄。何以成此名，现在已无人说得清。有人说，可能因何姓得名“何哥庄”，被后人误写成“河哥庄”。但询问村中老人，都说海子角从来就没有何姓人家，看来还有待考证。

明永乐十二年（1414 年），永乐皇帝朱棣在新建北京都城的同时期，在城南约 20 里圈建起一座周环约 120 里的皇家苑囿南海子。河哥庄正处在西南海子墙外的海子角位置，渐渐地，海子角之名盖过了河哥庄。如今，人们只知海子角村，而少人知河哥庄了。

在海子角的村南村北，曾各有一座古庙，村南为娘娘庙，村北为观音庙，被村里人俗称南头庙和北头庙。特别是北庙为明代修建的镇国观音寺，据现存明万历年《重修镇国观音寺碑记》记载“都城南四十里许，乃上林苑南海子，我国家蕃育鸟兽之所也。海子西南隅地曰河哥庄，有镇国观音寺焉。”由此证明，海子角村确是由河哥庄演变而来。

走访海子角村民王子明、王玉庆等

据海子角村里最长者，已96岁高龄的王子明先生说，在20世纪50年代初，海子角村也就五六十户，不足200口人，祖籍大部分来自山西、山东、河北。老户主要由王（后人占元）、李（后人李景春、李景旺）、满（后人满世珍、满世元）、刘（后人刘景田）、康（后人康宝顺、康宝田）、董（后人董奎英）、马（后人马永春、马永顺）、阮（后人阮德华、阮凤祥）、孔（后人孔奎顺）、范（后人范广友、范广庆）、姜（后人姜玉岭、姜玉珍）、张（后人张全禄）、翟（后人翟日桥）、曹（后人曹凤林）、田（后人田振海、田振山、田振明、田振文）、宋（后人宋凤山、宋凤岭）等姓氏组成。

写海子角村必然要写大兴酒厂，因该厂就建在海子角西北侧的村边上，因该酒厂的来历还与开国将军刘秉彦有关，值得一提。

解放战争时期，时任冀中军区十分区司令员的刘秉彦率部围困北平城，司令部驻在任丘。刘将军是爱喝酒之人，在任丘县发现当地“溢泉涌烧锅”酒坊酿的酒特别好喝，向北平进发时，就动员该酒坊的酿酒师傅刘国良（后人刘香春）随他去北平。就这样，刘国良与陈广富、王兴、王长新四人就随刘将军的部队继续向北来到黄村附近南海子边。

明末清初时期，山东寇姓富豪在京城南分别建有三家烧锅酒坊：位于庞格庄的“裕丰号”，于垡的“裕德号”和海子角的“裕兴号”。但到20世纪40年代末，由于兵荒马乱和土匪骚扰，三家酒坊难以维持，其中海子角的“裕兴号”已经倒闭。

也就在这个时候，随刘秉彦将军的四位酿酒师傅来到海子角，在刘将军的撮合下，任丘的“溢泉涌烧锅”兼并了海子角的“裕兴号烧锅”。新中国成立后，实行粮食统购统销，许多烧酒作坊被关闭，每个县仅留一家。这样，海子角酒坊被保留下来，改建成黄村酒厂。1958年，又更名北京大兴酒厂。而从任丘来的刘国良等四位酿酒师傅，也就落户在了海子角村。

据《大兴县地名志》记载：海子角村清属顺天府大兴县；1928 年改属河北省大兴县；1949 年属北平市 24 区；1956 年属大兴县黄村镇。村域面积 0.8 平方公里，村址面积 21 万平方米，全村 400 余户，约 1200 口人，均为汉族。

随着大兴新城的建设发展，海子角村已与黄村镇融为一体，由海子角又派生出了海子角东街、海子角西街、海子角南街、海子角北街及海子角南路、海子角东路、海子角东里、海子角西里、海子角北里等新地名。

（部分内容根据王子明、王玉庆口述整理）

后记

2020年春节，一场突如其来的“新型冠状病毒”疫情，闹得人们只能宅在家里不能出门，过了大概是有史以来最糟心的一个年。不过，对于我来说，却正好静心在家，整理已经写了两年多的书稿——《南海子庄园》。

《南海子庄园》是我所编写“南海子系列丛书”的第七册，虽然写得挺费劲，却是我比较看重的一本。

自从清光绪二十八年（1902年）官准南海子（南苑）招佃垦荒以后，这座历经近五百年的明、清两代皇家苑囿，如雨后春笋般地很快即建起了近200座大大小小的私人庄园。由于当时清政府所制定的章程规定，“所有招募认垦之人，即以八旗内务府以及顺直绅商仕民人等”，所以，到南海子置办庄园的大多都是内务府官员、大太监和顺天府直隶地区绅商等上层社会人士。由于这些庄园的主人个个都身世不凡，名声显赫，所以，不但庄园的名字起得文雅，而且从建庄园到形成村落的历史进程中，又形成了独有的南海子庄园文化。

新中国成立以后，特别是改革开放以来，随着城乡一体化进程的加快，南海子地区又发生了翻天覆地的变化。大部分由庄园演变而成的自然村落，或因经济开发被征用，或因旧村改造而被拆迁，大部分村民都已移居搬进了新盖起的生活社区，过上了城镇化的新生活。然而，在这块大地上所形成的底蕴深厚的“苑囿文化”和“庄园文化”却被忽略了，如不认真地挖掘、抢救，这段历史有被割断的可能。没有了并不可怕，可怕的是被后人永远忘记。为此，笔者作为一个土生土长的南海子人，在编著完成拙作《南海子宸迹》《南海子春秋》《南海子探幽》《南海子故事》《南海子史话》和《南海子古诗》之后，决心再把《南海子庄园》编写出来，这是兴趣，更是责任。

说实在的，编写这册《南海子庄园》要比前几册南海子专著难度要大。主要难点，是基本没有文史资料可查。手头上仅有《大兴县地名志》和《南郊农场史》两本资料，而所记载有关南海子庄园的信息量又少得可怜。看来，若把这册《南海子庄园》写出来并有一定的史料价值，唯一可行的办法，是找当地的知情老人来口述历史，但这又有几大难处：一是当初庄园的经历者早已故去，只能去走访八旬左右的知情老人。而他们所知道的仅是小时候从祖辈、父辈那里听来的，即便如此，这样的知情老人也并不好找，且在世的越来越少。二是因南海子面积忒广，分散有上百个自然村，每个村都要走访找到知情老人，对于我这个七旬翁来说，也不是一件容易事。

我相信毛主席的这句话：“世上无难事，只要肯登攀。”也许还有退休后想活得充实点的缘故，就给自己又定下了用两年时间再完成《南海子庄园》一书的写作目标。

因我是亦庄镇的原亦庄乡人，对这里的村庄和人物相对较熟悉，本着先易后难，就先从亦庄开始走访和写作。相继走访了娘娘庙的张玉河、张静仁、张静智、李景海、张宝瑞、崔建生、刘庆贤，东广德的邢文敏、邢为民、徐瑞增、何国利，富源庄的孟广乐、张书发，董场村的赵佩虎、伊玉芬，大粮台的桑玉柱、杜国利，小粮台的李振兴，牛家场的牛庆生、李金普、牛太平，双桥门的特文禄、赵书荣、白金生，南、北辛庄的丁占营、金庆璋、曹树祥，大羊坊的武文山、陈学田、杜文振，小羊坊的李成武、陈万芳、付永顺，康家村的范学明、范广志、贾志友，南双桥的吕月海、李文库、高桂芝、连瑞润、郝增林、温世均、郝世林、廉克森，堿庄村韩振清，刘恩富、杨志和，鹿圈村杜宪庭、张凤源、王玉书、王继贤、郭翰远，肖庄的李长喜、李长福、李修身、白纯来，九号的王生宝，宝善庄的孔德山、杨凤启、李金玉，二号的鲁全发、李汝珍、袁培武，隆盛场的李怀斌，天恩庄的闫宝成，常庄子的宋瑞岚、李广祥、马书占，头号的李茂宽、于永茂，西五号的王大力、侯汉文、姜水等24个亦庄镇原所辖村庄的60多位知情老先生。他们中大多都是耄耋老人，有不少还是原庄园主的后人。从他们的口述中，得到了非常宝贵的史料。我天天骑着自行车出去走访，回到家赶紧得把刚刚走访的记录整理出来。几个月下来已把亦庄镇范围内的“庄园”史料整理出了初稿。尤其是通过走访亦庄镇的知情老人，使我增强了编写《南海子庄园》的信心，因为我发现，所有被访老人都非常支持这一举动，认为这是一件意义非凡的好事，都埋怨这事办得太晚了，因为有很多更知情的老人都已故去了。

走访完亦庄镇，我开始转向瀛海镇。瀛海镇分东部（原太和乡）、西部（原瀛海乡）两个地区，在老朋友李瑞义、李荫轩、白利华、赵春利的热情帮助联系并陪同下，先走访了西部地区的三槐堂的李振东，怡乐庄的郭锡才、李亚明，瀛海庄的刘霜降、闵红根，同心庄的常树成，南宫村的马桂江、丰立果，笃庆堂的张福林、臧勤、金凤启、杨国林等近 20 位知情老人，得到了他们宝贵的口述史料。

正当我单枪匹马，感到有些力不从心的时候，天津大学的张龙教授所带领的“研究南海子课题组”与我取得了联系，他指派研究生王越协助我一同进行有关南海子口述历史的走访。就这样，后来到瀛海镇的太和地区和西红门镇的金星地区及南苑镇地区，都是在天津大学研究生王越的协助下进行的。

南海子地域面积实在太大，大部区域连我这个土生土长的南海子人也很生疏。为此，在走访瀛海镇的太和地区时，不得不求助我的老领导，原红星区区长、北京经济开发区副主任马利生帮忙。因他曾在原太和乡任教和工作多年，对这儿的人很熟悉。接到我的求助电话后即爽快地答应了，当天就给我回了电话，说已联系好他在太和地区的两位学生，由他们帮助我走访太和地区的知情老人。就这样，在也已年过花甲的解春羊、孙建民两位先生的大力帮助下，我们相继走访了屈庄的屈金才、李秀荣、刘桂胜、陈立粱，千顷堂的王品端，下十号的陈发启、刘国栋，太和庄的张文殊、刘国增、杨志国、杨志连，宏农庄的孙有生、蔡连瑞、李友才，瑞合庄的侯佩清、李占义、李文杰，东合盛的梅永立、卢忠和、刘启安，同义庄的边凤亮、陈柏树、魏德顺，石太庄的甄松鹤等。又在南海子公园的同事白玉山的帮助下，走访了四合庄的梅润强、曹金铎，烧饼庄的张殿海，四海庄的张红军等太和地区内 12 个村庄的近 30 位知情老先生。

走访完瀛海镇，又马不停蹄地转移西红门镇。西红门镇也分西部西红门和东部金星两个地区，是我更为生疏的地方。不过，在走访西红门镇知情老人过程中，有两位老朋友可帮了大忙。一位是曾任过西红门镇党委书记的衡焕儒，另一位是曾任过金星分场场长的王明通。通过衡焕儒，我们走访了西红门村的罗克俭，团河村的王芝保、柴新生、柴秀莲、于洪召、方红、关亚新、王学明。在王明通的热情帮助和全程陪同下，相继走访了大白楼村的曾庆余、陈增泉、董淑瑞、郭丽云，小白楼村的张泽林、张泽明、赵桂成、王良巨、孙凤奎，大生庄的王桂明、丰淑兰、张桂荣、兰秀珍、马永芝、张道成，老三余庄的王长祥、刘来生、郭瑞丰、邱继荣、邱继友、邱仲武、于振华、刘学柱、孔宪荣、梁肇荣、高远金，新三余庄的李冠和、杨青海、赵热国，寿宝庄的段正春，金星庄的赵子栋、杨振海、王月英，志远庄的郭荣福、刘耀荣、王慧民、张福臣，建新庄的王运代、王运忠、王运涛、王连祥，振亚庄的韩贵池等金星地区的10个村庄的42位知情老人。我们又通过走访李宗明、刘亚军，了解了20世纪50年代初从昌平移民到金星地区的新建庄。

还通过老朋友王明友、王顺成、李和平，我们走访了新宫村的谢明柱，槐房村的于守琴、于嘉义、张洪建、宋振启，和义庄的陈起喜等。并走访了旧宫村的刘学武、张杰，集贤庄的李凤山，庑殿村的刘建国，南街村的景成芳、刘子久以及小红门村的双学芝，马驹桥的李思强，回城村的刘瑞祥，青云店的孙安和等老先生。

在此，向我走访过的一百多位老先生和在走访过程中提供热情帮助的诸位老朋友表示衷心的感谢！没有你们的大力支持，这本《南海子庄园》是不可能完成的。

还要感谢我的小学老师，八十三岁的李亚明先生和我的同窗郭绍芝、廉克森、伊玉芬及焦尚义、胡右明两位好友，他们分别为书稿进行了认真的校阅，纠正了我许多用词不严谨之处。

更要感谢我的良师益友，已八十高龄的胡天培先生。他在20世纪60年代就创作出版了长篇小说《山村新人》，被誉为京南小说第一人。多年来，一直关心我的南海子系列丛书的写作。听说我又完成了《南海子庄园》的写作，即迫不及待地要走书稿并很快看完，又主动写了序文，为本书增了辉添了彩。

令我窃喜的是，写这本《南海子庄园》，是用手写版在电脑上完成的，而且还学会了"粘贴""插入""转换"等方法。这比"爬格子"省了好多事儿。对于我这个连汉语拼音都不会的古稀翁来说，觉得已是不小的进步了。因此，也特别感谢南海子公园的仝小青、吴迪、张小佳、李婷婷、胡迪等年轻人在使用电脑上对我的耐心指导和帮助。

值得一提的是，一部分村落虽然地处海子外，却与南海子紧密相关，因此也被写入了本书。因笔者在东海子墙边长大，对这里的村落比较熟悉，所以把靠近东海子墙外的村落都写入了本书，而其他海子墙外的村落，仅写了不多的几个，留下了遗憾。

尽管我编写这本《南海子庄园》尽了很大努力，但主要内容毕竟是从当地知情老人那里的口述而得知的，而他们又是从其父辈、祖辈那里听来的，再加上我记录或理解上可能有偏差，难免会有错误之处，恳请读者批评指正。

张友才

2020 年 3 月